GOLDMANN

Buch

In den mittlerweile auch in Deutschland einer größeren Öffent-
lichkeit bekannt gewordenen indischen Palmblattsammlungen finden sich faszinierenderweise Angaben zu Person und Schicksal
von heute Ratsuchenden, die bereits vor vielen tausend Jahren
aufgezeichnet worden sind. Diese Überlieferungen bilden für Wulfing von Rohr den Ausgangspunkt für seine Betrachtungen von
Vorherbestimmung und Freiheit im Leben eines Menschen. Dieses
Buch, in dem verschiedene Aspekte von Zukunftsdeutung, Karma,
kosmische Gesetzmäßigkeiten und Zufall beleuchtet werden, ist
eine Einladung, über Lebenssinn und Spiritualität nachzudenken.

Autor

Wulfing von Rohr ist Fachbuchautor und Fernsehjournalist und
auch als Übersetzer, Literaturagent und Seminarleiter tätig.

Im Goldmann Verlag sind von Wulfing von Rohr
außerdem erschienen:

Magisch Reisen – Indien (12286)
Meditation (12138)
Was lehrte Jesus wirklich? (12250)
mit B. Blaszok: Reiki fürs Leben (13769)
mit I. Kraaz: Die richtige Schwingung heilt (13652)
mit D. v. Weltzien (Hrsg.): Das große Lesebuch der Mystiker
(12207)

Wulfing von Rohr

Es steht geschrieben...

Ist unser Leben Schicksal oder Zufall?

Von Palmblattbibliotheken und heiligen Schriften

GOLDMANN VERLAG

Umwelthinweis
Alle bedruckten Materialien dieses Taschenbuches
sind chlorfrei und umweltschonend.

Der Goldmann Verlag ist ein Unternehmen
der Verlagsgruppe Bertelsmann

Vollständige Taschenbuchausgabe Juni 1996
Wilhelm Goldmann Verlag, München
© 1994 Ariston Verlag, Genf
Umschlaggestaltung: Design Team München
Umschlagabbildung: Wulfing von Rohr (Palmblatt)
Satz: All-Star-Type Hilse, München
Druck: Presse-Druck Augsburg
Verlagsnummer: 12259
kf · Herstellung: Martin Strohkendl
Made in Germany
ISBN 3-442-12259-7

1 3 5 7 9 10 8 6 4 2

Inhalt

Dank 11
Einführung 13

1. Eine Bibliothek der Zukunft 15
Das Rätsel der alten indischen Palmblattsammlungen

Echos aus der Vergangenheit? Stimmen aus der Zukunft?...... 15
Erste Hinweise auf ein ungewöhnliches Phänomen 21
Eigene Erlebnisse in Bangalore 24
Eigene Erlebnisse in Hoshiarpur 27
Meine persönliche Lesung in Bangalore 31
Zur Geschichte der Palmblattorakel 34
Wie die Lebensdaten aufgezeichnet wurden...................... 38
Art und Inhalt der Aufzeichnungen 40
Wozu dienen solche Schicksalsbotschaften?........................ 41
Wichtige Fragen aus westlicher Sicht................................. 43
Einige vorläufige Ansätze für Antworten 45

2. Das Mysterium des Lebens 49
Überlegungen zu Chaos und Karma,
Zufall und Vorherbestimmung

Ein anderer Ansatz... 56

3. Lesen im Goldenen Buch 71
Vom Orakel in Delphi über Nostradamus zu
modernen Versuchen, die Zukunft zu erfassen

Prophezeiungen im alten Griechenland 72
Prophezeiungen in Christentum und Judentum.................... 75
Prophezeiungen bei Germanen und Kelten 77
Nostradamus und seine Schicksalsvisionen.......................... 78
Was sind Prophezeiungen? 82
Moderne Orakel... 83

4. Der Mythos von der Weltformel 91
Die Wissenschaften auf der Suche
nach Welt- und Schicksalformeln

Eine neue Zukunft für die Menschheit? 91
Ist die Menschheit zufällig entstanden? 92
Die Entwicklung der Naturgesetze
ist noch nicht abgeschlossen 94
Psi und Physik 97
Aufruf zur Begründung einer neuen Metaphysik 99
Auf dem Weg zur Erleuchtung? 100
Eine »Weltformel« aus der Psychologie 100
Der Weltenbaum als Symbol der Menschheitsentwicklung ... 102
Der »Mystery Rock« von New Mexico 103
Bewußtsein, Mathematik und Matrie 104
Das Schicksal des Universums 105
Ist die Evolution festgelegt? 105
Kommt die Menschheit aus dem All? 106
Die Weltformel aus der Theologie 107

5. »Wie oben, so unten«? 111
Steht unser Schicksal in den Sternen?

Die astrologischen Faktoren 113
Was beschreibt die Astrologie? 116
Warum kann Astrologie überhaupt »funktionieren«? 120

6. Geheimnisvolle Akasha-Chronik 129
Einblicke in die inneren Welten

Erste Bekanntschaft mit der Akasha-Chronik 130
Eine Beschreibung der Innenwelten aus westlicher Sicht 132
Die Akasha-Chronik in einem kosmischen Modell 136
Methoden der Innenschau 141
Positive Mystik 146

7. Das Wunder der Seele 149
Die Wissenschaft von der Spiritualität als praktischer Weg
zu Selbstverwirklichung und Welterkenntnis

8. Das Mal auf der Stirn und das Licht auf dem Weg 165
*Die mystische Botschaft Jesu und christlicher Mystiker
in einer neuen Sicht*

9. Bewußtsein und Freiheit 183
Welche Rolle spielt der freie Wille in unserem Leben?

10. Liebe, Frieden und Einheit 193
Aufrufe zur spirituellen Verantwortung im Alltag

11. Es steht geschrieben 207
*Das Leben ist kein Rätsel, das gelöst werden kann,
sondern ein Geheimnis, das gelebt werden muß*

Nachwort 215

Anhang 217
Literaturhinweise 217
Adressen 221

Zum Geleit

In der Mystik
hören wir das Lied der Seele.
In der Wissenschaft
erkennen wir den Gesang der Natur.
In unserem eigenen Leben
können wir uns als Teil Gottes erfahren.

Das innere schattenlose ewige Licht
ist der Leitstern dafür.
Liebe, Einheit und Frieden
sind der Weg dahin.

Dank

Sant Darshan Singh und Sant Rajinder Singh, den verehrten wunderbaren Meistern, sowie allen anderen geistigen Begleitern bin ich von Herzen dafür dankbar, daß sie helfen, daß wir uns immer weiter für die Geheimnisse der Schöpfung öffnen. Sie zeigen auf, wie auf einem bewußten spirituellen Weg die persönliche Verwirklichung in direkter Verbindung mit dem inneren Licht Hand in Hand geht mit der gesellschaftlichen Verantwortung für unsere Erde im Wissen um die Einheit der Schöpfung.

Meinen Lehrern am Landschulheim Holzminden im idyllischen Weserbergland bin ich in vielem dankbar verpflichtet. Harry Freitag, Günter Triloff, Ernst Zuckschwert, »Egon«, Herr Ehm, Herr Treplin, Frau Schütz, Dr. Erbe, Frau Lehmann, »Bumm« Krüger, Herr Wesel und manche andere, deren Namen mir leider entfallen sind. Sie haben uns jungen Schülern von Anfang an nicht nur Wissen vermittelt, sondern auch Verstehen, nicht nur Kenntnisse über Fakten und Formeln, sondern auch Einsicht in die menschliche Würde, nicht nur geistige Klarheit und ethisches Unterscheidungsvermögen, sondern auch Toleranz und Freude an einem schöpferischen Leben.

Johannes von Buttlar danke ich sehr herzlich für manche Anregung, vor allem zu den Themen Palmblattbibliothek und Weltformel.

Wulfing von Rohr, Santa Fe, April 1994

Einführung

Haben Sie sich nicht auch schon einmal gefragt: War das Zufall oder Vorherbestimmung, daß ich an jenem Tag genau zu jener Stunde gerade diesem Menschen begegnet bin, der nur deshalb just dann dort sein konnte, weil sein Zug sich verspätet hatte? Oder: Warum bin ich gerade mit diesem Partner zusammen, warum hatten wir einander damals kennenlernen sollen? Ist unser Leben irgendwo festgeschrieben, findet sich in den Genen, was aus uns wird? Steht das Schicksal in einem unsichtbaren goldenen Buch? Oder wird es von Familie und Überlebenskampf, von Gesellschaft und Kulturnormen festgelegt?

Vielleicht überlegen Sie ebenfalls manchmal: In welche Richtung führt mein Lebensweg? Inwieweit kann ich ihn selbst bestimmen? Kann ich einmal getroffene Entscheidungen, Handlungsweisen oder Gewohnheiten wieder revidieren und ein neues Ziel ansteuern? Kann und darf ich wohl erkennen, wer ich bin und welche Aufgabe ich in diesem Leben zu erfüllen habe? Besteht im anscheinend allgegenwärtigen Chaos dieser Welt doch die Hoffnung auf einen Sinn?

Dieses Buch ist ein Versuch, aus der Fülle des äußeren und inneren Suchens und Erlebens und trotz vieler Begrenzungen an Wissen, Verstand und schriftstellerischen Gaben etwas weiterzugeben: die Faszination an den Geheimnissen des Lebens und die Freude am bewußten Sein. Dabei sollen der wache Geist und die empfängliche Seele gleichermaßen zu ihrem Recht gelangen.

Wir wollen in einer Art Streifzug durch verschiedene Wissensgebiete und mit unterschiedlichen Frageansätzen wesentlichen Themen nachgehen, die vermutlich jeden Menschen berühren. Wir wollen eine Reihe von Antworten gemeinsam überlegen, die als Angebote gedacht sind, nicht als vermeintlich absolute Wahrheiten oder unumstößliche Dogmen.

Dieses Buch ist als eine Einladung gedacht, sich auf das Abenteuer des Menschseins neu einzulassen und als eine Ermunterung, zu prüfen, wie Ihr Leben neuen Sinn gewinnen könnte. Von Herz zu Herz, von Seele zu Seele möchte ich meine Gewißheit mit Ihnen teilen, daß Sie und ich, daß wir alle zu Licht, Liebe und schöpferischer Kraft Zugang gewinnen können!

Falls Sie während der Lektüre dieses Buches ab und zu schmunzeln oder lachen, falls Sie sich freuen oder neu und kritisch über etwas nachzudenken beginnen, falls Ihnen dann und wann ein kleineres oder größeres »Licht aufgeht«, falls Sie sich vielleicht in manchen Augenblicken der Lektüre friedvoller oder glücklicher fühlen, falls Sie die Existenz einer größeren Kraft zu ahnen oder zu spüren beginnen, die Sie durch Ihr eigenes Leben trägt, so hat dieses Buch seinen Zweck mehr als erfüllt, und wir beide dürfen von Herzen dafür dankbar sein.

1

Eine Bibliothek der Zukunft

Das Rätsel der alten indischen Palmblattsammlungen

Echos aus der Vergangenheit?
Stimmen aus der Zukunft?

Die junge Frau, nennen wir sie Elisabeth, ging zum letzten Mal zum wöchentlichen Meditationsabend bei June, einer Astrologin in San Francisco. Sie hatte eine schwere Zeit hinter sich und wußte wohl nicht, daß ihr eine ebenso schwere Zeit noch bevorstand. Nach sechsjähriger Ehe mit einem amerikanischen Computeringenieur, aus der die beiden eine vierjährige Tochter hatten, wollten, oder besser, mußten sie sich trennen. Jerry, ihr Mann, war dagegen und setzte alle Hebel in Bewegung, um ihre Reise in ihre Heimat, zu Familie und Freunden, zu erschweren oder gar zu vereiteln und zumindest die Tochter nicht mit der Mutter fahren zu lassen. Eine Ehe, die voller Hoffnungen begonnen hatte, war dabei – wie so viele Partnerschaften zwischen uns ziemlich unvollkommenen anderen Menschen auch –, in unnötigem Streit, der bis zum Haß ausartete, auseinanderzugehen. Elisabeth hatte jedoch eine »domestic order«, eine richterliche Anordnung, erwirkt, die es Jerry untersagte, die Pässe einzubehalten, Mutter und Tochter weiter an Reisen zu hindern oder sie persönlich zu belästigen.

Zumindest an diesem Oktoberabend wollte Elisabeth wieder einmal mehr zu sich kommen, wollte sie ein wenig Frieden finden und sich mit neuer Kraft aufladen. Als sie zur Tür des idyllisch gelegenen Hauses mit Blick auf die Golden-Gate-Brücke hereinkam, begrüßte June sie mit den Worten: »Wir haben heute abend endlich mal wieder Verstärkung aus den Reihen des stärkeren Geschlechts.« Instinktiv fühlte Elisabeth, daß dieser Mann, der heute offensichtlich zum ersten Mal am Meditationsabend teilnahm, etwas mit ihr »zu tun hatte«, ohne daß sie gewußt hätte, was.

Es stellte sich heraus, daß Tony, ebenfalls ein Astrologe und zugleich Numerologe, er befaßte sich also auch mit der Zahlensymbolik und ihrer Ausdeutung, seit einigen Monaten in beruflicher Verbindung mit June stand. Zeitweise hat er sogar in ihrem Haus gewohnt, bislang aber nie Zeit gefunden, am wöchentlichen Meditationsabend teilzunehmen. Jetzt nahm er zum ersten Mal die Gelegenheit wahr, dabeizusein.

Elisabeth war das letzte Mal vor ihrer Europareise bei Junes Meditationsabend, Tony das erste Mal. Obwohl beide einander schon Monate oder Wochen vorher hätten begegnen können, geschah das erst jetzt, »auf den letzten Drücker«. Wenn das nicht ein Wink des Schicksals sein sollte!

Wir überspringen ein gut Teil der folgenden Geschichte, deren Kern in etwa ist, daß Elisabeth und Tony im Verlauf der folgenden Monate immer wieder einmal in Verbindung standen und einander ab und zu sahen – weil »zufälligerweise« auch Tony mehrfach in Europa Verpflichtungen nachging.

Beide treffen sich in Marine County, nördlich von San Francisco, nach Elisabeths Rückkehr aus Deutschland wieder. Für Elisabeth öffnet sich durch die astrologische Beratungtätigkeit und den geistigen Hintergrund Tonys eine neue Welt.

Elisabeths Scheidung verzögert sich immer weiter, das Sorgerecht für die Tochter wird vom Vater beansprucht, der allerdings seit Monaten keinen Dollar mehr zahlt, weder für seine Frau noch für die eigene Tochter. Elisabeth nimmt eine Halbtagsstelle als Sekretärin in einer deutschen Firma in Oakland an und fragt sich, wie ihr Leben weitergehen soll.

In dieser Situation lädt Tony Elisabeth ein, mit ihm nach Indien zu reisen, zu einer geheimnisvollen Palmblattbibliothek nach Bangalore, in der die Schicksale jener verzeichnet sein sollen, die dorthin fahren und nachfragen.

Elisabeth wird ganz aufgeregt und spürt, daß sich hier eine Chance bietet, endlich einmal einen seelischen Durchbruch zu erfahren, endlich einmal besser zu verstehen, warum ihre Ehe mit Jerry auseinandergegangen war und was sie daraus lernen sollte. Sie ist neugierig, in welche Richtung sich ihr Leben weiterentwickeln würde, vielleicht auch, welche Möglichkeiten und Herausforderungen eine Beziehung mit Tony bringen könnte.

Natürlich regt sich nach der ersten Freude gleich ihr kritischer Verstand: Wie kann es irgendwo auf der Welt Informationen nur gerade für die Menschen geben, die dorthin kommen? Woher kann man vorher wissen, wer wohin reist? Was geschähe denn, wenn nun Millionen Menschen dorthin führen? Und außerdem, wer weiß, ob die Bibliothek nicht gerade dann geschlossen ist, wenn Tony und sie in Bangalore ankommen? Falls sie geöffnet wäre, so fände sich möglicherweise gar kein Blatt für sie – oder würde man ihr einfach irgendeines »unterjubeln«?

Neugier und Faszination durch das anscheinend Unerklärliche behalten die Oberhand, Tony und Elisabeth reisen nach Indien und auch nach Bangalore. Sie sprechen bei der Zukunftsbibliothek vor, der Palmblattleser ist tatsächlich anwesend und bereit zu versuchen, ohne längere Wartezeit innerhalb der nächsten Tage für einen seiner beiden Besucher dessen Palmblatt zu finden. Beide schreiben ihr Geburtsdatum, ihren Geburtsort und die Namen ihrer Eltern auf. Nach zwei Tagen rufen sie bei der Sri-Shuka-Nadi-Sammlung an und erhalten die Nachricht, daß Elisabeths Palmblätter gefunden worden seien.

Der Palmblattleser, ein etwa vierzigjähriger Südinder in traditionellem rockartigen Untergewand und freiem Oberkörper, um den ein großes helles Tuch geworfen ist, empfängt die beiden in seinem kleinen Büro. Darin hängen Bilder von Göttern und Heiligen sowie von seinem verstorbenen Vater und seinem ebenfalls verstorbenen Bruder, die seine Vorgänger im Amt des Palmblattübersetzers waren. Er schaltet ein Tonbandgerät ein, indische Musik mit einem ganz besonderen Gesang erklingt. Er erklärt, daß dies eine Einstimmung für die Lesung darstelle. Die Musik kläre die Atmosphäre, die sowohl andachtsvoller als auch empfänglicher werde, damit ihm geholfen werde, das Palmblatt so

17

korrekt wie möglich zu übersetzen und Elisabeth für wichtige Informationen zu öffnen.

Aus einem Bündel von Palmblättern vor sich greift er dann zwei oder drei heraus, legt sie vor sich hin, beginnt in holprigem Englisch vorzulesen. Zunächst einmal stehe auf diesem Palmblatt, daß die junge Frau mit diesem und jenem Geburtsdatum genau heute zu einer Lesung zur Sri-Shuka-Nadi-Sammlung kommen werde. Nicht nur das Geburtsdatum, sondern auch der Tag der Lesung ist in diesem Fall also auf dem Blatt selbst vermerkt. Elisabeth sei mit zweiundzwanzig Jahren aus dem Haus der Eltern gegangen, gegen deren Willen, und habe zunächst etwas Kreatives gearbeitet.

Zwischendurch vergewissert der Palmblattleser sich immer wieder, ob das Gesagte zutrifft oder nicht.

»Ja, das stimmt«, sagt Elisabeth.

Mit fünfundzwanzig habe sie geheiratet, einen Mann, der nicht aus ihrem eigenen Land stammte, und sei mit ihm in sein Heimatland übersiedelt.

Auch das stimmte.

Sie habe dann nur ab und zu »gejobbt«, sei während der Ehe aber keinem Beruf nachgegangen. Dann habe sie eine Tochter geboren, die jetzt etwa vier Jahre alt sei. Die Ehe funktioniere aber bereits sei gut drei Jahren nicht mehr wirklich; Elisabeth habe schon damals überlegt, sich von ihrem Mann zu trennen, aber nicht den Mut zur Entscheidung gehabt.

Immer betroffener reagiert Elisabeth darauf, wie genau hier ganz persönliche Einzelheiten aus ihrem Lebenslauf aufgeführt werden. Stand das alles tatsächlich so auf diesem kleinen Palmblatt? Oder war der Übersetzer vielleicht telepathisch oder hellseherisch befähigt?

Als nächstes geht der Übersetzer auf ihre jetzige Situation ein. Sie befinde sich inmitten einer sehr schwierigen Trennungsphase. Der Grund für die Schwierigkeiten läge in alten karmischen »Schulden«, die sie gegenüber Jerry noch aus früheren Leben offen habe und die jetzt getilgt würden. Insofern könne Elisabeth froh sein, daß das alles damit abgewickelt und aufgelöst werde. Geld für sich könne sie allerdings nicht erwarten, und selbst für ihre gemeinsame Tochter werde der Vater nur zögerlich und sporadisch zahlen.

Sie sei vor einigen Monaten einem Mann begegnet, der große Bedeutung für ihr Leben haben werde. Denn er werde ihr helfen, geistige und spirituelle Zusammenhänge zu erkennen, und sie auch im praktischen Leben unterstützen. Ob sie dem zustimmen könne.

Diese Auskünfte empfindet Elisabeth ebenfalls als ziemlich genau zutreffend.

Danach liest er noch einige Informationen über gesundheitliche Fragen vor, die Elisabeth nicht so klar zu sein scheinen.

Der Palmblattübersetzer nimmt ein zweites Blatt in die Hand und sagt, daß es nun um frühere Leben und um die Zukunft ginge. In einem früheren Leben sei Elisabeth in Tibet gewesen, zusammen mit einer Frau, die dort magisch anmutende Heilungen vornahm und mit der sie in diesem Leben gleichfalls wieder in Kontakt stünde. Daher rühre auch ihr Interesse an Therapien aus dem Bereich der Naturheilkunde.

Elisabeth glaubt, aus seiner Beschreibung die Astrologin und Meditationsleiterin June wiedererkennen zu können.

Davor sei Elisabeth in Ägypten inkarniert gewesen und habe dort als Künstlerin und Kunstmalerin gearbeitet. Daher stammten ihr Interesse und ihre Gabe für Künstlerisches in diesem Leben. In Ägypten sei sie bereits dem Mann begegnet, der im jetzigen Lebensabschnitt für sie eine Rolle spiele. Er sei damals Architekt gewesen und wisse heute noch, wie man Gebäude und andere Projekte allgemein aufbaue, und davon könne sie profitieren.

Erneut findet Elisabeth, daß vielleicht daran etwas Wahres gewesen sein könnte.

Nun widmet sich der Palmblattleser der Zukunft. Elisabeth werde noch auf dieser Reise in Indien einen Meditationslehrer treffen, der ihr auf dem Weg zu sich selbst weiterhelfen könne, allerdings nicht in Südindien, sondern in Nordindien. Sie habe in einem früheren Leben zur Familie dieses Meisters gehört. Elisabeth werde nach ihrer Rückkehr aus Asien nicht mehr im Heimatland ihres bisherigen Mannes, in den USA, wohnen, sondern mit ihrer Tochter schon bald nach Europa übersiedeln.

Es wäre nützlich für Elisabeths berufliche Zukunft, wenn sie ihre Heilfähigkeiten und ihre künstlerischen Gaben weiter ausbilden ließe und dann beruflich anwendete.

Elisabeth ist verblüfft, überwältigt, bewegt und irgendwie auch inspiriert von all den Mitteilungen, die sie gehört hat. Sie stellt noch einige Fragen zur weiteren Klärung, dann nehmen sie und Tony Abschied. Als Tony sie fragt, wieviel denn ihrer Meinung nach nun »gestimmt« habe, antwortet Elisabeth, daß sicher siebzig Prozent richtig gewesen seien, vielleicht sogar noch mehr – aber die Aussagen über die Zukunft könne man ja noch nicht überprüfen.

Beide fahren weiter in Indien herum, kommen nach Delhi, dort begegnen sie »zufällig« einem Amerikaner, der sie in den Kirpal-Ashram im Stadtteil Vijay Nagar in Altdelhi zu einem Meditationslehrer einlädt und gleich mitnimmt. Elisabeth wird im Wohnhaus dieses Lehrers zuerst von dessen Mutter begrüßt, und zwar mit den Worten: »Du siehst aus wie meine Tochter.« Sie und Tony lassen sich von diesem Lehrer, SANT RAJINDER SINGH, einem indisch-amerikanischen Wissenschaftler, der die Lehraufgaben seines verstorbenen Vaters übernommen hat, in die Meditationsmethode einweisen. Elisabeth gewinnt dadurch rasch mehr Klarheit und neuen Lebensmut, um mit ihren Belastungen und schwierigen ungeklärten Verhältnissen besser zurechtzukommen.

Elisabeth zog übrigens in der Tat einige Monate später zurück in ihr Heimatland, in die Nähe von Heilbronn.

War es nun Zufall oder Schicksal, Vorherbestimmung oder freie Entscheidung, daß Elisabeth Tony traf, daß sie beide zur Palmblattbibliothek nach Indien reisten, daß der Palmblattleser Informationen für Elisabeth fand, die noch dazu verblüffend genau ihre Situation beschrieben, daß sie einem Meditationslehrer begegnete und daß sie schließlich wieder nach Deutschland zurückging?

Das ist eine wahre Geschichte, die mir aus erster Hand berichtet wurde und bei der ich nur aus Gründen des Personenschutzes die Namen und einige Details geändert habe. Diese Geschichte wurde für mich zum unmittelbar persönlichen Anlaß, mich näher mit den indischen Bibliotheken der Zukunft zu beschäftigen. Ich hatte allerdings schon lange vorher einen Hinweis darauf erhalten, ohne dem damals jedoch nachgegangen zu sein.

Erste Hinweise auf ein ungewöhnliches Phänomen

Zum ersten Mal hatte ich Anfang der siebziger Jahre bei einer Abendgesellschaft im Münchener Haus des Musikkritikers JOACHIM KAISER und seiner Frau SUSANNE von dieser Art von »Schicksalsbibliothek« gehört. Meine älteste Schwester Diemut, die Kostümbildnerin und Hobbyastrologin ist, hatte mich dorthin mitgenommen.

Unter den Gästen befand sich ein aus Belgien stammender und in München arbeitender Fotograf, nennen wir ihn Armand, der einige Monate zuvor aus Indien zurückgekommen war. Armand erzählte in lebendigen Bildern von seinem Erlebnis in einer Palmblattbibliothek – ich meine mich zu erinnern, daß er auch in Bangalore war.

Er war auf Fotosafari in Indien unterwegs, sein Weg führte ihn »zufällig« nach Bangalore, der südindischen Stadt der Hochtechnologie und der blühenden Gärten. Dort traf er in einem der zahlreichen Seidengeschäfte, für die Bangalore ebenfalls bekannt ist, eine junge Amerikanerin. Sie erzählte ihm von einem indischen Arzt, der besondere ayurvedische Arzneimittel und Tinkturen selbst herstellte und sie mit angeblich großem Erfolg bei seinen Patienten anwandte. Armand ließ sich die Adresse geben und verabredete eine Begegnung mit dem Arzt. Der belgische Fotograf fand ein reiches Betätigungsfeld für seine Absicht vor, für eine Illustriertenserie im Westen typische Bilder aus Indien zu dokumentieren. Dieser Arzt nun zog Armand in ein Gespräch, das bald über Medizin und Ayurveda hinausging und zu den geistigen Grundlagen des Lebens führte. Dabei erwähnte er auch eine »Schicksalsbibliothek«, in der auf Palmblättern aufgezeichnete Gesichte und Botschaften früherer Seher gehütet wurden. Armand fühlte sich wie elektrisiert und bekundete reges Interesse, einmal eine solche Bibliothek aufsuchen zu können. Sein Gastgeber versprach, sich für ihn zu informieren;

er würde ihm am nächsten Tag eine Nachricht in sein Hotel schicken.

Tatsächlich erhielt unser Bekannter die Einladung, zur Palmblattbibliothek zu kommen, allerdings ohne Fotoapparat. So ging Armand in ortskundiger Begleitung hin. Ein älterer Inder, der keinerlei Englisch zu sprechen und wohl auch nicht zu verstehen schien, begrüßte ihn freundlich und zeigte ihm freudestrahlend zwei, drei brüchige Palmblätter.

Aus dem Sanskrit auf den Blättern wurde zunächst in eine indische Sprache übersetzt und dann ins Englische geradebrecht. – Armand selbst hatte uns damals in München die genaue Adresse nicht sagen wollen, sondern meinte nur, daß jeder, für den ein Palmblatt in einer der Bibliotheken läge, auch früher oder später irgendwie dorthin geführt würde.

Er berichtete, daß der Palmblattleser aufgrund seines Geburtsdatums zwei für ihn bestimmte Blätter herausgefunden habe. Auf diesen Blättern seien in Lautschrift sein eigener Name verzeichnet, Angaben über sein Alter, Hinweise auf Kinder und eine laufende Scheidung, über einen gerade erfolgten Wohnortwechsel sowie weitere Details, die ihn eindeutig zu identifizieren schienen.

Der zu dem Zeitpunkt etwa vierzigjährige Fotograf befand sich tatsächlich gerade in einer Trennung, hatte zwei Kinder und war wirklich kurz zuvor umgezogen.

Schon insofern war Armand mehr als überrascht, im »tiefen Indien« ganz persönliche Aussagen über sich selbst, offenbar schon vor Hunderten oder Tausenden von Jahren schriftlich fixiert, zu finden. Hier lagen Daten über Menschen, die zum Zeitpunkt der Voraussagen noch gar nicht geboren waren! Noch erstaunter war unser Bekannter, als ihm einige entscheidende Informationen über seine weitere berufliche Zukunft vorgelesen wurden. Bereits in den ersten Wochen nach seiner Rückkehr aus Indien waren diese Veränderungen eingetreten. Letztlich war Armand jedoch nicht sicher, ob all die zutreffenden Informationen wirklich auf den Palmblättern gestanden hatten oder sie von dem vielleicht auch medial begabten Palmblattleser telepathisch und visionär erfaßt worden waren.

Ich hatte seinen Bericht mit großem Interesse verfolgt, war aber noch nicht über das anscheinend bestehende Paradox »gestolpert«: Was würde geschehen, wollten alle Menschen dieser Welt dorthin pilgern? Würden sich dann die dort vorhandenen Palmblätter wundersam vermehren? Da der Fotograf in seiner Erzählung sehr sachlich und glaubwürdig und keineswegs schwärmerisch-verklärt klang, und da er besonders darauf hingewiesen hatte, daß die Adresse eben nicht so ohne weiteres weitergegeben werde, sondern nur an jene geriete, die dafür irgendwie »vorherbestimmt« seien, blieb diese kurz skizzierte Ungereimtheit für mich damals noch unerheblich.

Nach diesem Abend verfolgte ich das Thema »Zukunftsbibliothek« viele Jahre nicht weiter, sondern wandte mich der praktischen Erfahrung mehrerer Meditationswege und mystischen Lehren zu, in denen die Erkundung des persönlichen früheren oder zukünftigen Schicksals eher im Hintergrund stand.

Durch die Arbeit an einem Buch über Indien in den Jahren 1989 und 1990 hatte ich Anlaß, mich erneut mit den indischen Palmblattorakeln zu befassen. Dazu diente auch ein Artikel des Bestsellerautors JOHANNES VON BUTTLAR-BRANDENFELS, der im Rahmen einer Illustriertenserie über ungewöhnliche Phänomene die Erfahrungen von Menschen präsentierte, die in einer solchen Zukunftsbibliothek gewesen waren. Aber für mich war dennoch auch in diesen Jahren offensichtlich noch nicht die Zeit gekommen, persönlich nach »meinen« Palmblättern zu fragen.

Erst im September 1993 war es dann soweit. Johannes von Buttlar und ich reisten für unseren ZDF-Film *Es steht geschrieben: Auf den Spuren einer Weltformel* gemeinsam nach Indien. Für mich war es die, wie ich meine, dreizehnte Indienreise, für ihn die erste. Johannes hatte die Adresse der Palmblattbibliothek in Bangalore besorgt und sich dann darum gekümmert, daß eine private Filmgesellschaft weitere Aufnahmen bei der Palmblattbibliothek in Hoshiarpur in Nordindien bezahlte.

(Im Februar 1994 reiste ich, diesmal allein, erneut zu den beiden Orten, um mehr über die Hintergründe jener merkwürdigen Aufzeichnungen zu erfahren und endlich auch nach »meinem« Schicksalsblatt zu fragen.)

Eigene Erlebnisse in Bangalore

Sollte das eine der berühmtesten Zukunftsbibliotheken Indiens sein? Sollten in diesem unscheinbaren Gebäude im Stadtteil Chamarajpet Schicksalsbotschaften für Hunderttausende von Menschen liegen, die eigentlich nur hierherzukommen brauchten, um alles Wichtige über ihr vergangenes und zukünftiges Leben zu erfahren?

»Sri Shuka Nadi«, als »Worte des heiligen Shuka« oder »Sri-Shuka-Palmblattorakel« könnte man das übersetzen, stand auf dem grünen Glas über dem schmalen Eingang an der Fifth Main Road. Schlanke und hohe Akazien spendeten Schatten entlang dieser Straße. Zwischen einem kleinen pittoresken Buch- und Hefteladen und einer Motorscooter-Werkstatt führten einige Stufen zum mit grünem Glas überdachten Vor- und Innenhof hinauf, der durch ein breites Metalltor abgesperrt werden konnte. Drinnen leiteten weitere Stufen zur schlichten Holztür empor, die den Haupteingang zum weiter hinten liegenden, ebenfalls schmalen Haus darstellte.

Wir, JOHANNES VON BUTTLAR und ich, die wir hier für unsere ZDF-Dokumentation filmen wollten – sie wurde am Ostermontag 1994 ausgestrahlt –, klopften respektvoll an und hofften, den Hausherrn anzutreffen, ebenso, daß er Zeit für uns hätte und daß wir eine Palmblattlesung filmen dürften.

Zunächst lugte ein Kind aus der sich halb öffnenden Tür hervor, dann kam eine ältere Frau, die leider kein Englisch verstand; schließlich begrüßte uns die Frau des Hauses, eine liebenswürdige Mutter dreier Kinder, und bat uns, Platz zu nehmen. Sie wolle ihren Mann verständigen.

»Sie haben Glück«, meinte GUNJUR SACHIDANANDA MURTHY, der Palmblattübersetzer, als er in malerischer Kleidung zu uns kam. »Wir bereiten gerade die Feier für den Gottesaspekt des Glücks, für ›Ganesh‹, vor, das ist ein besonders gesegneter und verheißungsvoller Tag.« Er war gern bereit, mit uns zu sprechen und uns bei einer Lesung am folgenden Tage filmen zu lassen. Leider könne er es aber in der kurzen Zeit nicht bewerkstelligen, nachzuforschen, ob für Johannes oder mich ein Palmblatt in dieser Sammlung vorhanden sei. Ganz stolz zeigte er eines der deutschen Bücher von Johannes, das seinen Weg bis nach Bangalore gefunden hatte. In diesem Buch hat Johannes unter anderen Themen auch einige Erlebnisberichte von Besuchern dieser Zukunftsbibliothek vorgestellt.

Murthy berichtete von seinem Vater, NARAYAN SHASTRI, der ein wunderbarer Kenner des Sanskrit gewesen, aber leider verstorben sei. Herr Murthys Bruder sei zum Nachfolger bestimmt gewesen, aber nach wenigen Jahren einer unheilbaren Krankheit erlegen. So sei nun er es, der die Tradition der Palmblattlesungen aufrechterhalte. Am Anfang sei es für ihn gar nicht leicht gewesen, sich in all den vielen Bedeutungen bestimmter Sanskritworte sicher zurechtzufinden. Und sein Englisch sei leider auch nicht so gut, daß er immer das richtige Wort fände.

Er zeigte uns einen Teil seiner »Schätze«: einige hundert Bündel von länglichen Palmblättern, die zwischen Holzdeckeln zu sogenannten »Büchern« mit roten Seidenschnüren zusammengebunden waren. Im persönlichen Gespräch und im Fernsehinterview erläuterte er, wie es möglich sei, daß auf verhältnismäßig wenigen Palmblättern so ungeheuer viel Information stehen könne.

»Die Palmblätter sind wie Computerdisketten: Auf wenig Raum hat viel Information Platz. Die Schrift ist klein, aber vor allem bergen Sanskritworte oft mehrfache Bedeutungen gleichzeitig. Dann kommt es auf die Bildung und Sprachgabe sowie auf das Einfühlungsvermögen des Übersetzers an, die richtige Bedeutung für den Fragesteller zu finden.« Bei Ortsnamen, bei Berufsbezeichnungen oder bei Familienverhältnissen müsse er alte Begriffe und Redewendungen auf moderne Gepflogenheiten hin »interpretieren«. Leider sei er noch nicht so geübt, um immer fehlerfrei übertragen zu können, er bemühe sich aber sehr darum, sich zu verbessern.

Gunjur Sachidananda Murthy wies uns übrigens ausdrücklich darauf hin, daß er es ablehne, irgendwelche Zahlungen anzunehmen oder mit einer brieflichen Anfrage zugesandt zu erhalten, solange nicht sichergestellt sei, ob für den oder die Fragesteller/in überhaupt eine Palmblattinformation vorhanden sei. Auch könne er nur das annehmen, was freiwillig gegeben werde. – Immerhin fand ich bei meinem zweiten Besuch im Februar 1994 heraus, daß ein Betrag zwischen zweihundert und dreihundert indischen Rupien angemessen zu sein scheint.

Auf die Frage, ob denn für Suchende, die zu mehr als einer Palmblattbibliothek fahren, nur an einer oder an mehreren Stellen »ihre« Palmblattorakel liegen, meinte er, daß jeder Mensch zu »seiner«, also zu einer einzigen »Schicksalsbücherei« gehöre.

Ich greife vor, um an dieser Stelle anzumerken, daß die Auskunft in Hoshiarpur anders lautete. Dort hieß es, es sei durchaus möglich, in mehreren Bibliotheken persönliche Informationen zu finden. Die Art und die Tiefe seien aber vom Charakter der jeweiligen Bibliothek beziehungsweise von deren Urheber abhängig: Je weiter der Urheber spirituell entwickelt gewesen sei, desto umfassender und treffender habe er die entsprechenden Botschaften hinterlegen können. Bei anderen Bibliotheken könne man jedoch durchaus immerhin Teilaspekte des eigenen Lebens aufgezeichnet finden.

Am nächsten Tag erlebten wir zwei Lesungen, für einen Deutschen und für eine Amerikanerin, deren Sitzung wir filmen durften. Die Amerikanerin war hinterher geradezu überwältigt von der Genauigkeit der Auskünfte und fühlte sich auf ihren weiteren Lebensweg positiv vorbereitet. Wir sahen, daß ein junges japanisches Pärchen und zwei ältere Engländerinnen vorsprachen. Die Mehrheit der Ratsuchenden sind jedoch Inder. Oft dauert es etliche Wochen oder gar Monate, bis man eine Auskunft erhält, ob eine persönliche Schicksalsinformation vorliegt. Manchmal geschieht es nach Auskunft von Gunjur Sachidananda Murthy auch, daß beim ersten Besuch nichts zu finden ist, beim zweiten Versuch jedoch das entsprechende Palmblatt »auftaucht«. Denn meistens ist hier in Bangalore nicht nur das Geburtsdatum vermerkt, sondern auch der Tag, an dem die Information dem Fragesteller eröffnet wird. Wenn man also »zu früh« ankommt, steht die Information eben leider noch nicht zur Verfügung.

Wir wurden besonders herzlich verabschiedet, Mr. Murthy schenkte uns rot-orangefarbene Meditationstücher, auf denen die heilige Mantrasilbe »OM« und andere Sanskritmantras aufgedruckt waren. Jeder erhielt dazu eine gesegnete Sandelholzkette, und der bescheiden-freundliche Palmblattleser markierte mit roter Farbe auf Johannes' Stirn den Sitz des »dritten Auges« zwischen den Augenbrauen.

Ich hinterließ meine Geburtsdaten und verabredete, zu einem späteren Zeitpunkt für eine persönliche Lesung wiederzukommen.

Eigene Erlebnisse in Hoshiarpur

Die ohne Übertreibung mörderisch zu nennende Fahrt von Delhi nach Hoshiarpur im Mietwagen mit Chauffeur zur »Brighu Samhita«, einer der größten indischen Schicksalsbibliotheken, wird wohl so lange eine erste und sehr ernste Schicksalsprüfung für alle Palmblattsucher bleiben, wie Indien Indien ist und bleibt. Die alte »Great Trunk Road« der englischen Kolonialmacht von Delhi über Lahore nach Rawalpindi und über den Khyberpaß bis nach Kabul ist eine meist anderthalbspurige, manchmal zweispurige Teerstraße durch weiträumige Baumalleen, die Mensch und Vieh dringend benötigten Schatten spenden. Menschen und Tiere bevölkern diese Straße auch auf die überraschendsten Weisen, welche den Notwendigkeiten eines einigermaßen sicheren Straßenverkehrs Hohn sprechen. Alles ist vertreten: Kleine Jungen treiben eine unüberschaubare und träge Wasserbüffelherde quer über die Straße, so daß der abenteuerliche Lastwagen – er trägt phantasievoll mit Figuren und Stoßgebeten an alle Heiligen bemalte Holzaufbauten – unversehens und aufs Geratewohl auf die Gegenfahrbahn ausschert. Man sieht hölzerne einachsige Bauernkarren mit zwei riesigen holprigen Rädern, einer überquellenden Ladung von Baumwolle, Gras oder Stroh unter gewölbten Juteplanen, fast unsichtbar sitzt irgendwo mittendrin eine kleine Gestalt, die ein klappriges Pferd oder eine ausgemergelte Kuh mit gutem Zureden zur weiteren Zugarbeit animieren will, damit ein überladener Fernreisebus, bei dem auch auf den Trittbrettern Menschen eine Strecke mitfahren, passieren kann. Eine Bauernmagd in farbenfrohen, aber vom Straßenstaub arg verschmutzten Gewändern feuert ihren Lastesel mit seinen enormen Packsäcken links und rechts an, um sich und die arme Kreatur noch schnell vor dem heranbrausenden Motorradtaxi mit sechs Insassen auf dem hinteren Sitzgestell in Sicherheit zu bringen.

Fußgänger, Radfahrer, Motorroller, Motorräder, Einzelvieh, Viehherden, Busse, Lastwagen, mehr oder weniger fahrtüchtige Personenwagen und manche Polizei- und Militärfahrzeuge scheinen sich eine Art ständiges »indisches Roulett« zu liefern. Wer hat wohl die besseren Nerven, bevor er sogar seine eigene Straßenseite freigibt und auf die Böschung neben der Straße ausweicht, wer ist schneller an einer engen Brücke, wer hat einen stärkeren Pakt mit seinen Schutzengeln geschlossen?

Auf der ersten Fahrt mit dem indischen Fernsehteam sahen wir mindestens sieben gerade eben verunglückte und nahezu völlig zerstörte Lastwagen, drei teilweise ausgebrannte beziehungsweise eine steile Böschung hinuntergestürzte Busse, fast zwanzig Personenwagen und Dreiradlieferwagen, die an einem Baum hingen, sich ineinander verkeilt hatten oder in eine vorherige Unfallsituation geprallt waren. An die Zahl und den Zustand der Unfallopfer darf man gar nicht denken.

Wohl nicht umsonst weisen in den Ortschaften immer wieder direkt neben der Straße kleine weiße Fahnen mit einem roten Kreuz auf medizinische Versorgungsmöglichkeiten hin.

Wir mußten unseren Fahrer, der bei diesem indischen Roulett nicht nachstehen wollte, mehrfach ermahnen, nicht schneller als achtzig Stundenkilometer zu fahren, und ihm schließlich, als das nichts fruchtete, damit drohen, sofort auszusteigen und mit einem anderen Wagen nach Delhi zurückzukehren. Mindestens dreimal hatten wir aus unserer Sicht pures Glück – was ist »Glück«, was ist »Geschick«? –, daß wir bei einem völlig unnötigen Überholmanöver nicht von einem entgegenkommenden Überlandbus zerquetscht wurden, daß wir buchstäblich um Haaresbreite nicht Opfer eines Akkord-Lkw-Fahrers wurden und daß ein Motorradraser uns nicht in seine Wahnsinnskapriolen verwickelte.

Auch auf meiner zweiten Fahrt, diesmal zwar mit einem umsichtigeren Fahrer, wurde ich Zeuge mehrerer schwerster Unfälle und konnte die Folgen schlimmer Unglücke, die kurz zuvor passiert waren, links und rechts der Straße sehen.

Wer also eine Schnell- und Intensivlektion über »Karma« und »freien Willen« möchte, braucht nur von Delhi auf der Great Trunk Road die fast acht Stunden nördlich bis Jullundhur zu fahren – um von dort aus endlich nach Hoshiarpur auf eine bessere Straße mit weniger risikosüchtigen Menschen abzubiegen. Aus diesen Verkehrserlebnissen – und ich komme im Zusammenhang mit dem Verkehrsunglück, bei dem meine Eltern und zwei Geschwister 1966 starben, aus anderer Sicht später noch darauf zurück – kann ich jetzt schon eine erste Teilbilanz ziehen: Im Verkehr herrscht mit Sicherheit nicht nur »Schicksal« oder Vorherbestimmung, sondern ein besonders hohes Maß an freiem Willen – und ein reiches Maß an Unfähigkeit und Unwillen, ihn wirklich anzuwenden.

In Hoshiarpur verwaltet eine Großfamilie die »Brighu Samhita«, die »Sammlung des Brighu«, die hier nicht aus Palmblättern, sondern aus einigen Millionen von kleinen quadratischen Papierblättern besteht. Auf ihnen ist ein quadratisches Horoskop nach der indischen Manier zu sehen. Sie sind vorn und hinten eng, aber nicht zu klein mit Sanskritworten beschrieben. Alle vier Palmblattleser aus vier Familienzweigen greifen auf dieselbe »Bibliothek« zurück, die seit vier Generationen unter der Obhut ihrer Familie steht. Auch eine Frau befindet sich darunter, die nach dem frühen Tode ihres Mannes ganz allmählich in dieses Amt hineingewachsen ist.

Wie finden Sie zu »Ihrem« Interpreten? Sie gelangen zu ihm, indem Sie sich vom Schicksal, vom Leben, von Bekannten oder von auskunftswilligen Indern in der Straße am Südrand der Kleinstadt Hoshiarpur eine Empfehlung geben lassen. Oder Sie wandern die zwei Straßen hinunter, auf denen die vier »Brighu Shastris«, die Orakelleser, mit großen Schildern auf ihre Dienste hinweisen. Man rechnet mit etwa hundertundeiner Rupie an Entgelt – für den Fall, daß der weise Leser fündig geworden ist. Denn nur etwa für vierzig Prozent der Fragesteller wird eine Information gefunden, vor allem, weil bei der Fülle des Materials die Suche außerordentlich schwierig ist. So erklärte es mir Dr.

Ratish Mohan, einer der vier Leser, mit dem ich mich zweimal ausführlich unterhielt. Einmal aufgefundene Informationen sollen aber in allen Einzelheiten stimmen, wie mir ein amerikanischer Inder, der seine in der Nähe lebende Familie besuchte und schon eine solche Lesung erfahren hatte, enthusiastisch und vehement bestätigte.

Der Weise Brighu – über den an anderer Stelle noch etwas mehr erzählt wird – gilt als einer der höchsten Urheber einer Schicksalsbibliothek in Indien. Man läßt hier in Hoshiarpur andere Zukunftsbibliotheken durchaus gelten, meint jedoch, daß die eigene einer höheren Stufe der göttlichen Erleuchtung entspräche.

Für mich selbst war trotz der langen möglichen Suchzeit zwischen September 1993 und Februar 1994 und trotz der Tatsache, daß ich Dr. Mohan einige dringend benötigte deutsche Spezialglühbirnen mitbrachte, bislang kein Orakelblatt zu finden. Das mag daran liegen, daß nicht genügend sorgfältig gesucht wurde, oder daran, daß die schier unglaubliche Zahl an Blättern eigentlich fast jede Suche beinahe unmöglich macht, daß ich immer noch »zu früh« gekommen war, oder einfach daran, daß, wie sich später herausstellen sollte, in Bangalore ja zwei Palmblätter für mich bereitlagen. Allerdings dachte ich mir auch, wenn überhaupt, so wäre die weibliche Brighu-Samhita-Übersetzerin wohl »meine« Leserin. Sie war bei beiden Besuchen jedoch anderswo unterwegs. Vielleicht führt mich mein Weg ja trotz der Strapazen eines Tages noch einmal nach Hoshiarpur.

Dr. Mohan las uns einige Blätter Wort für Wort vor und übersetzte sie. Wir sprachen mit einigen Klienten. Und wir wurden in seinen schönen, großen und langgestreckten Andachtsraum geführt, in dem ein Bild des heiligen Brighu sowie weitere Heiligenbilder und ein Foto des ersten Bibliothekshüters aus dieser Familie hing. Es zeigte ihn, wie er die Schicksalsbotschaften von damals hier vorhandenen Palmblättern vorlas.

Nach Hoshiarpur scheinen sehr viel weniger Ausländer zu kommen als nach Bangalore. Allerdings ist die »Fundquote« mit, wie schon gesagt, etwa vierzig Prozent gegenüber vielleicht achtzig bis neunzig Prozent in Bangalore auch ungleich niedriger.

Ob die Informationen in der Bibliothek von Hoshiarpur im Vergleich zu denen in Bangalore tatsächlich verläßlicher sind, vermag ich bislang nicht zu beurteilen. In Hoshiarpur tragen viele Blätter nicht nur Horoskopinformationen über den Fragesteller, so daß man dadurch ein Blatt einem Menschen zuordnen kann, sondern darüber hinaus ein »Ankunftshoroskop«, das als »Kontrolle« dient.

Auf jeden Fall zeigen die großen Schilder, die sauberen Häuser, die Seriosität bei der Angabe der geringen Fundquote und das verhältnismäßig bescheidene Entgelt im Erfolgsfalle, daß eine für viele ratsuchenden Menschen wichtige Auskunftstelle zu bestehen scheint.

Meine persönliche Lesung in Bangalore

Ich überspringe vieles von dem, was dazu führte, daß ich, halb zufällig, halb geplant, schließlich doch wieder nach Bangalore kam, GUNJUR SACHIDANANDA MURTHY »meine« Palmblätter fand und auch noch eine freie Stunde, um sie mir vorzulesen: Wir hatten zwar lange vorher einen Termin vereinbart, meine Daten lagen schriftlich vor, aber zuletzt schien doch noch alles Mögliche dazwischenzukommen. Eine Etappe dorthin war ein geplanter Nachtflug von Delhi nach Lucknow, der nach der Hälfte der Strecke wegen undurchdringlicher Gewitterfronten abgebrochen wurde. Wir mußten zurück nach Delhi fliegen, dadurch »gewann« ich einen notwendigen zusätzlichen Tag, um doch noch nach Bangalore zu kommen. War es »Zufall«, »Bestimmung« oder etwas anderes?

Gunjur Sachidananda Murthy las vor, daß ich viele Berufe ausgeübt hätte und weiter ausüben würde, für die schöpferische Tätigkeit und Kommunikation gemeinsame Nenner darstellten. In der nahen Zukunft würde ich sehr viel mehr Seminare als bisher halten, die anderen Menschen dabei helfen sollten, ihre Persönlichkeit zu entwickeln.

Der erste Teil trifft zu, ob der zweite sich bewahrheitet, wird die Zukunft zeigen.

Er trug weiter vor, daß ich zwei wichtige spirituelle Meister habe, die mich durch ihre Meditationsanleitungen und ihre Gnade wesentlich darin unterstützen würden, mich weiter zu entfalten und den gestellten Aufgaben einigermaßen gerecht zu werden. Diese beiden Meister lehrten, so sagte er, die »Kunst des wahren Lebens«. Auch diese Palmblattinformation traf zu.

Murthy las vom Palmblatt etwas von einer älteren Dame vor, die ein Segen für mich sei. Er »extrapolierte«, daß dies wohl meine Mutter sein müsse, was ich korrigierte. Da meine Eltern starben, als ich sechzehn war, konnte meine Mutter jetzt in meinem sechsundvierzigsten Lebensjahr keinen großen direkten Einfluß mehr ausüben. Es handelte sich vielmehr um eine entfernte Verwandte, eine sowohl kulturell als auch spirituell ungewöhnlich gebildete Dame, mit der ich viele anregende Gespräche führen darf.

Meine erste Partnerin stamme nicht aus meinem Heimatland (Deutschland), sei aber aus ihrer eigenen Heimat (USA) in meine übergesiedelt. Meine zweite Partnerin sei meine Seelenpartnerin, und ich hätte die Aufgabe, ihr bei ihrer Entwicklung zur Seite zu stehen. Ich sei bislang für kein Kind leiblicher Vater gewesen. Ich könne, wenn ich wolle, Vater einer Tochter werden, sonst aber für viele Kinder im Rahmen von sozialer Beratung und einfachen Meditationsweisen arbeiten.

Die Aussagen hinsichtlich der Partnerinnen trafen genau zu. Ob Hinweise auf die Kinder so stimmen, kann man selbst wohl nur sehr schwer beurteilen. Es ist wahr, daß ich – obwohl oder weil? – das achte von neun Kindern war, keine eigenen Kinder habe, es mir andererseits aber viel Freude bereitet, mit Kindern zu sein.

Gunjur Sachidananda Murthy nahm das zweite Palmblatt zur Hand, das eine (angebliche) Inkarnation als Sadhu in Nordindien, schriftstellerische Inspirationen aus einem griechischen Leben und manche weitere frühere Verkörperungen der Seele in einer menschlichen Form nannte.

Den Wahrheitsgehalt solcher Mitteilungen kann ich natürlich noch weniger beurteilen – weil ich selbst eben noch nicht auf die »Akasha-Ebene« zu schauen vermag. Aber immerhin bin ich inzwischen vierzehnmal in Indien gewesen, meistens im Norden, und habe mich dort irgendwie »zu Hause« gefühlt, sowohl in bezug auf die Menschen als auch auf die Meditationswege und die großen philosophischen Lehren Indiens, deren zumindest oberflächliche Kenntnis mir als unverzichtbar für eine umfassende Bildung erscheint. (Und schon mit fünf Jahren »konnte« ich »Nauli Bandha«, eine bestimmte Yogaübung, ohne sie irgendwo gesehen zu haben.)

Murthy las noch eine Fülle weiterer Informationen vor, wir besprachen Aufgaben und Wege, um »moksha« zu erlangen – die »Befreiung« der Seele aus dem Kreislauf des karmischen Gesetzes von Ursache und Wirkung, von Geben und Nehmen, ohne daß man sich deshalb etwa von der Welt zurückziehen solle oder dürfe.

Der Besuch hatte sich für mich »gelohnt«. Er ergab Bestätigung für vieles, manche neue und wesentliche Anregung und eine Fülle von offenen Fragen. Vorweg kann ich sagen, daß der Besuch für mich persönlich keine Form der »Programmierung« oder Einschränkung der freien Entfaltung bedeutete. Das Blatt mit der Mitteilung über die (tatsächliche oder vermeintliche?) Dauer meines Lebens hatte Gunjur Sachidananda Murthy übrigens damals noch nicht finden können.

Auch eine andere Sitzung, die ich miterleben durfte, erbrachte ähnlich überraschende Aussagen. Murthy las einer Deutschen mittleren Alters vor, daß sie stark unter Kreuzschmerzen leide, und das traf die Dame sehr, weil das tatsächlich ihr größtes Gesundheitsproblem war. Der Palmblattleser führte weiter aus, daß die Rückenprobleme entstanden seien, weil sie in einem früheren Leben bestimmte Yogaübungen mißbraucht habe. Sie solle deshalb jetzt kein Yoga mehr betreiben, sondern Entspannungs- und Meditationsübungen. Er beschrieb bestimmte Familienspannungen, die zusammen mit einer aufopferungsvollen und stark belastenden Tätigkeit dazu geführt hätten, daß sie sich völlig »ausgebrannt« fühle. Die Frau bestätigte nahezu alles, was ihr vorgetragen wurde, und zeigte sich innerlich tief bewegt.

Zur Geschichte der Palmblattorakel

Der heilige BRIGHU kam im sogenannten »Goldenen Zeitalter« auf wundersame Weise zur Welt. Er entsprang der Stirn des Gottes Brahma, der als der schöpferische Gottesaspekt gilt – die beiden anderen Götter der indischen »Dreieinigkeit« sind Vishnu, der erhaltende, und Shiva, der auflösende Gottesaspekt. Das »Goldene Zeitalter« ist das erste und längste von insgesamt vier Zeitabschnitten, die nicht nur in Asien, sondern auch in den antiken Kulturen des Mittelmeerraums als solche bekannt waren. Die drei weiteren werden das »Silberne«, das »Bronzene« und das »Eiserne Zeitalter« genannt. Nach dieser Anschauung bestehen zwischen den Zeitaltern Übergangszeiten, sogenannte »Zwielichter« – wir befinden uns gerade in einer dieser Wendezeiten.

Das besondere Kennzeichen des Goldenen Zeitalters war die bewußte Verbindung zwischen den Menschen und der Kraft, aus der sie und die ganze Welt geschaffen wurden und durch die wir alle leben. Man könnte von einer bewußten Einheit von Menschen untereinander und einer bewußt aufrechterhaltenen Beziehung und Zwiesprache mit Gott sprechen. Während dieses Abschnitts sollen die Menschen sehr lange, sehr viel länger als heute, gelebt haben. (Vielleicht wird deshalb das Lebensalter der »biblischen« Gestalten im Alten Testament mit vielen Hunderten von Jahren angegeben.) Im Verlauf der Zeit ging die Erfahrung immer mehr verloren, daß wir Menschen Teil und Träger einer großen Kraft sind, die alles durchdringt. Damit verschwand auch die Teilhabe an den Mysterien des Seins, das Wissen um das eigene Wesen und den Ursprung des Lebens sowie die Gewißheit über Sinn und Ziel des Lebens immer mehr. Die Lebenszeit der Menschen – so diese mythologische Darstellung – verkürzte sich zusehends. Dieser Prozeß ging durch das Silberne und das Bronzene Zeitalter hindurch, bis hin zu unserem gegenwärtigen Eisernen Zeitalter, das auch »Kali Yuga« genannt wird. Diese Epoche gibt man mit einer Dauer von zweieinhalbtausend Jahren an, von etwa 200 vor Christi Geburt bis etwas nach der Jahrtausendwende, also vom »Fischezeitalter« bis zum »Wassermannzeitalter«.

Der heilige Brighu, der angebliche Urheber der Palmblattbibliotheken in Hoshiarpur im indischen Staat Punjab. Eines der dortigen Papierblätter ist auf dem Buchumschlag abgebildet.

Mystische Erfahrungen, echte Religiosität, persönliche Moral und soziale Ethik sind – wie man mit einem Blick in die eigene Zeit und in die Zeitungen leicht feststellen kann – an einem Tiefpunkt angelangt. (Nach einer anderen Berechnung dauert das Kali-Yuga, das Eiserne Zeitalter, mit 1200 Götterjahren zu jeweils 360 Erdenjahren insgesamt 432 000 Erdenjahre. Aber auch nach dieser Auffassung stehen wir jetzt am Ende des problematischsten Zeitalters und im Umbruch zu einer neuen Epoche.)

Nur durch eine Rückbesinnung auf das wahre Wesen des Menschen und auf den überpersönlichen Sinn des Lebens kann die dringend nötige Wende in ein neues Goldenes Zeitalter entstehen. Für diese Chance zeigen sich durchaus zuversichtlich stimmende Anzeichen!

Kehren wir zum »Seher« Brighu zurück: Er soll aufgrund seiner übernatürlichen Gaben die Fähigkeit besessen haben, Vergangenheit, Gegenwart und Zukunft all jener Menschen zu »sehen«, die im Verlauf der Zeiten eines Tages dorthin pilgern würden, wo seine Gesichte in Form von niedergeschriebenen

Texten aufbewahrt würden. Der Sinn dieser Mitteilungen sollte darin bestehen, Menschen, die Hilfe in schwierigen Situationen oder Rat für ihre weitere spirituelle Entwicklung suchen, durch die Palmblattinformationen mit ihrem Schicksal vertrauter zu machen und sie in die Lage zu versetzen, Lernaufgaben zu erkennen, Herausforderungen anzunehmen und eine bewußte Seelenentwicklung anzustreben.

Eine mythische Erzählung bezeichnet Brighu übrigens als Avatar Vishnus, also als dessen zeitweise Inkarnation auf Erden. Damit wäre seine Geburt aus dem Kopfe Brahmas zumindest als ungewöhnlich anzusehen, allerdings nicht ausgeschlossen. Eine andere Geschichte berichtet davon, daß Brighu als Guru, das heißt als Lehrer des Gottes Shiva, gewirkt habe.

Durch alle Überlieferungen zieht sich ein roter Faden: Brighu war ein ungewöhnlicher und weiser »Mann«, der fast auf einer Stufe mit den drei Urgottheiten Brahma, Vishnu und Shiva stand. Das allein ist mehr als genug, der »Brighu Samhita«, der Sammlung der Werke des heiligen Brighu, höchsten Respekt zu zollen. Ihr Wert und ihre Authentizität gelten deshalb als göttlichen Ursprungs.

Neben der Brighu Samhita bestehen weitere Sammlungen von Palmblättern mit Schicksalsbotschaften. Eine davon heißt »Arun Samhita« und geht auf die Sonne zurück, deren indischer Name »arun« ist. Eine andere Sammlung nennt sich »Rawan Samhita« und bezieht sich auf den vorgeschichtlichen König RAWANA (man findet auch die Schreibweise »Ravana«), der gegen den Avatar Rama kämpfte, dessen Frau Sita er nach Ceylon entführt hatte. Darauf fußt das berühmte Ramayana-Epos, das übrigens »gut« ausgeht. Schließlich kennt man eine »Nadi Samhita«. Der Begriff »nadi« entstammt dem Sanskritwort »nad«, das dem »logos« der Griechen und dem »Wort« entspricht, von dem im Johannesevangelium die Rede ist und aus dem alles entspringe.

Demnach kann das Schicksal einzelner Menschen anscheinend sowohl vom Gottesaspekt, der hinter der Sonne verborgen ist, enthüllt werden als auch von einem mit magischen Kräften versehenen »bösen« König und sogar von der formlosen Kraft des »Wortes«.

Palmblattbündel in der Bibliothek in Bangalore.

Die Palmblattsammlung in Bangalore geht auf SRI SHUKA MAHARSHI zurück, der während der Lebenszeit Krishnas, einer Inkarnation Vishnus, gewirkt haben soll, also vor etwa fünftausend Jahren. Sri Shuka war der Legende nach ein Weiser, Heiliger und Guru. Zu seinen in Bangalore aufbewahrten Aufzeichnungen zählen Lebensläufe einzelner Menschen und allgemeine medizinische Texte aus der »Ayurveda«, der indischen Medizinkunde oder dem »Wissen vom Leben«. Sri Shuka scheint trotz seiner weit in die Anfänge des historischen Indien verlagerten Lebenszeit noch der »greifbarste« unter den Urhebern dieser Schicksalsbotschaften zu sein.

Allen alten Palmblattsammlungen, die gleichsam Orakeltexte enthalten, ist gemeinsam, daß sie sich auf göttliche Wesen oder mythische Gestalten der Früh- oder Vorgeschichte Indiens berufen und daraus ihren Nimbus beziehen.

Die meisten Aussagen darüber, wie die Schicksalsschau zustande gekommen sein soll, lauten: Der Weise oder Heilige oder Avatar hat durch unmittelbare innere Vision, durch Einblick in die sogenannte »Akasha-Chronik« (ihr ist ein eigenes Kapitel gewidmet) »gesehen«, welche Menschen wann verkörpert sein werden und wie ihr Lebenslauf sich entwickle. Andere Meinungen gehen davon aus, daß die Daten und Fakten nur oder doch überwiegend auf astrologischen Berechnungen beruhten, die es ermöglichten, den Weg einer Seele durch mehrere Inkarnationen in verschiedenen Körpern und Lebensumständen hindurch zu verfolgen und zu beschreiben.

Die heutigen Palmblattleser verstehen sich übrigens im Regelfall als Übersetzer, die möglichst getreu übermitteln, was sie für den Fragesteller in ihren Texten finden. Sie sehen sich nicht etwa als medial begabte Menschen oder gar selbst als berufene Visionäre.

Wie die Lebensdaten aufgezeichnet wurden

Wie sind die Schicksalsbotschaften der diversen Palmblattorakel nun durch die Jahrtausende oder zumindest durch die Jahrhunderte »gereist« und in die Moderne hinübergerettet? Zunächst, so heißt es, wurden sie mündlich überliefert. Danach übertrug man sie auf Stein, später auf Kupferplatten, noch später auf Palmblätter und schließlich auf Papier. Neuerdings sollen sie sogar in einen Computer eingegeben werden.

Daß ein Mensch unzählig viele solcher Informationen im Gedächtnis bewahren konnte, klingt ziemlich unglaublich. Schon der Versuch, lediglich mehrere hundert Kurzbeschreibungen von Menschenleben mitsamt dazugehörigen Horoskopangaben auswendig zu lernen, würde scheitern. Und hier geht es ja um Hunderttausende bis Millionen! Aber vielleicht wurden die Aufgaben auf mehrere Menschen verteilt. Das könnte übrigens eine Erklärung dafür sein, daß solch eine enorme Anzahl von Einzelschicksalen in mehreren Palmblattbibliotheken in groben Zügen aufgezeichnet ist. Vielleicht waren die Menschen im Goldenen Zeitalter aber einfach einerseits konzentrationsfähiger und andererseits unbelasteter von allen möglichen unwichtigen Informationen, die unser modernes Gemüt überfluten und zerstreuen.

Wie dem auch sei, der Überlieferung nach wurden die Aussagen über die Lebenswege zahlloser Menschen zunächst einmal mündlich weitergegeben.

Als nächstes meißelte man sie, wie erwähnt, in Steinplatten ein. Selbst wenn diese vielleicht nur so groß wie ein oder zwei Handteller gewesen sein mögen – sie scheinen heute nirgendwo mehr vorhanden zu sein –, müssen Areale so groß wie olympische Stadien damit gefüllt gewesen sein. Bekanntlich ließ einer der wichtigsten indischen Herrscher, der zum Buddhismus bekehrte Kaiser ASKOKA (er regierte wohl von 274 bis 234 vor Christus), überall im Lande unzählige Steintafeln aufstellen, sogenannte »Edikte«, auf denen er allgemein dazu aufrief, ein tugendsameres Leben zu führen, und mitteilte, wie er im königlichen Haushalt die Zahl der für den menschlichen Verzehr getöteten Tiere drastisch reduziert habe. Im Rahmen der damals üblichen Sitten wäre es also durchaus denkbar, daß kleine Steintafeln die frühen Vorläufer von Palmblättern darstellten.

Die Steintafeln wurden von Kupferplatten abgelöst. Auch von solchen Kupferplatten mit persönlichen Orakel-Inschriften habe ich leider keine einzige selbst zu Gesicht bekommen. Wir kennen jedoch sowohl aus dem indischen als auch aus dem vorderasiatischen Kulturraum Kupferplatten, auf denen der Horoskopkreis mit den zwölf Tierkreiszeichen, die Planetenzuordnungen, Mondstationen, Dekanaten und vieles andere mehr vermerkt sind.

Von den Kupferplatten wurden die Schicksalsbotschaften auf Palmblätter übertragen. Die Palmblätter, die ich selbst gesehen habe, sind etwa zwanzig Zentimeter lang und rund drei Zentimeter breit. Sie sind mit sehr kleiner Sanskritschrift beschrieben, die pro Buchstabe vielleicht zwei bis drei Millimeter hoch ist, manchmal auch etwas höher. Ganz korrekt müßte es heißen, daß die Schrift in diese Blätter fein eingeritzt ist, und die Vertiefungen durch eine schwärzliche Tinte als Schriftzeichen aufscheinen. An zahlreichen Stellen ist die Schwärzung fast nicht mehr vorhanden, was die Lesbarkeit ziemlich erschwert. Es heißt, die Texte der Palmblätter mußten durch die Jahrhunderte immer wieder auf neue Blätter kopiert werden, sobald die alten anfingen, brüchig zu werden.

Palmblätter habe ich nur in Bangalore gesehen. In Hoshiarpur ist man »weiter«: Dort sind alle Horoskopdaten und Lebensläufe, wie schon angeführt, auf quadratischen Papieren vermerkt.

Diese Papiere sind offensichtlich mit Feder und Tinte beschrieben, die Sanskritworte ganz gut erkennbar. Etliche dieser Papierblätter zeigen Einrisse, bisweilen fehlt ein Stückchen an einer Ecke, aber insgesamt scheinen die, die ich gesehen habe, in einem ordentlichen Zustand zu sein. In Hoshiarpur erzählte mir Dr. RATISH MOHAN auch, daß seine Familie begonnen habe, nun alle Texte in einen Computer einzugeben, weil sich damit die enorm zeitaufwendige Suche anhand von Horoskopdaten der Fragesteller inmitten von Millionen von Blättern stark vereinfachen ließe. – Es bleibt abzuwarten, ob es dazu kommt, oder ob die »Magie« eines Orakels aus fernen frühen Tagen sich dem Zugriff der unpersönlichen Technik zu entziehen weiß.

Art und Inhalt der Aufzeichnungen

Die Palm- oder Papierblätter verzeichnen meistens das Geburtsdatum und den ungefähren Geburtsort des Fragestellers, jene in Bangalore offenbar auch – manchmal wohl statt dessen – den Tag der Ankunft des Fragestellers bei der Palmblattbibliothek.

Während das Geburtsdatum einigermaßen zweifelsfrei festgestellt werden kann, ist die Bezeichnung des Geburtsortes schwieriger. Denn man findet nicht etwa genaue Koordinaten nach Längen- und Breitengraden, sondern vielmehr eher vage Angaben, wie »in einem flachen Land mit fruchtbaren Feldern«, »nahe einem hohen Berg, der meist schneebedeckt ist«, oder »an einer großen Flußmündung inmitten einer Wüste«. Daß daraus dann die Norddeutsche Tiefebene, der japanische Fudschijama oder die ägyptische Nilmündung wird, obliegt dem geographischen Wissen und vielleicht auch der Phantasie des Palmblattübersetzers.

Auf den Papierblättern in Hoshiarpur sind, wie schon geschildert, Horoskopgrafiken mit den Eintragungen zum Planetenstand an einem bestimmten Tag zu finden. Auf diesen Blättern wird auch der Name des Fragestellers mitgeteilt – auch wenn es sich um einen nichthinduistischen Namen handelt –, manchmal sogar, wer den Fragesteller zur Lesung begleitet! Dr. Mohan las mir von einem Blatt zum Beispiel vor, daß der Name des Fragestellers mit »Joses« angegeben wurde und der des Begleiters mit »Muhamed Yusuf«, die beide an diesem und jenem genau definierten Tag zur Brighu Samhita kommen würden.

Es folgen, immer in Sanskrit, wichtige Ereignisse des Lebens, zum Beispiel familiäre Ereignisse, Kindersegen oder Kinderprobleme, berufliche Höhe- oder Tiefpunkte, finanzielle Umstände, Krankheiten und Ratschläge, wie man ihre Folgen mildern könne, und so fort. Man findet kurz gefaßte Angaben über Orte und Rollen früherer Inkarnationen sowie stichwortähnliche Hinweise zum weiteren Ablauf dieses Lebens. Meistens ist sogar die Dauer des Lebens und angeblich sogar das Datum des Abschieds daraus verzeichnet. (Manche Menschen im Westen schrecken angesichts der Aussicht, das zu erfahren, vor einer Nachfrage zurück. Ob das heißt, daß dahinter die berechtigte Sorge vor einer »Fremdprogrammierung« steht oder man eher den »Kopf in den Sand« steckt, muß jeder Mensch für sich selbst entscheiden.)

Falls dieses Leben nicht das letzte ist, werden wichtige Themen und Aufgaben für das nächste angesprochen. Manchmal heißt es indes, daß der Fragesteller »moksha«, »Befreiung« beziehungsweise »endgültige Erlösung«, noch in diesem Leben erfahre.

Wozu dienen solche Schicksalsbotschaften?

GUNJUR SACHIDANANDA MURTHY aus Bangalore sagte in unserem Fernsehinterview sinngemäß: »Es gibt einen göttlichen Plan, den man nicht ändern kann. Das Schicksal also kann man nicht ändern. Man kann aber das Leid verringern, wenn man den göttlichen Plan kennt und sich dementsprechend verhält. Das Leid findet statt, jedoch mit der Gnade Gottes kann man es verringern.« Er fügte bei meinem zweiten Besuch hinzu: »Die Kenntnis des göttlichen Plans hilft, einen spirituellen Lebensweg zu suchen und sich dadurch vorzubereiten und als ›würdig‹ zu erweisen, aus dem Zyklus der Wiedergeburt erlöst zu werden.«

Dr. MOHAN meinte im persönlichen Gespräch im Februar 1994, daß die Brighu Samhita die Aufgabe habe, jenen zu helfen, die Leiden zu erdulden hätten. Er fuhr fort, daß »durch die

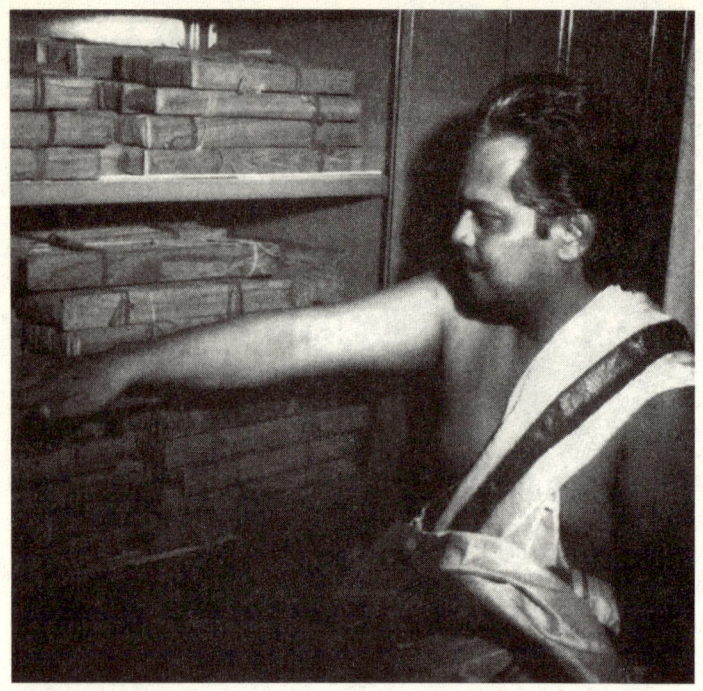

Gunjur Sachidananda Murthy, der Palmblattübersetzer in Bangalore, vor einem Teil seiner Schätze.

Gnade Gottes eine Veränderung des Schicksals durchaus möglich« sei, zum Beispiel vermittels »Japji-, Kriya- oder Karma-Yogas«.

Er meinte, diese Sammlungen seien »nur für gute Seelen« bestimmt, die ihr Leben innerlich reicher gestalten wollten, die ihr Karma verändern und verbessern wollten und das durch Einsicht in Zusammenhänge, warum sie mit diesem oder jenem Menschen zusammen sind, warum sie an dieser oder jener Krankheit leiden und wie sie sich spirituell entwickeln können, besser zuwege brächten.

Sicher scheint, daß die indischen Palmblattbibliotheken nicht nur die »Neugier« vieler Menschen aus Ost und West befriedigen, sondern daß auch sehr ernsthafte Sucher hierherkommen. Diese wollen sich selbst, ihren Lebensweg und mancherlei Schwierigkeiten besser verstehen lernen und erbitten Hilfen bei wichtigen Entscheidungen oder Krankheiten sowie Orientierung für ihre spirituelle Verwirklichung. Insofern haben die Palmblattorakel für diese Menschen eine Art »unpersönliche Gurufunktion«.

Die indischen Palmblattbibliotheken sind bei all ihrer Faszination durch das Sensationelle, das ihnen anhaftet, ohne ihr kulturelles Umfeld wohl nicht zu begreifen. Wie will man Botschaften aus Räumen jenseits der Zeit erfassen, die für den einzelnen Menschen, für sein individuelles Bewußtsein und seinen persönlichen Lebensweg eine Bedeutung haben, ohne die Lehren von Karma und Reinkarnation zu kennen? Die Gesetzmäßigkeiten von Ursache und Wirkung aller Gedanken, Gefühle, Worte und Handlungen und die Erkenntnis von der Bewahrung des individuellen Seelenkerns vor der physischen Geburt, während eines Erdenlebens und nach dem Körpertod, spielen für das hier erforderliche Verständnis eine zentrale Rolle. Wir werden auf diese Themen in anderen Kapiteln des vorliegenden Buches immer wieder zurückkommen.

Wichtige Fragen aus westlicher Sicht

Was steht tatsächlich auf den Palm- oder Papierblättern? Soweit ich das einigermaßen zuverlässig überprüfen konnte, sind außer astrologischen Angaben Mitteilungen zu Menschen, die manchmal namentlich genannt werden, in Sanskrit auf diesen Blättern verzeichnet. Selbst wenn man zugesteht, daß Sanskritbegriffe eine große Bandbreite an Bedeutungen besitzen und deshalb die Übertragung oder Interpretation einen gewissen Einfluß hat, bestehen die Auskünfte der Palmblattleser im Regelfall und überwiegend aus dem, was auf den Blättern geschrieben steht und nicht aus irgendwelchen eigenen telepathischen oder hellsichtigen Eingebungen oder »Zugaben«.

In welchem Ausmaß treffen die Palmblattbotschaften zu? Soweit ich das recherchieren konnte, sind – wenn solche Blätter gefunden werden – die Aussagen erstaunlich präzise. Diese Feststellung bezieht sich naturgemäß nicht auf Auskünfte zu »früheren Leben«, weil Mitteilungen zu diesem Bereich meist nicht nachprüfbar sind, obwohl viele Menschen – so auch ich – bestimmte Gefühle zu solchen Aussagen entwickeln. Was über die Lebensumstände vor, während und zumindest kurz nach der Lesung mitgeteilt wird, ist überraschend »stimmig« und meistens auch recht hilfreich. Das mögen rein materialistisch denkende Menschen für unglaubwürdig, unmöglich oder gar absurd halten.

Wer jedoch auf eigene Erfahrungen mit Einsichten und Botschaften aus den Grenzbereichen zwischen echtem Wissen, spürendem Erkennen und visionärer Schau zurückgreifen kann, wird schon mehrfach und vielleicht immer wieder selbst erlebt haben, daß wohl ein nichtmaterialistischer Zugang zu Ebenen der Wahrheit und Wirklichkeit, zu Vergangenheit und Zukunft besteht.

Das mag durch bestimmte Hilfsmittel befördert werden – wie Tarotkarten, Erfassung astrologischer Zusammenhänge, Handlinien, physiognomische Merkmale und so fort. Oder es kann sich aus der unmittelbaren »Schau« ergeben – die sich telepathisch über Bilder und Symbole offenbart, die sich als ein inneres Fühlen einstellt oder in selteneren Fällen als mystische Vision aus höheren Ebenen.

Wenn die Schicksalsbotschaften der Palmblattbibliotheken sich also in den meisten Fällen als richtig erweisen, welche Fragen ergeben sich daraus?

Wie könnte es möglich sein, daß ein Mensch oder selbst ein Heiliger oder ein »Himmelswesen« die Lebensläufe vieler Hunderttausender oder gar Millionen von Menschen zu erfassen vermag, und das womöglich durch mehrere Inkarnationen hindurch – und noch dazu lange vor ihrer Geburt? Findet sich irgendwo ein »goldenes Buch«, eine »Akasha-Chronik«, eine Ebene, auf der alles Geschehen vom Anfang bis zum Ende der Schöpfung »geschrieben« steht? Ist festgelegt, wann welcher göttliche Funke, wann welche Seele unter welchen Bedingungen, mit welchen Chancen und Herausforderungen auf diese Erde kommen wird?

Wie sollte irgend jemand wissen können, welche Menschen eines Tages an einen bestimmten geographischen Ort pilgern werden, um sich »ihre« Palmblätter vorlesen zu lassen?

Und welche Konsequenzen hat das für den »freien Willen« des Menschen?

Inwieweit würde – falls die Schicksalsbotschaften zutrafen – dadurch eine Vorbestimmung oder Prädetermination erfolgt sein?

Stünde eine solche Festlegung – falls es sie gäbe – nicht im krassen Widerspruch zur uns vertrauten Auffassung, daß »jeder seines Glückes Schmied« sei, daß Gott dem Menschen einen »freien Willen« gegeben habe und so fort? Und würde es nicht eine, vermutlich unbewußte, Tendenz hervorrufen, bestimmte Antworten, die einem besonders angenehm sind oder vor denen man Angst hat, gerade deshalb zu verwirklichen?

Einige vorläufige Ansätze für Antworten

Zeit ist relativ: Was wir als klar in Vergangenheit, Gegenwart und Zukunft getrennt empfinden, ist ein Ganzes. Es gleicht dem Spiel auf der Bühne oder dem Film im Kino, die zu einer Zeit nur eine Szene zeigen. Erst begegnen Mann und Frau einander, danach unternehmen sie etwas gemeinsam, später gehen sie vielleicht wieder auseinander. Oder ein Mann steigt zuerst in ein Auto ein, dann sehen wir ihn auf der Straße gefährlich rasen, daraufhin gerät er in eine Unfallsituation, schließlich liegt er im Krankenhaus oder er stirbt gar an der Unglücksstelle. Der Film ist bereits fertig, Anfang, Mittelteil und Ende sind abgedreht, aber wir sehen immer nur einen kleinen Ausschnitt daraus und nehmen an diesem Ausschnitt innigst Anteil.

Während beim abgedrehten Film der »freie Wille« nichts mehr am Geschehen ändern kann, könnte auf der Bühne alles Mögliche passieren, das vom Drehbuch abweicht. Und auch wir als Betrachter vermögen den fertigen Film zu »verändern«: wenn wir ihn durch den Filter einer bewußten Wahrnehmung und eines wachen Geistes laufen lassen und erkennen, daß es sich um ein Spiel von Licht, Schatten und Klängen handelt, wir dieses relative Spiel aber nicht als unsere eigene Wirklichkeit annehmen müssen.

Denn wir können einem »schlechten« oder »negativen« Film unsere eigene »positive« Lebenssicht und Einstellung entgegensetzen und ihn dadurch »umfunktionieren«. Auf diese Weise steigen wir gleichsam aus den Gemütsmustern und Denkschablonen des Films aus und schaffen eine andere, genauso »reale« Wahrheit. Das könnte im »richtigen Leben« ebenso gelingen.

Es wurde vorausgesehen, welche Menschen das Potential – also die physische Möglichkeit, die geistige Offenheit und das persönliche Bedürfnis – haben würden, eine Palmblattbibliothek aufzusuchen. Das heißt nicht, daß alle diese Menschen die Gelegenheit dazu wahrnehmen. Viele Palmblätter mögen ungelesen bleiben.

Die Palmblätter schränken den freien Willen des Menschen meiner Ansicht nach nicht ein, denn sie beschreiben nur das, was als eine Art von Wahrscheinlichkeit der Entwicklung zu werten ist, nicht unbedingt, was wirklich geschieht. Es steht zu erwarten, daß ein Apfelbaum Äpfel trägt. Würde ihm jedoch ein Birnbaumreis aufgepropft, könnte dieser Baum auch Birnen tragen. Es steht zu erwarten, daß ein Mensch mit schwacher Selbstbeherrschung laufend Fehler in der Ernährung begeht, die schließlich zu Krankheiten führen müssen. Falls dieser Mensch aber durch einen Schicksalsschlag, einen Geistesblitz oder durch eine unverhoffte Begegnung mit einem eindrucksstarken und vorbildlichen Menschen zu tieferen Überlegungen hinsichtlich seiner Situation angeregt wird, ist es denkbar, daß er sein Verhalten ändert. Dann kann er der Krankheit vielleicht noch ausweichen, ihre Folgen stark mindern oder von seiner persönlichen Einstellung her zumindest mit ihren Wirkungen besser umgehen.

Mit diesen wenigen Überlegungen ist das Thema natürlich längst nicht hinreichend ausgelotet oder gar erschöpft. Abschließend klären läßt sich das paradoxe Geheimnis der Schicksalsbibliotheken an dieser Stelle und vom Verfasser selbst ohnehin nicht. Im Verlauf der folgenden Erörterungen können wir vielleicht mehr Klarheit über die vielschichtige Thematik gewinnen, indem wir sie aus verschiedenen Blickwinkeln beleuchten.

Immerhin sind die indischen Palmblattbibliotheken ein sehr reizvoller Anlaß, über manche Schicksalsfragen nachzusinnen, und zugleich stellen sie die üblichen Denkweisen stark in Frage!

Für mich sind diese Palmblattbibliotheken mit ihren Schicksalsbotschaften ein ernstzunehmender Hinweis darauf, daß einerseits eine komplexe und eigenartige Beziehung zwischen der Festlegung und Vorherbestimmung großer, grundlegender Lebenslinien zu bestehen scheint, andererseits ein gewisser »Spielraum« oder »Freiraum« im Leben. Sei es, daß man die Einstellung zu seinem persönlichen Geschick durch eine beabsichtigte Bewußtseinsentwicklung zu verändern vermag, sei es, daß dadurch womöglich eine Änderung der »Realitäten« des Lebens erfolgen könnte.

(Interessierte Leserinnen und Leser finden im Anhang Adressenhinweise für drei Palmblattbibliotheken.)

Im nächsten Kapitel geht es um den Versuch, eine Zustandsbeschreibung unserer menschlichen Existenz im gewaltigen Kosmos zu skizzieren und danach zu fragen, welchen Sinn wir darin entdecken könnten.

2

Das Mysterium des Lebens

Überlegungen zu Chaos und Karma,
Zufall und Vorherbestimmung

Ist es Schicksal, daß ein Mensch im Süden Mexikos als Sohn eines Indio-Wanderarbeiters geboren wird, ein zweiter als Tochter eines japanischen Fabrikarbeiterehepaars und ein dritter als Kind einer französischen Landwirtsfamilie?

Ist es Zufall, wenn gerade dieser Mensch aus seinem Posten entlassen wird und gerade jener eine neue Stelle findet?

Wie ist es zu erklären, daß einer reich ist und ein anderer arm, der eine gesund und der andere krank?

Ist es Karma, also das Ergebnis von Ursache und Wirkung unserer Taten, daß dieses Kind mit unglaublichen Talenten in die Welt kommt und jenes mit einem angeborenen unheilbaren Leiden?

Warum hat man manchmal »Glück« und dann wieder »Pech«? Weshalb stirbt einer früh, der andere spät?

Was ist eigentlich Armut, und was ist Reichtum? Was bedeutet Krankheit, was Gesundheit? Was sind Talente, Glück und Pech?

War es vorherbestimmt, daß ALEXANDER DER GROSSE zu einem der (vorübergehend) erfolgreichsten Eroberer der Erdgeschichte wurde und griechische Kultur bis nach Vorderindien brachte? Er starb im Jahr 323 vor Christus. Als er bemerkte, daß er dem Tod nicht entrinnen konnte, soll er angeordnet haben, sein Leichnam sei mit beiden Handflächen nach oben und gut sichtbar vom Körper fortgestreckt zum Begräbnis zu bringen. Auf diese Weise könne jeder sehen, daß auch er, der große Alexander, mit leeren

Händen gehen müsse und nicht ein Krümelchen Erde mit hinüberzunehmen vermöchte.

Ist es vorherbestimmt, daß sich ein Reich nach dem anderen erhob, heranwuchs, erblühte und verfiel – von den Sumerern über die Ägypter zu den Griechen, von den Römern zu den Germanen?

Müssen wir die Existenz des menschlichen Lebens selbst als ein zufälliges, ungeplantes, nicht vorhersehbares Ereignis ansehen?

Manche Menschen, vor allem materialistisch orientierte Wissenschaftler und intellektuelle Journalisten, meinen, zwischen menschlichen Lebewesen und anderen Tieren bestehe kein wesentlicher Unterschied. Zwar seien Menschen jene Tiere, die Werkzeuge herstellten, Feuer benutzten, lachten oder sogar Sprache entwickelten und zu »denken« begannen – aber das begründe immer noch keine wesentliche Verschiedenheit. Auch daß (viele) Menschen über ihren Ursprung nachsännen, trenne sie nicht von der Zugehörigkeit zur großen Tierfamilie.

Religiöse Menschen glauben es anders, Menschen mit eigenen mystischen Erfahrungen wissen es anders.

Was empfinden wir, wenn wir in die transparentblaue Weite des durchsonnten Tageshimmels blicken? Was fühlen wir, wenn wir in die nachtblaue Unendlichkeit des Sternenfirmaments schauen? Mögen ein Urgrund und eine Urordnung vorhanden sein, oder müssen wir davon ausgehen, daß die Existenz des Weltalls einem »Chaos« entsprang?

Einige Wissenschaftler sprechen von der sogenannten »Entropie« als einem grundlegenden Naturgesetz. Das bedeutet, verkürzt beschrieben, daß alles in der Welt im Verlauf der Zeit an Struktur, Ordnung und Differenzierung verliert und in jene ungeformte Urmasse oder in jenes leere Nichts zurückkehrt, woraus die Welt (die ganze Welt, nur die materielle Welt, das Bewußtsein auch?) entstanden sein soll. Findet also womöglich so etwas wie eine unaufhaltsame Entwicklung von Ordnung zu Chaos im Mikro- und im Makrokosmos statt?

Und wird aus der »Ursuppe« dann wieder ein neues und ebenso bewußtes Leben entstehen, als das wir unser Leben ja meistens erfahren können?

Auf einer einsamen, sonnenharten Lehmstraße im südwestafrikanischen Busch bewegen sich zwei Wagen. An diesem späten Nachmittag eines Märztages im Jahr 1966 steht die Sonne schon recht dicht über dem Horizont. Eine deutsche Familie – die zweiundfünfzigjährige Mutter, der achtundfünfzigjährige Vater, ein zwanzigjähriger Sohn, eine fünfzehnjährige Tochter – fährt in ihrem Volkswagen Variant nördlich von Windhoek zu einer Farm. Auf derselben Straße steuert ein Kleinlastwagen in südliche Richtung. Meilenweit sind dies die einzigen Fahrzeuge auf der Strecke. Die Straße führt fast immer geradeaus. Beide Autos werden scheinbar magnetisch voneinander angezogen: Frontalzusammenstoß. Fünf Menschen sterben. Es war ein »sinnloser« Unfall, ein vermeidbares Unglück. Schicksal? Zufall? Unerforschliche Wege eines fernen Herrn?

Zweimal bereits sind diese Eltern einem tödlichen Verkehrsunglück knapp entronnen. In den fünfziger Jahren versäumten sie ein Flugzeug nach Afrika, es stürzte ab, keiner der Insassen überlebte. Anfang der sechziger Jahre erfolgt eine Notlandung in Nairobi, alle Passagiere kommen noch unversehrt aus dem Flugzeug heraus.

Am eindringlichsten empfinden wir Einzelschicksale, am deutlichsten stellen sich Schicksalsfragen, wenn sie uns selbst, unmittelbare Familienmitglieder oder Freunde betreffen.

Der Palmblattübersetzer aus Bangalore würde vielleicht vom göttlichen Plan sprechen, der sich zwar nicht ändern lasse, auf den wir uns aber besser einzustellen lernen sollten. Ob das als Erklärung ausreicht?

Das Mysterium des Lebens läßt sich wohl nicht mit einer einzigen Formel klären, und die angeschnittenen Fragen sind vermutlich nicht mit wenigen Patentrezepten zu beantworten. Ich schlage vor, daß wir uns zunächst einige Begriffe zu unserem Thema und deren Bedeutungsfelder näher ansehen.

Schicksal

Heute wird dieser Begriff häufig als gleichbedeutend mit »schweres Los«, »unabänderliches Geschehen« oder auch »unbegreifliche Fügung« verwendet. In einem Herkunftswörterbuch finden wir unter anderem Hinweise auf »Anordnung«, »Einrichtung«, »Fatum« und »göttliche Fügung«. Das Wort »Geschick« gilt als Vorläufer des Begriffs »Schicksal«: Etwas wird »geschickt«. Ebenso besteht eine Verbindung zu einem germanischen Wort für »werden«.

Etwas, das mir »geschickt« wird, scheint etwas mit mir zu tun zu haben. Ein »schweres Los« dagegen könnte ich durchaus als etwas betrachten, das »eigentlich« keinen direkten Bezug zu mir hat, sondern einer »Laune des Schicksals« entspringt.

Die in manchen esoterischen Büchern zu lesende Deutung »Schicksal = geschicktes Heil« ist in den mir zugänglichen Lexika nicht verzeichnet.

Zufall

Der Volksmund benutzt dieses Wort meist im Sinne von »sinnloses oder unerklärliches Vorkommnis« beziehungsweise »von außen kommendes Ereignis«. Die ursprünglich mögliche Bedeutung ist jedoch unverkennbar: »etwas, das einem zufällt«.

Ob das, was jemandem zuteil wird oder ihm zustößt, sinnlos oder unerklärlich ist, ob es von »außen« kommt, also irgendwie fremd ist, oder ihm auf eine vielleicht verborgene Weise zu eigen ist und ihm deshalb »zufällt«, bedeutet für die Einstellung zum Leben einen großen Unterschied. Bei der ersten Ansicht neigt man mehr dazu, den Zufall abzulehnen – es sei denn, es handle sich um einen Lottogewinn. Im anderen Fall kann man auch schwierige Situationen annehmen, weil man sicher ist, daß einem nichts grundlos »zufällt«.

Was »gehört« zu uns und was nicht? Gehört nur manches oder eventuell alles zu Ihnen, was sich in Ihrem Leben ereignet?

Vorherbestimmung

Dieses Wort bezieht sich eng auf die aus dem Lateinischen stammenden Begriffe »Prädetermination« und »Prädestination«. Vorherbestimmung klingt nach einer Anordnung oder Festlegung, die erfolgt ist, bevor wir darauf Einfluß nehmen konnten, und die im übrigen unabänderlich ist.

»Bestimmen« heißt, etwas mit der Stimme zu benennen oder durch die Stimme festzusetzen. Die beiden erwähnten lateinischen Begriffe signalisieren ebenfalls, daß eine unwiderrufliche Entscheidung gefallen ist. Im Bereich der Theologie, zum Beispiel von THOMAS VON AQUIN, wurde damit eine göttliche Vorherbestimmung des menschlichen Handelns festgestellt.

Folgt das Leben einem festgelegten Plan? Und wäre dieser vielleicht bestehende Plan dann in allen Einzelheiten unabänderlich?

Chaos

In der Umgangssprache meinen wir mit »Chaos« ein großes Durcheinander, totale Verwirrung, die Auflösung oder die Abwesenheit jeglicher Ordnung.

Ursprünglich bezeichnet dieses griechische Wort zunächst nur die »klaffende Leere (des Weltraums)« oder einfach den »Abgrund«. Interessant ist die Verwandtschaft zu einem indogermanischen Wort für »gähnen«, da sich ja durchaus ein kleiner Abgrund auftun mag.

Im bewußteren Sprachgebrauch steht »Chaos« für »gestaltlose, ungeformte Urmasse (der Welt)«. Sollte man statt »Urmasse« vielleicht besser »Urkraft« sagen?

Die moderne Chaosforschung beschäftigt sich bekanntlich damit zu ergründen, ob und welche Gesetzmäßigkeiten scheinbar chaotischen Vorgängen zugrunde liegen.

Ist unser Leben chaotisch? Sind unsere Gedanken, Gefühle und Handlungen chaotisch?

Karma

Karma ist ein indisches Wort, das »Handeln«, »Wirken« oder »Tat« bedeutet. Als philosophischer Begriff steht es jedoch für das Gesetz von allgemeingültiger Ursache und Wirkung: Jede Wirkung hat eine Ursache, jede Ursache zieht eine Wirkung nach sich. In diesem Sinne gehören Karma und die Vorstellung von der Reinkarnation, der Wiederverkörperung der Seele in immer neuer äußerer Gestalt, zusammen.

In einem verkürzten und falschen Verständnis setzt man »Karma« oft mit von äußeren Mächten auferlegter »Strafe« gleich, die in diesem Leben, wegen »schlechten« Verhaltens in einer früheren Verkörperung, erlitten werden müsse. Das Gesetz von Ursache und Wirkung hat jedoch mit »Strafe« nichts gemein, sondern verläuft sehr klar und gerecht nach dem Bibelprinzip im Neuen Testament: »Was du säest, das wirst du ernten«, sowie nach dem Lehrsatz der Physik: »Jede Aktion bewirkt eine Reaktion.«

Die Karmalehre geht davon aus, daß jeder Gedanke, jedes Gefühl und jede Tat eine Ursache setzen, deren Wirkung – und sei sie noch so geringfügig – eines Tages in der einen oder anderen Form zum Urheber zurückkehrt. Aus der modernen Naturwissenschaft kennen wir die Überzeugung, daß Energie nicht verschwinden, vernichtet oder aufgelöst werden, sondern nur ihre Erscheinungsform verändern kann. Genauso verhält es sich mit den »Energien«, die wir in Form von Gedanken, Gefühlen und Taten entwickeln.

Mein schon vor langem verschiedener Großonkel, HANS-HASSO VON VELTHEIM-OSTRAU, ein offener, gebildeter und spiritueller Mensch, schrieb in einem inzwischen vergriffenen Buch ausführlich über das Karma. Eine längere Passage daraus lege ich Ihnen gern vor, weil er diese anspruchsvolle Thematik auf einfühlsame und zugleich klare Weise darzustellen wußte.

»Unwissenheit bedingt die Unfähigkeit zur Karma-Erkenntnis und Schicksalserforschung. Karma und Unwissenheit hängen zusammen, denn bis zu einem gewissen Grade bedingen sie einander. Im gleichen Maße wie sich das Bewußtsein entwickelt und fähig wird, andere Ordnungsbereiche zu ergreifen, wird Karma durchschaubar und auflöslich. Je weiter Unwissenheit schwindet, um so mehr schwinden die karmischen Bindungen.

Nur die gute Erfüllung der durch die Geburt gestellten Aufgaben, so schwer sie auch sein mögen, kann [das] Karma im nächsten Leben verbessern. Auf die Gefahr hin, Protest zu erregen, muß ich sagen, daß diese hinduistische Einstellung zum Leben und seinen Schmerzen durchaus der christlichen Forderung entspricht, ›sein Kreuz ohne zu klagen auf sich zu nehmen‹ und das schwere Ja zu Krieg, Revolution, Gefangenschaft, Heimatlosigkeit, Armut, Krankheit, Alter und Tod und allem anderen Qualvollen zu sagen, ohne mit Gott zu hadern und ohne zu fragen, warum er uns das alles auferlegt. Der Christ und der Mohammedaner dürfen nicht fragen und nicht wissen, weshalb sie leiden, weshalb diese scheinbar so schreienden Ungerechtigkeiten der Ungleichheit der Menschen bereits bei der Geburt beginnen, das ganze Leben weitergehen und bis in die verschiedenen Formen des Sterbens bestehenbleiben. Unter dem Aspekt der wiederholten Erdenleben und der damit unlösbar verbundenen Karmabildung enthüllt sich der tiefere Sinn des Satzes: ›Was der Mensch säet, das wird er ernten‹, und es wächst die Erkenntnis, daß das Erscheinen des einzelnen Menschen auf Erden gerade zu dieser Zeit, in diesem Lande und in dieser Rasse, in diesem Volk und in dieser Familie, männlich oder weiblich, und mit allen anderen Faktoren seiner Umwelt, die Ernte einer früheren Saat ist. Dann sind die unbegreiflichen Ungleichheiten und Ungerechtigkeiten, welche die Welt revolutionieren und das Leben eines jeden Menschen erfüllen, mit der Vorstellung eines gerechten und gütigen Gottes voll und ganz zu vereinbaren. Dann hat der Mensch nicht umsonst Verstand, Denkfähigkeit und Logik vom Schöpfer erhalten. Nur so werden diese menschlichen Fähigkeiten nicht wieder vergewaltigt und ausgeschaltet, indem dem Menschen zugemutet wird, sich in einem blinden, kritiklosen Glauben eines Fürwahrhaltens auf Gnade oder Ungnade einem irgendwann und irgendwo abzuhaltenden ›Jüngsten Gericht‹ zu unterwerfen, um für dasjenige, was in der sehr kurzen Zeitlichkeit nur eines Erdenlebens getan wurde, zur ewigen Seligkeit oder ewigen Verdammnis verurteilt zu werden.

Wie sinnlos erscheint die westliche Auffassung von dem einmaligen Leben, das eine Ewigkeit bestimmen soll, doch vor allem, wenn ein unmündiges, aber getauftes Kind oder gar ein als Idiot Geborener stirbt. Unter dem Aspekt der wiederholten Erdenleben und dem des Karmagesetzes werden die dem westlichen Menschen so unheimliche Ruhe, die Zeitlosigkeit und die so ganz andere Einstellung des östlichen Menschen gegenüber dem Tode erst verständlich.

Diese uralte Lehre vom Stufenwege der menschlichen Entwicklung, richtig durchdacht, könnte auch dem westlichen Menschen Licht in die verwirrenden Dschungel seines Lebensrätsels bringen und ihm manche Bürde abnehmen, mit der er sich heute in seiner dunklen Daseinsangst abplagt. Zudem ist diese alte Weisheit keineswegs auf den Osten beschränkt, sondern Allgemeingut esoterischer Erkenntnis und deshalb ebenso Grundlage der alten wie der modernen abendländischen Geisteswissenschaft.

Das Schicksal kann, richtig betrachtet, als ein Weg zur Menschwerdung aufgefaßt werden. Das auf uns zukommende Böse als eine Herausforderung an das Gute in uns zu betrachten, heißt, das Böse nicht zu vermehren.

Es gehört mit zum Schicksal unserer Seele, unseres Ich, nach dem Tode dasjenige anschauen zu müssen, was wir dann an unserem verflossenen Leben nicht mehr ändern können.

Jeder Untergang in der äußeren Welt ist eine Gelegenheit zu einem Aufgang in der inneren Welt.«

Ein anderer Ansatz

Vielleicht sollten wir einen Schritt zurückgehen und zwischen dem, was festgelegt ist oder zu sein scheint, und der Überlegung, warum etwas vorausbestimmt sein könnte, zu unterscheiden versuchen. Dabei soll die Karmalehre und die Möglichkeit der Reinkarnation zunächst unberücksichtigt bleiben.

Stellen wir uns folgende Frage, unabhängig von Glauben oder Weltanschauung: Welche Gemeinsamkeiten über das Maß der Vorherbestimmung des Menschen durch unbeeinflußbare

Faktoren und den vorhandenen Spielraum für das, was wir den »freien Willen« nennen mögen, zeigen sich in unseren Auffassungen?

Was wird bereits mit der Geburt bestimmt?

Ich will eine Reihe offensichtlicher Faktoren einfach einmal aufzählen, bei denen vermutlich alle Menschen übereinstimmen, daß sie mit unserer Geburt unabänderlich und dem »freien Willen« unzugänglich bestimmt sind:

Geschlecht, Augenfarbe, der genetisch bedingte Körperbau, also Größe, Konstitution und so fort, sind festgelegt. Die Familie, die Sprache, die sozialen Umstände und das kulturelle Umfeld zumindest der ersten Lebensjahre, bis eine freie Entscheidung eine andere Umgebung sucht oder schafft, unterliegen mit der Geburt ebenfalls nicht (mehr?) einer Wahlmöglichkeit.

Außer genetisch-biologischen vorgeburtlichen Prägungen und soziokulturellen nachgeburtlichen Persönlichkeitseinflüssen können wir auch an seelisch wirksame Urbilder denken, die sogenannten »Archetypen«, und an Ideen und Gefühlsweisen, an Gedankenmuster und Reaktionen, die sich daraus ergeben. Auf die mitunter sehr spürbare Existenz solcher Urbilder hat der Schweizer Psychologe CARL GUSTAV JUNG bekanntlich als erster öffentlich hingewiesen. Er stellte das Vorhandensein eines »kollektiven Unbewußten« fest, das sich aus diesen überpersönlichen Urbildern speise. Der amerikanische Mythenforscher JOSEPH CAMPBELL, die Schweizer Psychologin VERENA KAST und der deutsche Astrologe BERND A. MERTZ haben in ihren Büchern immer wieder Beispiele dafür dargestellt, welch große Bedeutung Archetypen gleichfalls für das personale Erleben des einzelnen haben können.

Ebenso kann man diese weniger greifbaren vorherbestimmenden Einflüsse unter dem eben genannten Begriff des »kulturellen Umfelds« einordnen und für unsere Zwecke festhalten, daß – soweit ihre Wirksamkeit existent sein mag – allgemeinmenschliche und kulturbedingte Archetypen eine Art der Festlegung für den einzelnen mit sich bringen.

Bei der Frage, ob Anlagen und Talente, intellektuelle Fähigkeiten und emotionale Empfindungen, künstlerische Gaben und geistige »Antennen« bereits bei der Geburt genetisch, kulturell oder anders vorgeprägt und mehr oder weniger fixiert sind, werden sich die Geister scheiden.

Auch die Frage danach, inwieweit – falls eine Bestimmung mit der Geburt noch nicht erfolgen sollte – der Einfluß der Familie beziehungsweise der unmittelbaren frühkindlichen Umgebung dafür ausschlaggebend sein mag, wird keine einhellige Antwort finden.

Alle Mütter wissen aus eigener Erfahrung: Kein Kind kommt mit einem »leeren« Gemüt auf die Welt, sondern mit einer Fülle an eigenen Charakterzügen, die nicht anerzogen sind, sondern von irgendwoher »mitgebracht« werden oder sich aus einem unsichtbaren Inneren entwickeln. Erstaunliche Unterschiede zwischen Geschwistern, auch zwischen eineiigen Zwillingen, bestärken diese Erfahrung.

Überlegen wir eindeutige Extremfälle. Bei musikalischen, sprachlichen oder mathematischen »Wunderkindern« handelt es sich um Menschen, in denen die genetische Voraussetzung dazu angelegt sein muß. (Denn selbst familiäre Förderung sowie das soziokulturelle Umfeld bieten oft – nicht immer – den Nährboden zur Entfaltung, können jedoch nicht als allein kausal verantwortlich für die Existenz der überdurchschnittlichen Gaben und Fähigkeiten betrachtet werden.) Aber wer oder was sorgte dafür, daß gerade in diesem Menschen die genetische Grundlage für eine so überreichliche Begabung geschaffen wurde?

Zumindest bei Wunderkindern sind wir wohl einig, daß auf eine unerklärliche Weise etwas angelegt und damit vorausbestimmt ist – vielleicht in den Lebensplan »hineingeschrieben steht« –, das sich üblichen Erklärungen – wie Talent, Fleiß, Förderung durch gute Lehrer/innen, ein günstiges Umfeld und so fort – entzieht. Denken wir an den österreichischen Komponisten WOLFGANG AMADEUS MOZART, der bereits mit dreizehn Jahren Konzerte, Sonaten, Symphonien und Opern geschrieben hatte. Der Ire Sir WILLIAM ROWAN HAMILTON beherrschte mit dreizehn Jahren dreizehn Sprachen und zeichnete sich als hervorragender Mathematiker aus. Der Franzose BLAISE PASCAL galt ebenfalls als Wunderkind, das in ganz jungen Jahren – »wie von selbst« – wissenschaftliche Konzepte erdachte; er wurde nach einem religiösen Erlebnis übrigens zu einem faszinierenden Mystiker.

Ebenso werden wir uns vermutlich einig sein, daß es unumkehrbare, dem Willen nicht unterworfene Festlegungen gibt, wenn es sich um solche krassen, sehr schmerzlichen Vorherbestimmungen eines menschlichen Lebens handelt, wie sie durch angeborene und »unheilbare« Krankheiten erfolgen.

In vielen Fällen gibt es keine genetisch-biologischen und auch keine moralisch-sozialen Erklärungen – weder für den betroffenen Menschen selbst noch für die Umwelt.

Spätestens in den Fällen, die uns persönlich sehr nahegehen, werden wir fragen müssen, ob es irgendwelche Gründe für diese Festlegungen gibt.

Kurz gesagt: Es gibt eine Reihe von Festlegungen und damit Vorherbestimmungen für uns Menschen, an deren Vorhandensein wir nach der Geburt nichts mehr ändern können. Es ist jedoch durchaus denkbar, daß wir darauf Einfluß haben, wie wir mit diesen Lebensumständen umgehen.

Warum ist manches »fremdbestimmt« festgelegt?

Ist es der »unerforschliche Ratschluß« eines unbegreiflichen und offensichtlich mitleidlosen Gottes, der ein Schicksal auferlegt, das gläubig zu erdulden ist? Sollte dies die Antwort sein, wäre es sicherlich nicht unbillig, mit jener Macht zu hadern und zu rechten, die Lasten austeilt, welche von den selbsternannten Sprechern dieser Macht als per se und per definitionem unergründlich und unverstehbar erklärt werden.

Handelt es sich um »Prüfungen«, die uns aus einer unverständlichen Himmelsferne auferlegt werden? Schlägt eine angebliche »Erbsünde« oder »Urschuld« im individuellen Einzelschicksal durch (wie nicht nur einige orthodoxe christliche Dogmatiker, sondern etwa auch RÜDIGER DAHLKE meinen)?

Ist das, was mit der Geburt vorherbestimmt ist, und jenes, was uns im Laufe unseres Lebens »unverschuldet« widerfährt, Ausdruck eines sinnlosen und zufälligen Chaos, welches letztlich als das Grundprinzip jeder Existenz zu gelten habe?

Hilft uns vielleicht folgende Feststellung aus der modernen Wissenschaft weiter? Sie lautet: Energie kann nicht vernichtet werden oder sich im Nichts auflösen, sondern nur ihre Erscheinungsform verändern.

Das hieße, daß nichts aus dem Nichts entstehen und Etwas nicht im Nichts verschwinden könne. Das hieße, daß alles, was wir äußerlich und innerlich wahrnehmen, erleben, denken, fühlen, sagen, tun und schaffen, aus einer Ursprungsenergie entspringt und in irgendeiner Form auch nach Beendigung der jeweiligen vorübergehenden Zustandsform als Energie fortbestehen wird.

Wenn nichts sich in ein Nichts auflösen kann, sondern die Energie in irgendeiner Form erhalten bleibt, was geschieht mit den Gedanken und Gefühlen, mit den Aktionen und Reaktionen bei und nach dem physischen Tode? Inzwischen weiß man aus der physiologischen und psychosomatischen Forschung, daß nicht nur mancherlei körperliche Lasten und seelische Spannungen in den Zellen »gespeichert« werden, sondern auch Gewohnheiten, Verhaltensmuster und geistige Einstellungen. Das erfolgt in Form von chemisch-elektrischen Reaktionen auf bestimmte wiederkehrende Situationen und kann auch als mehr oder weniger erfreuliche »Bilder« erlebt werden. Gehen also alle einmal durchlebten und irgendwo irgendwie gespeicherten Erfahrungen mit dem Tode verloren? Belassen wir es an dieser Stelle bei der Frage.

Durch unser gesamtes Alltagsleben zieht sich die Erfahrung, daß nichts ohne Ursache ist. Die Ursache, daß Sie dieses Buch in der Hand halten, liegt darin, daß jemand es in einer Buchhandlung erworben hat. Die Ursache dafür ist, daß der Verlag es dorthin geliefert hat. Die Ursache dafür ist, daß der Verfasser dem Verlag ein Manuskript abgeliefert hat. Die Ursache dafür ist, daß die Verlegerin und der Verfasser beide Freude an diesem Thema fanden. Die Ursache dafür ist, daß der Verfasser Lebenssituationen, Menschen und Büchern begegnet ist, die ihn dazu inspiriert und mit Informationen versorgt haben. Und so fort.

Bei jeder Erforschung von Ursachenketten kommen wir schließlich an einen Punkt, an dem keine einfache Erklärung mehr ausreicht. Und dann geschieht es, daß – durch die jeweilige Mentalität vorherbestimmt? – wir Menschen bei unterschiedlichen Antworten Zuflucht suchen: Entweder sehen wir Gott oder eine ungreifbare und dennoch höchst wirksame Schöpferkraft als letzten Urheber an. Oder wir stellen uns ein kosmisches Chaos vor, aus dem sich Energie nach irgendwelchen statistischen Wahrscheinlichkeitsgesetzen und nach Trilliarden von anderen Ergebnissen nun in Form eines scheinbar sinnhaften Ereignisses oder Produkts »zufällig« herauskristallisiert hat. Oder wir begnügen uns damit, festzustellen, daß der begrenzte menschliche Verstand nie in der Lage sein wird, das Unfaßbare zu fassen – und schieben solche Fragen deshalb beiseite.

Können wir in der Karmalehre eine überzeugende, in sich schlüssige und zufriedenstellende Klärung und Erklärung finden?

Vielleicht begeben wir uns auf einen Weg, der uns über die Ebenen der schnell verwirrten Gefühle und des leicht überforderten Intellekts hinausführt, der uns am Mysterium des Lebens durch eigene Erfahrung der Überzeitlichkeit und Überräumlichkeit unseres wahren Wesens, unseres innersten Seins, teilhaben läßt. Vielleicht wagen wir, zumindest zeitweise, alle Vorstellungen loszulassen und mit dem Herzen und der Seele zu schauen und zu spüren. Vielleicht erlauben wir uns, in Dimensionen einzutreten, die jenseits der Begrenzung der Sinne liegen.

Könnte es jedoch sein, daß zwar nichts ohne eine Ursache besteht – auch wenn wir sie noch nicht kennen –, aber sehr wohl etwas oder gar vieles ohne Grund, ohne Sinn? Manche Menschen sind dieser Auffassung, so der Physik-Nobelpreisträger STEVEN WEINBERG, der in einem nachfolgenden Abschnitt zu Wort kommt. Andere Menschen vertreten vehement einen entgegengesetzten Standpunkt.

Wir können nach dem Wie fragen und nach dem Warum. Antworten auf das Wie fallen uns leichter, überzeugende Antworten auf das Warum entziehen sich oft, besonders einer rein mechanistisch-materialistischen Denkweise. Auch mir ist es nicht möglich, eine schlüssige und vor allem »beweisbare« Antwort zu liefern.

Was bestimmen wir, meist unbewußt, selbst?

Durch unser Gefühlsleben, unsere Gedankenmuster, unsere Grundeinstellungen zum Leben, unsere Art und Weise, Informationen wahrzunehmen oder abzulehnen, sie in Wertsystemen zu organisieren und durch viele weitere subtile intellektuell-psychische und psychosomatische Mechanismen »programmieren« wir uns im Verlauf der Zeit selbst. Nicht ganz allein, die Interaktionen mit der Umwelt, mit Familie, Freunden, Lehrern, Arbeitskollegen, Konkurrenten, Massenmedien und so fort sind beteiligt.

Aber die Bildung, Entwicklung, Ausprägung, Erfahrung und Darstellung *unserer* Gedanken, Gefühle und Handlungen geschieht in und durch *uns* selbst – und ist insofern eine »Eigenprogrammierung«. Aus diesem oft undurchdringlich oder sogar zusammenhanglos erscheinenden Wust von Bewußtseinsimpulsen und Bewußtseinsfeldern, von Energiewellen und Energieströmungen formen sich Gewohnheiten, Urteile, Weltanschauungen, Verhaltensweisen.

Man könnte argumentieren, daß dieser gesamte Bereich dem freien Willen offenstünde. Das hieße, daß man alle mehr oder weniger deutlichen Einflüsse aus dem sozialen und kulturellen Umfeld als so schwach ansähe, daß sie leicht durch eigenbestimmte Entscheidungen »überspielt« werden könnten. Ob die Wirklichkeit einer solchen Auffassung standhält? Da müßte es sich wohl um sehr bewußt lebende Menschen handeln.

Wie soll man schreiende Ungerechtigkeiten im Leben erklären?

Falls wir uns weder mit der Unerforschlichkeit göttlicher Ratschlüsse angesichts unbegreiflicher Katastrophen abfinden können oder wollen, noch mit der Ansicht, alles im Leben sei ohnehin nur Ausdruck eines ständig sich wandelnden Zufalls, in dem keine

festen, auch keine moralischen sowie verstehbaren Ordnungsprinzipien herrschen, könnten wir es mit der Karmalehre versuchen.
Vielleicht bietet sie Antworten, die annehmbarer sind.

Die Karmalehre und der freie Wille

Eine Faustregel aus der Karmalehre lautet: Etwa fünfundsiebzig
Prozent des Lebens sind karmisch vorherbestimmt. Dazu
gehören Reichtum und Armut, Gesundheit und Krankheit,
Berühmtheit und Unbekanntheit sowie die Lebensdauer. Diese
zählt man manchmal nach der Zahl von Atemzügen, manchmal
nach der Zahl der Herzschläge.

Dabei drängt sich der Gedanke auf, daß sich hier durch eine
bewußte und vor allem »unaufgeregte«, also gelassene Lebens-
weise die Chance eröffnen würde, langsamer und tiefer zu atmen
und die Herzschlagrate abzusenken, also das Leben zu »verlän-
gern«. Ob der Gedanke und die Fähigkeit dazu dem freien Willen entspringt oder bereits auch »karmisch« vorgezeichnet ist,
ließe sich kaum sicher feststellen.

Wenn fünfundsiebzig Prozent des Lebens vorausbestimmt
sind, so bleiben fünfundzwanzig Prozent unserer freien Willensentscheidung zugänglich. Ob man das als »viel« oder »wenig«
empfindet, hängt von jedem selbst ab. Allerdings gebe ich zu bedenken: Wie viele von uns sind in der Lage, fünfundzwanzig Prozent des Lebens wirklich frei, bewußt und schöpferisch, positiv,
nützlich, sozial und mutig, wach, sensibel und liebevoll zu gestalten? – Vielleicht bemerken Sie, daß ich persönlich die mir von
der Karmalehre zugestandenen fünfundzwanzig Prozent als aus-
reichend empfinde.

Die Karmalehre spricht übrigens von drei »Sorten« oder »Bün-
deln« von Karma oder Wirkungen oder Energien, die man ziemlich klar voneinander unterscheiden kann:

Ein Bündel von Energiewirkungen soll auf frühere Leben zurückgehen und bestreitet die fünfundsiebzig Prozent Karma, die unser
jetziges Leben in großem Umfang bestimmen. Ein zweites Bündel
(besser: ein ganzes Lagerhaus) von Energien umfaßt alle Wirkun-

gen sämtlicher in früheren Leben von uns ausgelösten Ursachen, welche nicht in diesem Leben zum Tragen kommen. Ein drittes Bündel beinhaltet jene Energien, die wir durch die fünfundzwanzig Prozent freie (und leider meist nicht recht bewußte oder gar »gute«) Willensausübung in diesem Leben auslösen, welche aber in diesem Leben noch keine Auswirkungsmöglichkeit erfahren.

Der im Jahr 1974 in die geistige Welt hinübergegangene Meditationsmeister SANT KIRPAL SINGH beschrieb das wie folgt.

»Die Karmas sind von den Heiligen in drei bestimmte Kategorien eingeteilt worden:

1. *Sanchit:* Angesammelte und aufgespeicherte Karmas, die weit in die Inkarnationen der unbekannten Vergangenheit zurückreichen.

2. *Pralabdh:* Fügung, Schicksal oder Bestimmung oder der Teil aus dem Sanchit-(Vorrats-)Karma, der eines Menschen lebendige Gegenwart bildet, welcher niemand entgehen kann, wie sehr man dies auch wünschen oder versuchen mag.

3. *Kriyaman:* Die Karmas, die einer als frei Handelnder in der gegenwärtigen irdischen Existenz oder Zeitspanne zwanglos ausführen kann, und durch die er seine Zukunft bestimmt, sei es zum Guten oder zum Schlechten.«

Grundlage für diese »Drei-Karma-Lehre« ist die physikalische, psychologische und esoterische Erfahrung, daß Energien sich nie auflösen und daß sowohl Bewußtseinsvorgänge als auch Handlungsweisen Energieformen sind, die als Ursachen irgendwann entsprechende Wirkungen nach sich ziehen werden.

Wie ließe sich der anscheinend ewige Zyklus aus Geburt, Tod und Wiedergeburt beenden, der aus unserer Natur gespeist wird, immerfort zu denken, zu fühlen und zu handeln und damit den Kreislauf von Ursachen und Wirkungen unaufhörlich in Gang zu halten? Können wir »aussteigen«? Denn nach dieser Auffassung sind letztlich wir selbst dafür verantwortlich, daß es uns gibt und wie es uns gibt.

Auch die Karmalehre konfrontiert uns zunächst also mit paradoxen und unauflösbar erscheinenden Problemen – wie die christliche Glaubenslehre.

Dort schafft ein Gott ein Paradies und bringt nach seinem Bild geschaffene Menschen hervor, wird aber angeblich über ein Fehlverhalten seiner selbstgeschaffenen Geschöpfe so zornig, daß er sie aus dem Paradies verbannt. Wegen dieses Fehlverhaltens legt er jedem Nachkommen dieser Menschen eine unauslöschliche Erbschuld oder Erbsünde in die Wiege und opfert schließlich seinen eigenen Sohn, um mit dessen Blut die Erbschuld wieder abzuwaschen.

Wem gegenüber bestünde diese Schuld – Gott gegenüber? Wenn Gott eine Schuld durch das Blut seines Sohnes (oder, wie andere glauben, durch eigenes Leiden in seiner Verkörperung in Jesus Christus) ausgleichen wollte, wer wäre der Gläubiger? Es kann wohl nicht der »Teufel« sein, der sein Werken und Wirken doch nur innerhalb des ihm von Gott zugestandenen Spielraums ausführt. Ist Gott also selbst der Gläubiger der Erbschuld?

Diese bald absurden, bald makabren Annahmen stellen wesentliche, wenn auch eigenartige Grundzüge einer unreflektierten »christlichen« Vorstellungswelt dar.

In der Karmalehre weben wir als ein ohne offensichtlichen Grund in die Schöpfung geworfenes Wesen selbst unaufhörlich ein gigantisches Spinnennetz von Ursachen, die immer wieder aufs neue Wirkungen hervorbringen. Diese Wirkungen müssen von uns durchlebt werden, weil wir nicht umhinkönnen, durch unsere schiere Existenz neue Ursachen hervorzurufen. Wir blieben damit in selbstgeschaffenen guten und schlechten Lebensformen mit entsprechenden Erlebnismöglichkeiten und uns verborgenen Beweggründen – da wir unsere früheren Leben meist nicht sehen und dementsprechend auch keine bewußte Lernerfahrung zu gewinnen vermögen.

Man nennt das Schauspiel, das Drama des Lebens, in der indischen Philosophie auch gern »Lila«, »das Spiel Gottes«. Falls unser Leben wirklich das »Spiel« einer Schöpferkraft sein sollte, so ist es häufig genug – vor allem, wenn wir leiden –, um mit einem lieben väterlichen Freund zu sprechen, ein »Scheißspiel«.

Ein häufiger Einwand gegen die Karmalehre, den ich allerdings nicht als stichhaltig betrachte, lautet so: Es kann doch nicht selbstgeschaffen oder gar selbstverschuldet sein, daß im Hitler-reich Millionen von Juden verfolgt, gequält und ermordet worden sind. Also kann die Karmalehre nicht stimmen. Die gleiche Haltung läßt sich auf die Opfer des Stalinismus, auf den Völkermord an den Armeniern am Anfang unseres Jahrhunderts und auf alle durch Menschen ausgeführten oder durch Naturereignisse bedingten Katastrophen ausdehnen, denen Menschen zum Opfer fallen.

Die Karmalehre erlaubt zwei Antworten:

● Es bleibt durchaus im Rahmen der fünfundzwanzig Prozent Spielraum für den freien Willen, dem Bösen zu widerstehen und sich weder aktiv noch passiv daran zu beteiligen. Der Film *Schindlers Liste* und die nachfolgenden Diskussionen und Darstellungen ähnlicher Beispiele haben erneut unterstrichen, daß dort, wo Menschen beteiligt sind, Menschen auch einen Freiraum für eigene Entscheidungen besitzen. Ob dieser Spielraum genutzt wird oder nicht, begründet das wahre Maß an Freiheit, das ein Mensch zu leben bereit ist. Schuld, wie der richtungsweisende österreichische Psychiater und Begründer der Logotherapie (»sinnzentrierten Psychotherapie«), VIKTOR E. FRANKL, in einem Fernsehinterview es formulierte, Schuld ist immer personenbezogen, immer individuell – Scham übrigens auch. Viktor Frankl war drei Jahre lang in vier Konzentrationslagern eingesperrt und wurde gequält wie unzählige andere Menschen auch. Er sagte übrigens von sich, daß er nur überleben konnte, weil er bewußt, hingebungsvoll und zäh einem Lebenssinn folgte.

● Die zweite mögliche Antwort der Karmalehre lautet, Schlimmes widerfahre immer nur jenen Menschen, die selber in einem früheren Leben anderen Schlimmes angetan hätten. Sie stimmt vielleicht. Ich persönlich kann sie jedoch nicht so einfach annehmen, weil darin ein Stück esoterisch verbrämter Verharmlosung, Teilnahmslosigkeit oder gar die versuchte Scheinlegitimierung unvorstellbarer Greueltaten mitschwingen könnte. Ich meine, daß der freie Wille, zum Beispiel jene fünfundzwanzig Prozent der Karmalehre, durchaus dafür zur Verantwortung gezogen werden müsse, wenn wir Menschen einander knechten, ausbeuten, foltern und ermorden. Hier sind meiner Ansicht nach wir selbst und direkt aufgerufen – jeder einzelne von uns –, unser Leben anders zu gestalten.

Selbst die Bhagavadgita, das religiös-philosophische indische Lehrgedicht, in dem die Karmalehre am Beispiel des Prinzen Arjuna dargestellt wird, verdeutlicht sehr eindringlich, daß das Böse physisch bekämpft und das Gute aktiv und tatkräftig geschaffen werden muß. Allerdings ist es wesentlich – und das ist ein Hauptaspekt der Karmalehre –, das Notwendige ohne Egobeteiligung auszuführen. Man darf sich demnach nicht mit der Rolle, die man in diesem Leben spielt, identifizieren.

Wie verhält es sich allerdings, wenn bei Erdbeben, Flutwellen oder Verkehrsunglücken eine menschliche Einwirkung im guten und im bösen gar nicht stattfindet? Oder wie ist das mit angeborenen unheilbaren Krankheiten? Ist das dann auch »Karma« aus früheren Existenzen? Hält man sich streng an die Karmalehre, geschieht hier etwas, das – obgleich auf undurchschaubare Weise – irgendwie mit dem einzelnen individuell in Verbindung steht. Manche Vertreter der Karmalehre erklären uns, daß auch solche Naturkatastrophen nur Menschen treffen, deren »karmisches Konto« dadurch ausgeglichen wird. Ich gebe gern zu, daß ich nicht begreife, wie das im einzelnen zusammenhängen könnte.

Die Karmalehre an sich hebt jedoch die Qualität, Notwendigkeit und Wirksamkeit von Verantwortungsgefühl und wachem Bewußtsein, von menschlichem Mitgefühl und Liebe zu allen Lebewesen keineswegs auf, sondern stellt diese Merkmale vielmehr in den Mittelpunkt des Lebens. Die Einsicht in die universelle Verwandtschaft aller Wesen begründet das Bemühen um die Verwirklichung dieser Merkmale ausdrücklich.

In beiden Lehren – der christlichen und der Karmalehre – spricht man von einer »göttlichen Gnade«, die diejenen Menschen – noch ein Paradoxon: »unverdient« – zufließt, welche sich aktiv und bewußt dafür zu öffnen bereit sind. Daß sie sich überhaupt dafür öffnen können, soll allerdings ebenfalls bereits die Wirkung eines Gnadenaktes sein.

Das war ein erster »Durchgang«, um uns manchen geistigen Herausforderungen und Schwierigkeiten des Themas näherzubringen. Glauben Sie bitte nicht, daß ich das alles für sehr einfach und klar halte. Auch für mich ist das eher ein ziemlich undurchschaubarer Dschungel.

Deshalb hat die asiatische Philosophie den Begriff der »Maya« geprägt, der eben nicht »Illusion« bedeutet, sondern vielmehr die »Relativität von Denken und Fühlen« bezeichnet. Durch das Denken werden wir die Grenzen von Ratio und Logik nicht überschreiten können, werden wir die Begrenzungen der Wahrnehmungsfähigkeit unserer Sinne und der Verarbeitungskapazität unseres Verstandes nicht bewältigen können. Dazu bedarf es einer Ablösung vom Alltagsdenken und der Entfaltung eines ganz anderen Bewußtseins. Im Tal überschauen wir wenig, von der Bergspitze aus sehr viel mehr. Der Weg der Mystik, der unmittelbaren inneren Schau und Teilhabe an der schöpferischen Kraft öffnet uns diese Entfaltungsmöglichkeit.

Wir kommen später auf das Gesetz von Ursache und Wirkung zurück, auf einen Zugang zur Gnade, auf das Paradoxon der gegenseitigen Bedingtheit von eigener Bemühung und göttlichem Entgegenkommen. Wir werden auch die Frage des freien Willens und der persönlichen Verantwortung im Leben noch einmal aus anderer Sicht beleuchten.

Den Abschluß dieses Kapitels bilde nun etwas »leichtere Kost«: Aphorismen berühmter Menschen zu Aspekten unseres Themas. Sie vermitteln eine willkommene zusätzliche Anregung, sich auf poetische Weise dafür zu öffnen.

»Mein Schicksal ruft.« WILLIAM SHAKESPEARE

»Dein Schicksal ist der Nachklang und das Resultat deines Charakters.« JOHANN GOTTFRIED HERDER

»Nenne nicht das Schicksal grausam, nenne seinen Schluß nicht Neid; sein Gesetz ist ew'ge Wahrheit, seine Güte Götterklarheit, seine Macht Notwendigkeit.«
JOHANN GOTTFRIED HERDER

»Das Schicksal nimmt nichts, was es nicht gegeben hat.«
LUCIUS ANNAEUS SENECA

»Unsere Schicksale kommen aus uns selbst wie die Wolken nur aus der Erde.« KARL GUTZKOW

»Gewiß ist es fast noch wichtiger, wie der Mensch sein Schicksal nimmt, als wie sein Schicksal ist.« WILHELM VON HUMBOLDT

»Die Menschen werfen alle ihre Dummheiten auf einen Haufen, konstruieren ein Ungeheuer und nennen es Schicksal.«
JOHN OLIVER HOBBES

»Das Schicksal gewährt uns unsere Wünsche, aber auf seine Weise.« JOHANN WOLFGANG VON GOETHE

»Die Menschen haben sich im Zufall ein Trugbild geschaffen, eine Ausrede für ihre eigene Torheit.« DEMOKRIT

»Zufall ist das Pseudonym Gottes, wenn er nicht persönlich unterschreiben will.« ANATOLE FRANCE

»Auch das Zufälligste ist nur ein auf entfernterem Wege herangekommenes Notwendiges.« ARTHUR SCHOPENHAUER

»Das Wort Zufall ist Gotteslästerung. Nichts unter der Sonne ist Zufall.« GOTTHOLD EPHRAIM LESSING

»Es gibt keinen Zufall; und was uns blindes Ohngefährt nur dünkt, gerade das steigt aus den tiefsten Quellen.«
FRIEDRICH VON SCHILLER

»Zufall ist ein Wort ohne Sinn; nichts kann ohne Ursachen existieren.« VOLTAIRE

»Die Sache haben sie gesehen, die Ursache haben sie nicht gesehen.« AUGUSTINUS

»Der Ursprung aller Dinge ist klein.« MARCUS TULLIUS CICERO

»Freiheit existiert nicht; sie ist nur ein Wunsch der Seele.«
ÉMILE HENRIOT

»Die menschliche Freiheit besteht lediglich darin, daß sich die Menschen ihres Wollens bewußt und der Ursachen, von denen sie bestimmt werden, unbewußt sind.« BARUCH SPINOZA

»Es ist mir klargeworden, daß das, was wir unseren Willen nennen, die Drähte sind, die uns Marionetten bewegen und an denen Gott zieht.« ANDRÉ GIDE

»Gott dienen ist Freiheit.« LUCIUS ANNAEUS SENECA

»O könnte man im Buch des Schicksals doch nur lesen!«
WILLIAM SHAKESPEARE

Genau das haben Menschen immer wieder versucht, nicht nur durch Besuche in indischen Palmblattbibliotheken. Wir sind jetzt inmitten des Labyrinths der Fragen des Lebens und wollen uns ansehen, wie Menschen in Vergangenheit und Gegenwart einen Ariadnefaden suchten, anhand dessen sie herausfinden könnten.

3

Lesen im Goldenen Buch

Vom Orakel in Delphi über
Nostradamus zu modernen Versuchen,
die Zukunft zu erfassen

»Wenn du den großen Fluß überschreitest, wirst du ein mächtiges Reich zerstören.« – Mit diesem Orakelspruch aus Delphi gewappnet, zog der Lyderkönig KRÖSUS gegen den Perserkönig KYROS in den Krieg. Indes, Krösus selbst wurde vernichtend geschlagen, sein Reich zerstört.

Ihm wurde vom Sieger Kyros gestattet, seine Handfesseln auf die Treppen des Orakeltempels legen zu lassen. Dazu übermittelte er eine Frage an die Pythia, die Priesterin in Delphi, beziehungsweise an ihren Gott Apollo: Ob sich der Gott denn nicht schäme, Krösus zum Feldzug gegen die Perser veranlaßt zu haben, und ob es Brauch bei den griechischen Göttern sei, kostbare Geschenke, die er, Krösus, Apollo dargebracht habe, so undankbar zu belohnen.

Als ein Teil der Antwort wird folgender Spruch überliefert: »Du, großer König, hättest dich fragen müssen, ob dein eigenes Reich oder das des Kyros gemeint war. Du hättest dich noch einmal beraten lassen sollen.« – Erinnern wir uns, was in den Marmor über dem Orakeltempel eingemeißelt war: »Mensch, erkenne dich selbst!«

Seit Menschengedenken versuchen Herrscher und Priester, Kaufleute und Krieger, Landwirte und Handwerker, Frauen und Männer aus allen Schichten und Berufen, dem Dunkel der unseren sterblichen Augen verhüllten Zukunft etwas zu entreißen. Wer möchte nicht gern wissen, ob und wie eine Krankheit geheilt werden dürfe, ob man ein Examen bestehen werde, ob eine erste Bekanntschaft sich wirklich als die große Liebe erweise, ob ein Geschäft den erhofften Erfolg bringe, ob ob ob ...?

Wenn Zukunftsorakel hundertprozentig »stimmten«, so bedeutete dies, daß die Zukunft hundertprozentig festgelegt wäre. Das scheint jedoch nicht der Fall zu sein. Die Mehrdeutigkeiten vieler Weissagungen – und weil sie gar keine Ereignisse, sondern Entwicklungsmöglichkeiten beschreiben – legen dies nahe, aber ebenso die Tatsache, daß die überwiegende Mehrheit von Zukunftsprognosen unzutreffend sind. Das gilt sowohl für antike als auch für moderne, für visionär empfangene, okkult errechnete, »medial« erfühlte oder »wissenschaftlich« kalkulierte Prognosen.

Unbestreitbar ist jedoch die Faszination, die jeder Zukunftsschau eigen ist, komme sie in einem schlichten Gewande wie die Kindervisionen von Fatima oder undurchschaubar wie die indischen Palmblattoffenbarungen.

»Das erste historisch greifbare und exakt datierbare Orakel erteilte«, schreibt PHILIPP VANDENBERG, »der ägyptische Gott Amun am 1. Mai 1490 v. Chr. Das Datum ist deshalb so genau zu bestimmen, weil zeitgenössische Inschriften gleichzeitig zwei Neumond-Daten nennen, mit deren Hilfe Astronomen den Tag errechneten. An diesem Tag führten die Amun-Priester von Theben, wenige Kilometer von der heutigen Stadt Luxor entfernt, einen Staatsstreich durch. Und dazu mißbrauchten sie eine offenbar schon damals anerkannte Institution, das Orakel.«

Prophezeiungen im alten Griechenland

Die bedeutendsten Orakel der Antike sind aus dem griechischen Kulturraum bekannt. Philipp Vandenberg nennt mehr als ein Dutzend. Unter ihnen waren Delphi, Didyma und Klaros dem Sonnengott Apollo geweiht, der dort für die Orakelsprüche verantwortlich zeichnete, während sich in Dodona Göttervater Zeus höchstselbst vernehmen ließ.

MANLY PALMER HALL, der amerikanische Philosoph, Esoteriker und Begründer der »Philosophical Research Society«, geht auf esoterische Hintergründe der berühmtesten griechischen Orakel näher ein.

Das Orakel von Delphi soll möglicherweise deshalb so benannt worden sein, weil die Höhle und der Zutritt zu ihr einem Schoß ähnelten und »Schoß« griechisch »delphos« heißt. Der ursprüngliche Name dieses Orakels sei »Pytho« gewesen, nach der Pythonschlange, einem Ungeheuer, das als einziges die große Flut überlebte, die alle Menschen bis auf Deukalion und Pyrrha verschlungen hatte. Apollo erstieg den Berg Parnassos, bekämpfte und erschlug die Schlange und warf ihren Körper hinunter in die Öffnung des späteren Orakels. Mit Dionysos teilte Apollo sich die Ehre, Schutzpatron des delphischen Orakels zu sein. Dort saßen Priesterinnen, die Pythien, über der Öffnung, umweht von möglicherweise halluzinogenen Dämpfen, und sprachen wie von einer anderen Wesenheit besessen. Zunächst ließ der Gott sich durch sie nur an jedem siebten seiner »Geburtstage« vernehmen. Der Ansturm von Fragestellern wuchs jedoch so stark, daß jeden Monat einmal die Himmelsmächte bemüht werden mußten. Das alles war für die Bevölkerung und das Stadtwesen von Delphi bekanntlich sehr einträglich.

Da standen die »wispernden Eichen« und die »sprechenden Kessel« von Dodona, das Zeus unterstand, zur Verfügung. Auch durch eine berühmte Taube soll der Gott bisweilen gesprochen haben, in griechischer Zunge übrigens, und es handelte sich nicht nur um Antworten für Ratsuchende, sondern ebenso um allgemeine philosophische und religiöse Fragen. Die Rituale in Dodona sollen mit jenen, welche die bretonischen und gallischen Druidenpriester praktizierten, starke Ähnlichkeiten aufgewiesen haben.

Da kannte man die Höhle von Trophonius, die eigentlich viel zu eng war, um einen Menschen aufzunehmen. Der Fragesteller legte zunächst sein Opfer zu Füßen einer Statue nieder, kleidete sich sodann in besondere, geheiligte Gewänder, erklomm den Hügel, wo sich die Höhle befand, mit einem Honigkuchen in einer Hand, und setzte sich am Rande der schmalen Öffnung nieder, wobei er seine Füße in die Höhle steckte. Daraufhin soll sein ganzer Körper wundersam wie mit einem Ruck in die Öffnung hineingezogen worden sein. Am Ende seiner Lesung wurde der Fragesteller wieder gewaltsam und mit den Füßen zuerst aus der Höhle herausgeschleudert.

Nahe der Höhle sprudelten zwei Quellen mit angeblich bemerkenswerten Eigenschaften aus der Erde, aus der die Ratsuchenden vor ihrem Besuch in der Höhle zu trinken aufgefordert wurden. Wenn man von der einen trank, vergaß man all seine irdischen Sorgen. Die andere schenkte die Gabe der Erinnerung an das, was sich später während der Zeit in der Höhle ereignen sollte.

Forscher gehen davon aus, daß die Fragesteller auch mit Hilfe von bestimmten Kräutern und Drogen in traum-, visions- oder rauschähnliche Zustände versetzt wurden, in denen sie allerlei Bilder erlebten, die später im Hinblick auf ihre Fragen interpretiert werden mußten.

Die sibyllinischen Orakelbücher, die einige tausend prophetische Sprüche enthalten, sollen aus dem alten Ägypten stammen und mit Weissagungen aus griechischen und römischen Quellen angereichert worden sein. Manche Forscher datieren ihre Entstehung allerdings auf eine spätere Zeit, nämlich ins erste nachchristliche Jahrhundert. Auf jeden Fall waren sie weit verbreitet: In Italien, Spanien und Frankreich – NOSTRADAMUS hat sich daraus freizügig bedient – und sogar in Island fand man gedruckte Ausgaben davon.

Als der römische Kaiser JULIANUS, der, Philipp Vandenberg zufolge, ein Leben lang zwischen dem neuen Christentum und den alten »heidnischen« Traditionen geschwankt haben soll, nach dem Orakel von Delphi schickte, um zu erkunden, wie es wiederbelebt werden könnte, wurde ihm angeblich diese Antwort zuteil:

»Künde dem König, das schöngefügte Haus ist gefallen.
Phoibos Apollon besitzt keine Zuflucht mehr, der heilige
    Lorbeer verwelkt,
Seine Quellen schweigen für immer, verstummt ist das
    Murmeln des Wassers.«

Im Jahre 395 nach Christus ließ der nunmehr ganz und gar christliche römische Kaiser THEODOSIUS I. das Orakel von Didyma schließen, 398 gab sein Sohn ARCADIUS den Auftrag zum Abriß des Orakeltempels in Delphi. Der intellektuellen Redlichkeit halber will ich nicht versäumen anzumerken, daß bei vielen der in vollendeten Hexametern überlieferten Orakelsprüche bezweifelt wird, ob die jeweilige Pythia das alles wirklich so gesagt habe. Manche Forscher gehen davon aus, daß die Orakelpriester und spätere Dichter diese Form der Verse erst aus und nach dem vermutlich sehr viel kürzeren und schlichteren Spruch der Pythia geschmiedet haben.

Prophezeiungen in Christentum und Judentum

Obwohl in der paulinisch geprägten christlichen Kirche Orakelsprüche meist als Teufelswerk angesehen wurden, finden wir in der Bibel Bücher voller Prophezeiungen, die auch entsprechend heißen.

Sie reichen vom Buch »Der Prophet Jesaja« über Bücher von JEREMIA, HESEKIEL, DANIEL und elf weiteren »Propheten« bis zum Buch »Der Prophet Maleachi« und zur Johannesoffenbarung.

Die Heilige Schrift beschreibt nicht nur die Schöpfungsgeschichte aus jüdisch-alttestamentarischer Sicht und berichtet nicht nur über die Vor- und Frühgeschichte der sie tragenden Stämme, sie verkündet nicht nur die Worte des JESUS VON NAZARETH (soweit sie von Zeitgenossen und später Lebenden aufgezeichnet worden sein mögen), sondern sie räumt Prophezeiungen, die für die gesamte Menschheit gelten sollen, breitesten Raum ein.

Orakel im weitesten Sinne bedeuten uns Menschen immer etwas. MANLY PALMER HALL fragt zu Recht:

»Falls die Onyxsteine auf den Schultern des Hohepriesters Israels den Willen Jehovas durch ihr Aufblitzen kundtaten, dann konnte eine schwarze Taube, die vorübergehend die Gabe der Sprache besaß, tatsächlich Orakelsprüche im Tempel des Jupiter-Ammon offenbaren. Falls die Hexe von Endor den Schatten Samuels beschwören konnte, der wiederum Saul Weissagungen weitergab, konnte nicht eine Priesterin des Apollo den Geist ihres Schutzpatrons herbeirufen, um das Schicksal Griechenlands vorauszusagen?«

Im Alten Testament lesen wir, daß sich zum Beispiel JOSEPH als Traumdeuter betätigte, für einfache Menschen und sogar für den Pharao, dem er den berühmten Traum von den sieben fetten und den sieben mageren Kühen auslegt. Joseph versichert zwar mehrfach, »Auslegen gehört zu Gott« und »Das [Deuten] gehört nicht zu mir«, fährt dann aber unbeirrt fort mit »doch erzählt's mir« und »Gott verkündet dem Pharao, was er vorhat« und interpretiert im folgenden die jeweiligen Träume in allen Einzelheiten (siehe 1. Mose, 40 und 41).

Immer wieder lesen wir in der Bibel von »Zeichen und Wundern«, welche die Menschen offensichtlich über Gebühr ansprachen. Denn im fünften Buch Mose heißt es unter anderem: »Wenn du in das Land kommst, das dir der HERR, dein Gott, geben wird, so sollst du nicht lernen, die Greuel dieser Völker zu tun, daß nicht jemand unter dir gefunden werde, der seinen Sohn oder seine Tochter durchs Feuer gehen läßt oder Wahrsagerei, Hellseherei, geheime Künste oder Zauberei treibt oder Bannungen oder Geisterbeschwörungen oder Zeichendeuterei vornimmt oder die Toten befragt ... Denn diese Völker, deren Land du einnehmen wirst, hören auf Zeichendeuter und Wahrsager, dir aber hat der HERR, dein Gott, so etwas verwehrt.«

Da man ganz ohne Prophetie allerdings auch nicht auszukommen schien, wird unmittelbar darauf jedoch versprochen: »Einen Propheten wie mich wird dir der HERR, dein Gott, erwecken aus dir und aus deinen Brüdern; dem sollt ihr gehorchen« (5. Mose 18,9-11, 14, 15).

Das Bedürfnis von uns Menschen, unserem Leben durch das eigene Erfahren übersinnlicher Vorkommnisse mehr Bedeutung zu geben und unseren Glauben zu festigen, greift auch das Johannesevangelium kurz auf mit den Worten: »Und Jesus sprach zu ihm: Wenn ihr nicht Zeichen und Wunder seht, so glaubt ihr nicht« (Johannes 4,48).

Wir dürfen getrost davon ausgehen, daß Prophezeiungen in jeglicher Hinsicht eine wichtige Rolle bei der Entstehung der jüdischen und der christlichen Religionsformen zukam. Sei es, daß sie als Traum einer als möglich verheißenen Zukunft verstanden wurden und als göttlicher Auftrag, diese auf Erden zu verwirklichen. Sei es, daß sie das Ende der Welt, wie wir sie kennen, nach einem »jüngsten Gericht« beschreiben wollten. Wir brauchen nur in der Johannesoffenbarung von den apokalyptischen Schrecken einerseits und den Beglückungshoffnungen andererseits zu lesen.

Prophezeiungen bei Germanen und Kelten

Unter den germanischen Völkern nahm die Befragung von Orakeln, die Auslegung von Omen und die Deutung von Träumen ebenfalls einen großen Raum ein. Der Flug von Vögeln und das Verhalten von Pferden wurden zur als möglich erhofften Vorausbestimmung von Schicksalsfragen ebenso herangezogen wie das Werfen von Holzstückchen, auf denen magische Zeichen oder die verschiedenen Runen eingeritzt waren.

Bei Germanen und Kelten bildeten die heiligen Haine die Orte der Einstimmung auf die übermenschlichen Schicksalskräfte der Götter. Das unterscheidet sie von den Südländern, die für diesen Zweck vorzugsweise bestimmte Gebäude aufsuchten, auch wenn diese über einer Felsspalte oder einer Quelle errichtet waren.

Bezüge zwischen griechischen Orakelpraktiken und keltischen Bräuchen wurden oben kurz gestreift. Stonehenge, die jungsteinzeitliche Kultstätte im Süden Englands, ist ein weithin sichtbares Beispiel dafür, wie nicht nur die in südlichen Landstrichen beheimateten Sumerer und Babylonier Astrologie und Astronomie als Mittel der Vorausschau benutzt haben, sondern ebenso »Nordländer«.

Man weiß heute, daß sich mit Hilfe der Megalithe der mystischen Anlage von Stonehenge in der englischen Grafschaft Wiltshire Sonnen- und Mondstände vorausberechnen ließen, Finsternisse und Sonnenwenden und vermutlich noch vieles mehr, das unserer heutigen Erkenntnis entzogen bleibt.

Obwohl wir sehr viel weniger Fundgegenstände und schriftliche Zeugnisse über Orte, Techniken und Einflüsse auf historische Ereignisse aus diesem Siedlungsraum besitzen als von den Mittelmeerkulturen, gilt als gesichert, daß auch Kelten und Germanen Orakel befragten und schätzten.

Nostradamus und seine Schicksalsvisionen

Die zehn Centurien mit den fast eintausend Prophezeiungsversen des französischen Sehers MICHEL DE NOTREDAME, genannt »Nostradamus«, gehören zu den meistgedruckten und umstrittensten Zukunftsvoraussagen. In meinem im Ariston Verlag erschienenen Buch *Nostradamus – Seher und Astrologe. Entschlüsselte Geheimnisse und ungelöste Rätsel* bemühe ich mich um eine möglichst neutrale Darstellung von Mensch und Werk, von Aussagen und Deutungen. Seit ihrem Erscheinen in der zweiten Hälfte des 16. Jahrhunderts erwecken die Schicksalsvisionen des Sehers aus Salon-de-Provence für die ganze Menschheit großes Aufsehen – vor allem durch die vielen dort in bald blumiger, bald dunkler Sprache angedrohten Schrecken. Sie wollen sogar die ganze Geschichte der Erde bis zu einem großen Umbruch (oder dem Ende?) im Jahre 3797 beschreiben.

Einer seiner derzeit besonders diskutierten Verse, der 72. Vierzeiler der zehnten Centurie, lautet nach ELISABETH BELLECOUR ungefähr so:

»L'an mil neuf cens nonante neuf sept mois,
Du ciel viendra vn grand Roy d'effrayeur
Resusciter le grand Roy d'Angolmois.
Auant apres Mars regner par bonheur.«

Dazu bestehen mehrere Übertragungen, von denen ich einige wenige zitiere.

»Im Jahr 1999 im siebenten Monat wird am Himmel ein großer König des Schreckens erscheinen und wieder lebendig machen den großen König von Angoulême. Vor und nach Mars wird er mit Glück regieren.« Das ist die Übersetzung von KARL DRUDE.

EDUARD RÖSCH übertrug so:

»Im Jahr neunzehnhundertneunzig neun
Kommt vom Himm'l ein großer Schreckenskönig;
Auferweckt Angoumois' großer König
Vor, nach Mars das Reich wird glücklich sein.«

Die Version von EILENBERGER und KRAUS lautet folgendermaßen:
»Im Jahre 1999, im siebten Monat,
Erscheint aus dem All ein Himmelskörper, der die Erde in
    Schrecken versetzt,
Gleichzeitig wird der Erste aus Innerasien erneut zu höchster
    Machtentfaltung kommen.
Vor und danach wird Krieg sein.«

Der amerikanische Autor LEONI übersetzt:
»Das Jahr 1999, siebenter Monat,
Vom Himmel wird kommen ein großer König des Terrors:
Um den großen König der Mongolen ins Leben zurück-
    zubringen,
Vor und nach Mars um mit Glück zu regieren.«

Eine weitere Lesart, diesmal von CARLO PATRIAN, informiert:
»Im Jahre 1999, im siebten Monat,
Wird ein großer Schreckenskönig vom Himmel kommen:
Den großen König von Angolmois wird er von den Toten
    erwecken,
Vor und nach Mars wird er frühzeitig regieren.«

Der Nostradamus-Forscher N. ALEXANDER CENTURIO sieht es so:
»Im Jahre 1999 im siebenten Monat (des julianischen
    Kalenders)
Wird am Himmel ein großer Schreckenskönig (die größte
    Sonnenfinsternis unseres Jahrhunderts) erscheinen:
Er wird auferstehen lassen den großen König von Angoulême
    (französische Königsstadt).
Vor und nach einem Weltkrieg (Mars) wird er aufgrund seines
    guten Horoskopes regieren.«

Werden wir 1999 also mit einem dritten Weltkrieg rechnen müssen? Bedeutet diese Annahme nicht bereits – falls dazu überhaupt irgendein sachlicher Grund vorhanden sein sollte –, daß
wir Energien entwickeln, die zum Phänomen der »sich selbst er-
füllenden Prophezeiung« führen könnten? (Im genannten Buch

LES VRAYES CENTURIES

ET

PROPHETIES

DE MAISTRE

MICHEL NOSTRADAMVS.

Où fe void reprefenté tout ce qui s'eft paffé,
tant en France, Efpagne, Italie, Ale-
magne, Angleterre, qu'autres
parties du monde.

*Revenës & corrigées fuyvant les premieres Edi-
tions imprimées en Avignon en l'an 1556.
& à Lyon en l'an 1558.*

Avec la vie de l'Autheur.

Imprimé à *LEYDE*,
Chez PIERRE LEFFEN,
l'An 1650.

---

*Titelblatt der Prophezeiungen des Nostradamus in einer 1650
in Leiden gedruckten Ausgabe.*

Nostradamus – Seher und Astrologe gehe ich auf all diese und viele weitere Fragen ausführlich ein. Dort finden Sie auch getreue Quellenangaben, eine Fülle von Deutungsansätzen und so fort.)

In meiner Untersuchung, die die wiederentdeckte Nostradamus-Astrologie der Fixsterndeutung ebenfalls behandelt, gelange ich zu einem Schluß, der nicht gerade schmeichelhaft für die Zukunftsdeutung des Nostradamus und seine vielen hundert Verse ist. Gerade dann, wenn es sich nicht nur um einzelne, spontan-visionäre Zukunftsoffenbarungen handelt, sondern um den selbstauferlegten »Zwang«, die Zukunft chronologisch Jahr für Jahr, umfassend für die Menschheit und das über einen sehr langen Zeitraum hindurch tausendfach zu »sehen« und niederzuschreiben, ist mehr als nur ein Fragezeichen anzubringen.

Schreibt Nostradamus sich damit nicht einen Rang zu, der weder ihm noch sonst irgendeinem früheren (oder zukünftigen) »Propheten« zusteht: nämlich das »Goldene Buch« Gottes als einziger (außer Gott) lesen zu können? Ist ein einzelner in der Lage, die nähere oder ferne Zukunft der gesamten Menschheit zu übersehen? Man hat es immer wieder versucht.

MANFRED DIMDE, der derzeit bedeutendste deutschprachige Nostradamusexperte, bringt ein hübsches Beispiel für die Seherkunst des französischen Arztes, Astrologen und Magiers, das an die Doppeldeutigkeit der delphischen Orakelkünste erinnert und mit dem ich zu einem versöhnlicheren Abschluß des Themas »Nostradamus« in diesem Buch kommen möchte. Er schreibt:

»Inzwischen ist es in Salon 1561 geworden. Die Auseinandersetzungen zwischen Protestanten und Katholiken erreichen ihren Höhepunkt. In Salon rückt Graf von Crussol, Kommandant Karls IX., ein, um an der Spitze eines Heeres die Katholiken in der Provence zu unterstützen. Natürlich konsultiert er den Seher [Nostradamus], der ihm weissagt:

›*Wenn die Bäume mit neuen Früchten beladen sein werden, wird Eure Aufgabe beendet sein.*‹

Ganz klar, daß der Graf für sich interpretierte: ›Im Herbst bin ich Sieger.‹

81

Es kam, wie bei Orakeln üblich, anders. Als der Graf nach Aix [en-Provence] einrücken wollte, wurde er von protestantischen Einwohnern, die sich auf Bäumen versteckt hatten, angegriffen und vernichtend geschlagen.«

Was sind Prophezeiungen?

Wir sollten die Vorstellung einer starren Prädestination (Vorherbestimmung) ablegen, denn dies würde uns offen für Manipulationen und Mißbrauch durch Dogmatiker aller Art machen. Und doch sei klar, daß ein vollkommen freier Wille nicht existieren könne, denn das Leben sei eine Sache der Interaktion – alle Wesenheiten und Energien wirkten aufeinander ein. Der Prophet stelle deshalb Potentiale fest und beschreibe, wie deren Möglichkeiten in der äußeren ... oder manifestierten Welt auftreten könnten. So meint R. J. STEWART, der zwischen drei Arten von Zukunftsschau unterscheidet:

- Prophezeiungen, die auf visionären Einblicken in göttliche und/oder kosmische Zusammenhänge beruhen,
- Weissagungen, die sich auf Weitblick stützen, und
- Wahrsagerei, die sich bestimmter Techniken (Karten und dergleichen) bedient.

Die erste Art der Zukunftsschau, sagt Stewart, stamme aus der rein geistigen Sphäre und erfolge ganz selbstlos. Beispiele dafür seien die biblischen Propheten. Die zweite Art sei in seelischen Dimensionen zu Hause und könne, obwohl vielleicht auf einwandfreien Motivationen basierend, mißbraucht werden. Die dritte Art schließlich werde aufgrund eigener (meist finanzieller) Interessen ausgeübt und beziehe sich auf bestimmte Schichten des Unterbewußtseins und/oder Unbewußten.

Der Ansicht, daß Prophezeiungen wirklich aus kosmischen oder göttlichen Ebenen stammten und ganz selbstlos erfolgten, kann ich mich nicht anschließen. Allzuoft werden sie nicht nur von späteren selbsternannten Exegeten im Rahmen dogmatischer religiöser Systeme mißbraucht, sondern häufig entstehen sie auch, weil ein psychischer Druck des »Propheten« durch ihre

Formulierung und Niederschrift ein notwendiges Ventil findet. Dann dienen sie zuallererst der Bewältigung eigener Urängste. Manchmal sollen sie auch vermitteln, daß der Urheber eine enge Beziehung zur Schöpferkraft unterhalte und zum Träger wichtiger Botschaften an die übrige Menschheit geworden sei. Damit wird ebenfalls vor allem ein Ich-Trieb befriedigt. Von wahren Mystikern sind Weltuntergangsprophezeiungen oder furchteinflößende individuelle Voraussagen jedenfalls nicht bekannt.

Moderne Orakel

Wenden wir uns modernen Versuchen zu, mit Hilfe »wissenschaftlicher« Berechnungen die Zukunft zu erkennen, bevor sie zur Gegenwart geworden ist.

Sie erinnern sich bestimmt noch an die schwarzmalerischen Voraussagen des »Club of Rome« am Anfang der siebziger Jahre zur ökologischen Zukunft der Erde. Da war von einem fast sicheren Ende aller Zivilisation, wie wir sie heute kennen, die Rede, weil wir Menschen (vor allem im industrialisierten Norden) die Erde und ihre Schätze – Wasser, Luft, tropische Regenwälder und andere Baumbestände, Pflanzenvielfalt und Tierreichtum sowie Bodenschätze – sinnlos ausbeuteten und unwiederbringlich verschwendeten. Das führe, so hieß es, besonders angesichts des ungebremsten Bevölkerungszuwachses, irreversibel in die Umweltkatastrophe: Ihre Kennzeichen sind fehlende Nahrungsmittel für die neuen Milliarden von Menschen, todbringende epidemische Hungersnöte, schreckliche Umweltkrankheiten aufgrund der industriellen Verschmutzung von Atemluft und Trinkwasser, soziale Katastrophen als Folge des verstärkten Verteilungskampfes, der Zusammenbruch der Weltwirtschaft und schließlich das Ende aller Ordnung.

Daß es bislang, glücklicherweise, noch nicht so weit gekommen ist, hat viele Ursachen, auf die ich hier nicht näher eingehen kann. Damit Sie mich nicht mißverstehen: Ich bin für Warnungen vor dem ökologischen Raubbau und für Aufforderungen zum bewußteren Leben. Aber ich lehne jede, auch jede wissenschaftlich verbrämte, Angstmacherei ab. (Immerhin hat eine neue

Studie der Weltlandwirtschaft erbracht, daß trotz der immensen Bevölkerungszunahme die Nahrungsmittelproduktion ebenfalls – und zwar überproportional! – gesteigert werden konnte. Eine echte Nahrungsmittelknappheit existiert nicht, sondern ein inhumanes Verteilungssystem und sogar Lebensmittel-Vernichtungsstrategien.)

Vielleicht hat jedoch die warnende Wirkung der drastischen Prognosen ebenso zu einer Bewußtwerdung und Verhaltensänderung beigetragen. Dann müßte man feststellen, daß eine wissenschaftlich ermittelte Zukunftsschau, die sich als »falsch« herausstellt, eben nicht die tatsächliche Zukunft, sondern nur die Extrapolation von heutigen Gewohnheiten und Annahmen in eine Zukunft zum Inhalt hat. Daraus könnte sich unter anderem ergeben, daß jede auf diese Weise betriebene Vorausschau in Wirklichkeit nichts mit dem tatsächlichen Geschehen der Zukunft zu tun hat, sondern vielmehr die gegenwärtige Gedankenwelt und Gemütslandschaft beschreibt. Schicksal wäre dann nicht wissenschaftlich feststellbar, sondern bliebe dem Zugriff der vermeintlichen Verstandeswerkzeuge nach wie vor entzogen.

Diese etwas kritischen Bemerkungen füge ich ein, damit wir die meines Erachtens notwendige Distanz bei allen Prophezeiungen behalten, kommen sie nun aus dem religiös-visionären, dem esoterisch-medialen oder dem wissenschaftlich-rationalen Raum.

Betrachten wir vor diesem Hintergrund nun zwei zeitgenössische Zukunftsbilder, die sich auf Erhebungen mit historischen, wirtschaftlichen, soziologischen und statistischen Mitteln beziehen.

Im modernen Sprachgebrauch nennt man das »Trendanalyse«, und das klingt doch seriöser (und ist bei gutzahlenden Klienten aus Wirtschaft, Politik und Massenmedien verkäuflicher) als »Orakelbefragung« oder »Channeln«, als »Vision« oder »intuitive Schau«. Bei manchen angeblich wissenschaftlich eruierten Trendanalysen verhält es sich ähnlich wie bei den Nostradamus-Versen: Düstere Katastrophengemälde sind beliebter als die Klänge von Friedensschalmeien, Angsteinflößendes verkauft sich besser als irgendein Hoffnungsschimmer, scheinbar unlösbare

Probleme geben mehr Gesprächsstoff her als konstruktive Anleitungen zu deren Lösung. So sind wir Menschen offensichtlich nun einmal.

Ein Orakel zum 21. Jahrhundert

Der amerikanische Historiker PAUL KENNEDY will in einem seiner Bücher die »Tendenzen des globalen Wandels« analysieren, die »unser Leben in den nächsten Jahrzehnten formen werden«. Es ist also ein typisches Orakelbuch, das sich allerdings nicht Einzelschicksalen, sondern gleich der Entwicklung der ganzen Erde widmet.

Der Verfasser meint darin unter anderem, daß »alle Versuche, die ökonomischen und politischen Strukturen zu harmonisieren, mit Trends zu kämpfen haben, die ... nicht nur die Beziehungen zwischen Gesellschaften, sondern vielleicht sogar die langfristige Existenz der Menschheit selbst bedrohen ... Es ist unvorstellbar, daß die Erde eine Bevölkerung von 10 Milliarden aushalten könnte ... Weit bevor die Gesamtbevölkerung dieses Niveau erreicht, wird es irreparable Schäden an Wäldern, Wasserreserven, der Artenvielfalt von Tieren und Pflanzen gegeben haben, und viele entscheidende ökonomische Schwellen werden überschritten sein ... Im Laufe der kommenden Jahrzehnte ist es durchaus möglich, daß die Biotech-Revolution die traditonelle Landwirtschaft redundant machen wird ... [Die Folgen der Politik internationaler Konzerne könnten] Handelskriege und soziale Unruhen auslösen ... Existiert angesichts der Geschwindigkeit und Komplexität dieses Wandels überhaupt irgendeine soziale Gruppe, die wirklich auf das 21. Jahrhundert ›vorbereitet‹ ist? ... Die globalen Trends scheinen also weniger Anreiz für präventives Handeln als Anlaß zur Verzweiflung zu bieten.«

Wenn das nicht typische Katastrophenprognosen sind, die man jedem anderen Menschen ohne Professorentitel als unseriöse Angstmacherei um die Ohren hauen würde! Schlimme Vorahnungen, die allerdings mit »vielleicht«, »könnten« und »möglich« weniger angreifbar werden sollen, haben mehr Konjunktur als Versuche, kreative Kräfte zu stärken.

Einer dieser wenigen positiven Versuche kommt ebenfalls aus Amerika, von der Marketingforscherin FAITH POPCORN. In den Medien und den Werbebroschüren ihres Verlages heißt sie »der NOSTRADAMUS des Marketings«. Sie hilft Konzernen, das zukünftige Verhalten von Menschen »vorauszusehen«. Das ist für diese Firmen nützlich, weil sie gerne wissen wollen, welche Produkte und Dienstleistungen von den Menschen der Zukunft am liebsten gekauft werden. Faith Popcorns Prognosen haben also den Vorzug, überprüft zu werden und sich in der Wirklichkeit als richtige Zukunftsvoraussagen bewähren zu müssen – sonst blieben bezahlte Aufträge bald aus.

Faith Popcorn und unsere Zukunft

New York ist die Finanzmetropole der Weltmacht USA. Hier suchen Ökonomen und Marketingspezialisten, Volkswirte und Kaufleute nach weltweit gültigen Formeln für Produktivität und Rentabilität. Dabei gehen Wirtschaftler ähnlich vor wie Physiker. Quantenphysiker fragen: Was werden Millionen von Atomteilchen als nächstes tun? Ökonomen fragen: Was werden Millionen von Menschen als nächstes kaufen? Kann man vorhersehen, welche Firmen an der Börse gefragt sind und steigen und welche fallen? Herrscht der »Zufall«, wirkt ein »Schicksal«, oder haben wir es mit vielen, auf komplexe Weise miteinander verflochtenen selbsterzeugten Ursachen zu tun, die auf eine immer noch nicht vorhersehbare und vorausberechenbare Weise zu diesen oder jenen Kursen führen?

Hauptthemen sind Wahrscheinlichkeiten und Trends, auch am »Brain-Reserve«-Institut von Faith Popcorn, der populärsten Trendforscherin der USA. Sie sagt aufgrund von Daten aus Wirtschaft und Gesellschaft, aus Kultur und Massenmedien das Verhalten von einer Mehrzahl von Konsumenten voraus. Sie schrieb gestern schon, wie Menschen morgen handeln werden, und scheint damit recht zu behalten.

Sie sieht zwei Szenarios: ein pessimistisches Zukunftsbild mit Giftmüllbergen, von Kriminellen beherrschten Straßen und einem drittrangigen Amerika sowie ein positives mit Firmen, die umweltgerecht und sozial arbeiten, mit durch Nachbarschaftshilfe verbesserten Lebensbedingungen und einem gesunden Amerika. Sie beschreibt ihre eigene Überzeugung so: »Das zweite Szenario wird siegen – die bewahrende und rettende Vision. Das ist die Zukunft, die die Verbraucher wollen. Wenn wir eine gewisse Zeitlang unglücklich waren und nur Katastrophen gesehen haben, dann spüren wir den Drang, unsere Sichtweise zu verändern. Und dann verändern wir sie auch.«

Faith Popcorn, die wir auch für unsere ZDF-Dokumentation *Es steht geschrieben* befragt hatten, nennt zehn angebliche Zukunftstrends. Einige möchte ich hier vorstellen.

- Kokon-Leben: Wir werden uns mehr auf uns selbst besinnen, mehr zu Hause bleiben, zu Hause arbeiten (am Computer), von zu Hause aus einkaufen (per Versandkatalog, über Telefon, im »Tele-Shopping«).

- Fantasy-Abenteuer: Ungewöhnliche Nahrungsmittel, ausgefallene Sportarten, weit von ihrem Ursprungsland entfernte nachgebaute exotische Landschaften und Gebäude werden uns das Gefühl geben, daß unser Leben Vergnügen bereitet.

- Aussteigen: »Soll das alles sein?« fragt sich der Mensch und Verbraucher der Zukunft und begibt sich auf die Suche nach Produkten oder Dienstleistungen, die ihm mehr Sinn vermitteln.

- Verlängertes Leben: Verbesserte Kosmetika, wirkungsvollere Vitamine, neu entdeckte Pflanzen, eine spezielle Jugend- und Altersmedizin, ein anderes Lebensgefühl und ein höherer Selbstwert des älteren Menschen, mehr Berufe und Aktivitäten in weniger Jahren als früher in einem ganzen Leben – das alles soll uns helfen, dem Traum vom ewigen Leben zentimeterweise näher zu kommen.

- Der bewußte Verbraucher: Wir werden Firmen ablehnen, die als umweltschädigend und/oder unsozial gegenüber ihren Mitarbeitern erkannt und gebrandmarkt sind. Wir werden Firmen vorziehen, die umweltschonend hergestellte Produkte und umweltschonende Dienstleistungen anbieten, und die sich gegenüber ihren Mitarbeitern als sozial und in ihrer Umgebung als »guter Nachbar« erweisen.

- Ikonensturz: Wir wenden uns stärker gegen zu große und übermächtige Konzerne und Organisationen, gegen Institutionen, die sich nur aus der Tradition legitimieren, sowie gegen dogmatisierende Ansprüche oder Verkündungen. Wir werden diese entweder umstürzen oder durch unsere Nichtbeachtung zum inneren Zusammenbruch bringen.
- S.O.S. – Save Our Society: Wir werden uns mehr in Aktivitäten engagieren, die ausdrücklich die Veränderung unserer Erde zum Besseren zum Ziel haben.

Die Methode von Faith Popcorn und ihrem Institut, zu solchen und weiteren Zukunftsprognosen zu gelangen, ist verblüffend einfach. Die Mitarbeiterinnen werten ständig ausgewählte Zeitungen und Zeitschriften auf Berichte über Trends, Verbraucherverhalten und bevorstehende Entscheidungen der Wirtschaft aus, und sie führen Gespräche mit wichtigen Persönlichkeiten der amerikanischen Gesellschaft. Neben typischen politischen, wirtschaftlichen, wissenschaftlich-technischen und kulturellen Publikationen finden auch »New-Age-Journale« Beachtung.

Zeitungslektüre statt vermeintlich wissenschaftlicher Untersuchungen als Orakelbasis, die gedruckte Wirklichkeit als Abbild der näheren Zukunft – das ist eine Vorgangsweise, die auch etwas kurios wirken mag.

Läßt sich die Zukunft des Menschen, zumindest des »Massenmenschen«, tatsächlich so genau voraussagen? Es scheint fast so. Sind Menschen also nichts anderes als »Atomteilchen«, deren Verhalten sich zwar nicht einzeln für jeden Augenblick prognostizieren läßt, deren Kollektivverhalten man jedoch ziemlich genau vorausberechnen kann?

Noch zwei moderne Orakel: Börsenprognosen und Wettervorhersagen

Zwei weitere Beispiele für moderne Zukunftsforschung, die sich zum Teil oft nicht sehr von herkömmlicher »Kaffeesatzleserei« unterscheiden, sind auf dem Gebiet der Wettervorhersage und im Bereich der Börsenprognosen zu finden.

In unzähligen Börsenbriefen versuchen Wirtschaftsgurus vorauszusagen, wie der Aktienindex insgesamt oder einzelne Titel sich morgen oder demnächst verhalten, ob sie sinken, steigen oder stagnieren werden. Nicht umsonst nennt man diese Art von Zukunftsschau »Börsenspekulation«. Viele Millionen Menschen verfolgen die täglichen Orakelsprüche ihrer Vorbeter mit der gleichen Faszination und Inbrunst wie Millionen anderer Menschen mit weniger Spielgeld in der Tasche die freundlichen Oberflächlichkeiten ihres Tageshoroskops als harmlose Unterhaltung allmorgendlich verschlingen. Wenn der Aktienmarkt sich tatsächlich nach einer »wissenschaftlich« erkennbaren Systematik bewegte, dürfte er bald nur noch Gewinner zeitigen, weil das erfolgreichere System schnell bekannt würde und sich durchsetzte.

Aus meiner Sicht handelt es sich bei allen Versuchen, die Börsenzukunft vorauszusehen, eher um eine Art »Hellseherei«, die für manche eine unterhaltsame Form des Glücksspiels darstellt. Wir wollen unserem Schicksal ein Schnippchen schlagen, der Glücksgöttin in die Karten sehen und daraus unseren vermeintlichen Vorteil ziehen.

Die Wettervorhersage beruft sich auf eine eigene Wissenschaftsdisziplin, die Meteorologie. Wiewohl die großen Skizzen immerhin einigermaßen stimmen, kann auch dieser Zweig einer Zukunftsforschung zumindest mich nicht so ganz überzeugen. Sturmfluten und Erdbeben, der genaue Pfad todbringender Tornados und Hurrikane oder die katastrophalen Ausbrüche von Vulkanen entziehen sich noch ebenso der exakten Prognose wie die Wetterbedingungen im Kleinklima begrenzter Regionen und Landstriche. Man weiß inzwischen, daß ein Hoch oder ein Tief heraufzieht, aber nicht, wo genau die Sonne scheint oder es regnen wird. Ich finde es übrigens viel spannender, wenn man das nicht exakt weiß. Aber das ist zugegebenermaßen Ansichtssache.

Der berühmte Hundertjährige Kalender mit Bauernregeln zum Wettergeschehen und die Himmelsbeobachtungen von Indianern und Indern, um bestmögliche Zeiten für die Landwirtschaft vorauszuberechnen, haben sich anderer Methoden bedient als die heutige Meteorologie. Gemeinsam ist ihnen aber mit unseren Bemühungen um die Wettervorhersage, es nicht abwarten zu können, was die Zukunft bringt.

4

Der Mythos von der Weltformel

Die Wissenschaften auf der Suche nach Welt- und Schicksalsformeln

In diesem Kapitel begeben wir uns auf einen Ausflug in die Gefilde der Wissenschaft. Ich möchte Ihnen einige wesentliche Überlegungen zu unserem Generalthema vorstellen, die von führenden Köpfen aus aller Welt stammen. Diese Ansichten sind jedoch nur als Mosaiksteine zu werten, die der geistigen Anregung dienen. Eine zusammenhängende Darstellung der gesamten Bandbreite zeitgenössischer wissenschaftlich-philosophischer Strömungen ist weder beabsichtigt noch wäre sie mir möglich.

Im Verlauf der erwähnten Dreharbeiten für das Zweite Deutsche Fernsehen (ZDF) sowie bei anderen Gelegenheiten wurden die zitierten Wissenschaftler nach ihren Ansichten zu einer »Weltformel« befragt, in der sich die Quintessenz des modernen Wissens kondensieren lasse.

Vielleicht werden Sie ebenso überrascht sein wie wir, daß nicht nur Physiker nach einer Weltformel suchen – nämlich nach der »general unified theory«, der vereinheitlichten Feldtheorie. Die Sehnsucht nach einer griffigen Formel, mit der sich alles Wesentliche oder Grundlegende beschreiben ließe, zieht sich vielmehr durch alle Forschungsdisziplinen, auch durch die geisteswissenschaftlichen.

Eine neue Zukunft für die Menschheit?

In der Hochwüste bei Tucson in Arizona recken mächtige Saguaros ihre Arme empor. Gegen das gleißende Sonnenlicht heben sich die Riesenkakteen vor dem blauen Himmel wie schwarze Schattenrisse eigentümlicher Wegweiser ab. Wir fahren an einem Straßenschild mit dem bezeichnenden Ortsnamen »Oracle Junction« vorbei, wir sind unterwegs zur »Biosphere II«.

Man glaubt sich in eine Weltraumkolonie versetzt: silbrig schimmernde Kuppeln, gläserne Bauten, merkwürdige technische Großgebäude vor dem Hintergrund scharfzackiger Bergketten in der Weite der Wüste. Diese »zweite Biosphäre« ist nach dem Vorbild der ersten, der Erde, entstanden. Hier wird auf einer Miniaturerde unter Glas ein Langzeitexperiment durchgeführt. Können Menschen in einer Kunstlandschaft mit Meer, Regenwald und Landwirtschaft im Kleinformat tatsächlich leben?

Ein privat finanziertes Wissenschaftsteam arbeitet an einer Weltformel des praktischen Überlebens. Es handelt sich um den Entwurf für eine Langzeitkolonie im Weltraum. An diesem Ort begannen wir unsere Reise, um den Film zu drehen, hier überlegten wir einige der Fragen an unsere künftigen Gesprächspartner.

Die folgenden Aussagen zu Fragen nach dem Sinn des Lebens, dem Schicksal der Menschen und der Suche nach einer Weltformel sind manchmal provozierend, sie widersprechen einander bisweilen – doch sind sie sehr anregend.

Ist die Menschheit zufällig entstanden?

In der Universität von Austin, Texas, hat der schon erwähnte Physiker STEVEN WEINBERG sein Büro. Laufend erhält er Vorschläge für »Weltformeln«, in denen die letzten Rätsel des Universums erklärt werden sollen. Den Nobelpreisträger bewegen fundamentale Gesetze, die knappestmögliche Beschreibung der Naturkräfte und der Versuch, eine Weltformel zu formulieren.

Für ihn steht außer Zweifel, daß die moderne Physik näher daran sei als je zuvor, eine alles umfassende Weltformel zu finden. Er sieht große Fortschritte bei der Vereinheitlichung der Naturkräfte, unterschlägt natürlich auch nicht die noch zu lösenden Probleme. Steven Weinberg ist von der Überlegenheit der Wissenschaft überzeugt. Er meint, daß die Naturwissenschaft letztlich alle Fragen der Menschheit beantworten können wird.

Wörtlich sagt er: »Jede Frage, die man stellt – ob es um Menschen oder um Atomteilchen geht – kann, soweit man sie überhaupt beantworten kann, mit naturwissenschaftlichen Prinzipien erklärt werden.«

Zur Frage nach der Rolle der Menschen äußert er eine noch ungewöhnlichere Ansicht: »Es gibt ... historische Zufälle, die unerklärlich sind. Die Existenz von Menschen ist sicherlich das Ergebnis einer Reihe historischer Zufälle bei der Evolution von Leben auf dem Planeten, die niemals erklärt werden kann.«

Dieses Weltbild hat keinen Raum für das, was andere Menschen den »Geist« oder die »Seele« nennen, alles dreht sich um unpersönliche Gesetze. Steven Weinberg meint: »Wir haben vielleicht gehofft, daß wir in den grundlegenden Naturgesetzen zum Leben, zur Intelligenz oder sogar zu uns Menschen einen Bezug finden – aber das scheint nicht der Fall zu sein. Natürlich haben wir die letzten Gesetze noch nicht entdeckt, aber wir stellen zunehmend fest, daß die Naturgesetze in ihren Grundlagen unpersönlich sind, daß sie Leben oder Denken gar nicht wahrnehmen. Wir leben offensichtlich nicht in einem Universum, das unseretwegen geschaffen wurde. Ich finde das etwas traurig – es wäre schön, wenn wir die erwählten Stars eines kosmischen Dramas wären – das scheinen wir aber nicht zu sein.«

Der Nobelpreisträger fährt tröstlicher fort. »Es gibt aber einen Trost: Wir selbst können dem Leben einen Sinn geben. Und das verleiht uns vielleicht mehr Würde, als wenn wir den Sinn aus einer vorherbestimmten Quelle entnähmen.«

Läßt sich alles, was sich überhaupt erklären läßt, tatsächlich immer mit der Naturwissenschaft in Verbindung bringen? Ist die Existenz der Menschheit auf der Erde wirklich nur eine Verkettung historischer Zufälle, ist die Menschheit also sozusagen zufällig aus dem Nichts oder dem Chaos entstanden? Kann etwas aus Nichts, kann Licht aus Dunkelheit, kann Bewußtsein aus Materie, können Leben und Liebe, Sehnsucht und Sinn aus nichts entstehen?

Ist der Mensch nur »Nebenprodukt« einer unpersönlichen Evolution, die ausschließlich nach physikalischen Gesetzen abläuft? Bringt uns die Untersuchung immer kleinerer subatomarer Teilchen, deren Existenz oft nur hypothetisch postuliert, nicht aber experimentell nachgewiesen werden kann, einer »Weltformel« näher, die etwas mit unserem Leben gemeinsam hat?

Die Entwicklung der Naturgesetze ist noch nicht abgeschlossen

Wir befinden uns in der Universität München, IBM-Forschungsgruppe Physik, wir besuchen den deutschen Physik-Nobelpreisträger GERD BINNIG. Seine Ansichten sind offen, selbstkritisch, er scheint noch selbst neugierig zu sein. Auch Gerd Binnig sucht nach einer Art von Weltformel.

»Wir untersuchen, was tote und lebendige Materie miteinander zu tun haben, was dem Geist und den Atomen gemeinsam ist. Das könnte man als Suche nach einer ›Weltformel der Verbindung‹ bezeichnen. Und es gibt auch etwas Gemeinsames: Alles ist einmal geworden, alles ist Schritt für Schritt entstanden. Wir stellen fest, daß es für alle Entwicklungen ähnliche Kriterien gibt.«

Kann überhaupt jemals so etwas wie eine Weltformel bestehen, die das ganze Leben in physikalisch-mathematischen Gesetzmäßigkeiten beschreibt? Und würde eine solche Weltformel die letzten, unveränderlichen Naturgesetze erfassen?

»Eine physikalische Weltformel könnte es vielleicht eines fernen Tages einmal geben, falls und wenn die Entwicklung wirklich abgeschlossen wäre. Aber für die ganze Welt, für das Leben eine ›Weltformel‹ zu suchen, ist völlig hoffnungslos – weil sich das Leben eben noch in der Entwicklung befindet ... Dazu müßte man ja in die Zukunft schauen können ...

Falls die Evolution zu Ende und abgeschlossen wäre, wäre das Leben ja ebenfalls wie beendet, es gäbe dann so etwas wie eine perfekte Maschinerie – für mich ist das eine unangenehme Vorstellung. Aber dann könnte es vielleicht eine, wenn auch komplizierte, Weltformel geben.

Da sich die Natur entwickelt, müssen wir davon ausgehen, daß sich auch die Naturgesetze noch entwickeln, daß sie noch nicht ›fertig‹ sind. Auch die Naturgesetze machen noch eine Evolution durch.... Nichts auf dieser Welt hat Bestand für alle Ewigkeit. Warum sollten ausgerechnet Naturgesetze eine Ausnahme machen?«

Das muß man wiederholen: Nur, was sich nicht mehr entwickelt, läßt sich mit endgültigen Formeln beschreiben, so meint Physik-Nobelpreisträger Gerd Binnig. Nur, was »tot« ist, kann man ganz erklären. Sein zweiter Satz ist noch revolutionärer: Auch die vermeintlich so starr fixierten Naturgesetze sollen sich verändern können!

Das bedeutet also einen Abschied von den Vorstellungen, daß die Schöpfung vielleicht doch wie ein mechanisches Räderwerk »funktioniert«.

Aus einem Interview, das ich vor vielen Jahren mit Gerd Binnig für eine Zeitschrift führte, möchte ich noch einen weiteren Gedankengang von ihm vorstellen, der heute so aktuell ist wie damals. Ich fragte den Nobelpreisträger, was denn mit der psychischen Energie der individuellen Wirklichkeiten geschehe – ob diese mit dem Tod des Individuums »verlorengehe« oder nach dem physikalischen Gesetz der Energieerhaltung irgendwie erhalten bleibe.

»Ich glaube, daß die psychische Kraft, die von einer Person ausgeht, für alle Zeiten, auch nach ihrem Tod, weiterwirkt – selbst wenn man diese Kraft nicht mehr genau lokalisieren kann. Sie geht nicht verloren, falls eine Zerstörung oder Selbstzerstörung der Menschheit abgewendet werden kann.

Aber abgesehen davon kommt es darauf an, wie man die Zeit sieht. Wenn man glaubt, daß sie sich im Nichts auflöst, dann hat man schon ein bestimmtes Bild von der Zeit: nämlich daß eine Entwicklung stattfindet und daß das, was einmal Vergangenheit war, nun fort sei. Vielleicht ist dieses Bild aber falsch.

Vielleicht gibt es einen solchen zeitlichen Ablauf gar nicht. Vielleicht existiert alles gleichzeitig; oder der Fluß der Zeit ist zumindest nicht so, wie wir uns das heute vorstellen. Das heißt, was einmal war, existiert für alle Zeiten. Vielleicht.

Aber ich möchte noch weiter ausholen. Unsere ganze Welt ist auf die Naturgesetze abgestimmt, die jetzt existieren. Wenn diese Gesetze sich nur ganz wenig ändern, wird unsere Welt bereits instabil oder sieht ganz anders aus. In den meisten Fällen würde sie wohl instabil werden und schließlich vollkommen verschwinden.

Und dann entstehen wieder Naturgesetze – nach welchen Gesetzen diese Naturgesetze entstehen, wissen wir nicht. Diese stabilisieren sich für eine gewisse Zeit und verändern sich dann wieder. Und jedesmal entstehen Welten, die nach diesen Naturgesetzen funktionieren.

Sobald einmal die Naturgesetze entstanden sind, ist eigentlich alles vorgegeben. Danach gibt es dann eine Anzahl von Möglichkeiten, wie sich eine Welt entwickeln kann. In diesem Spektrum verschiedener Möglichkeiten sind alle Wirklichkeiten enthalten. Diejenige Realität, die sich dann zum Beispiel hier bei uns tatsächlich abspielt, ist nur eine von vermutlich unendlich vielen Möglichkeiten, die grundsätzlich angelegt sind.

Das bedeutet: Die jetzt und hier für uns stattfindende Wirklichkeit hat keine so große Bedeutung! Aus meiner Sicht ist diese realisierte Wirklichkeit nicht viel wichtiger als eine andere Möglichkeit, die vielleicht in einer späteren Welt nachgeholt wird.

Alle angelegten Möglichkeiten existieren potentiell und werden vielleicht irgendwann einmal auch real durchlebt. Die Grenzen zwischen Realität und angelegter Möglichkeit verwischen sich. Die sogenannte Realität ist nur eine von vielen möglichen Ausdrucksformen der jeweiligen Naturgesetze.

Ein Beispiel dafür: Wenn man sich nur vorstellt, man sei in einen Autounfall verwickelt, erschrickt man vielleicht schon, obwohl das ja noch gar keine Realität ist, nur eine Möglichkeit. Aber bereits die Vorstellung dieser Möglichkeit kann sehr schlimm sein.

Die Grenzen zwischen Realität und Möglichkeit sind für jeden Menschen fließend, und das hat vor allem mit psychischen Realitäten zu tun. Für mich gibt es kaum einen Unterschied zwischen Möglichkeit und Realität.«

Soweit geben wir also Gerd Binnig in einem ersten Ansatz wieder, um einige Aspekte dieses Themas aus seiner damaligen Sicht kurz darzustellen.

Psi und Physik

Das Wunder des Lebens ist offensichtlich mehr als nur Materie, die sich berechnen läßt. Doch selbst die vermeintlich physikalisch festgelegten und bestimmbaren Materieprozesse lassen sich, so manche Wissenschaftler, vom Geiste steuern. Wir besuchen den Physiker HELMUT SCHMIDT in seinem Haus in Mora, New Mexico. Er hat Testmaschinen entwickelt, die beweisen helfen, daß manche Menschen einige Gesetze der modernen Physik »auf den Kopf zu stellen« vermögen. Anscheinend kann man unter bestimmten Umständen in der jeweiligen Gegenwart noch nachträglich in die vermeintlich doch feststehende Vergangenheit eingreifen und sie verändern. Unter bestimmten Umständen läßt das Prinzip von Ursache und Wirkung sich offenbar aufheben.

Die handlichen Maschinen, mit denen man solche Experimente durchführt, hat Helmut Schmidt auch anderen Physikern zur Verfügung gestellt. Die Forscher kamen zum gleichen Ergebnis: Signifikant oft gewinnt der konzentrierte oder meditativ-gelassene menschliche Wille die Oberhand über die von einem Zufallsgenerator gesteuerten physikalischen Zufallsprozesse. Wenn Bewußtsein also auf eigentlich festgelegte physikalische Vorgänge einwirkt, scheint das häufig zu gelingen.

In seinem Buch über *Psi und Physik* (Psi = die unter dem griechischen Buchstaben zusammengefaßten paranormalen Phänomene) schreibt er unter anderem:

»Viele Forscher meinen, daß das Studium von Psi einen großen Beitrag für unser Verständnis von Bewußtsein leisten kann. Sie führen ins Feld, daß der Geist ›nicht-physikalisch‹ ist, und daß Psi-Effekte in ihrer Unabhängigkeit von Raum und Zeit ähnliche nicht-physikalische Merkmale aufweisen, die einen Bereich des Geistes mit eigenen Gesetzen darstellen. Damit könnten Psi-Experimente etwas über diese mentalen Gesetze aussagen und uns erlauben, zumindest den Mantelsaum des großen Geheimnisses zu erfassen. In diesem Bild ist Psi die Brücke zwischen einer mentalen und einer physikalischen Welt. Das führt zur Frage, ob die Trennung zwischen einer mentalen und einer physikalischen Welt real und sinnvoll ist, oder ob man einen Weg finden könnte, sie zu integrieren.

Wie wir festgestellt haben, befinden sich Psi und Physik derzeit auf einem Kollisionskurs. Falls die Physik ihren Anspruch aufrechterhalten will, eine korrekte Beschreibung aller Phänomene zu liefern, die man beobachten kann, muß sie ihre Formeln verändern, um die nachweisbaren und nachgewiesenen Psi-Phänomene einzuschließen ...

Die mangelnde Übereinstimmung der derzeit gültigen Physikformeln und der Psi-Phänomene wurde durch die nichtkausalen Eigenschaften von Psi deutlich herausgestellt, die in der heutigen Physik keinen Platz haben. Auf der Suche nach einer mathematischen, physikalischen Formulierung von Psi könnte man nach fundamentalen Mechanismen Ausschau halten, die nichtkausale Effekte erzeugen könnten ...

Das hier vorgestellte Bild von Psi ist ein persönliches, gefärbt durch meine Ausbildung und meinen Hang zur Physik. Die primäre Herausforderung durch Psi bestand für mich in seiner Unstimmigkeit in bezug auf die Weltsicht der gegenwärtigen Physik. Physiker sind ähnlichen Herausforderungen schon früher begegnet. Die Veränderungen in der Physik durch die Relativitätstheorie und die Quantentheorie waren ein Ergebnis der Diskrepanzen der damaligen Physik und der Resultate bestimmter Experimente. Diese Veränderungen waren sehr radikal in dem Sinne, daß sie grundlegende Lehrsätze der alten Physik umstießen, nämlich die Annahme einer absoluten Zeit und die Vorstellung einer deterministischen Welt, in der die Zukunft vollständig durch die Vergangenheit bestimmt wurde. Einem Physiker erscheint es vernünftig anzunehmen, daß die Diskrepanzen zwischen der Existenz von Psi-Phänomenen und unserer heutigen Physik zu ähnlich radikalen Änderungen führen werden. Die Richtung dieser Veränderungen wird durch die PK-Experimente mit voraufgezeichneten Zufallsereignissen vorgegeben, die zeigen, daß Psi das Kausalitätsprinzip verletzt, den konventionellen Zeitablauf zwischen Ursache und Wirkung.«

Immer mehr Physiker wenden sich Themen zu, die man als »Meta-Physik« bezeichnen könnte. Ziel ist die Erforschung von

Zusammenhängen zwischen physikalischen Vorgängen und der Wechselwirkung mit geistigen Prozessen.

Aufruf zur Begründung einer neuen Metaphysik

Der Wiener Physiker HERBERT PIETSCHMANN war einst Lehrer von FRITJOF CAPRA.

In seinem Buch *Das Ende des naturwissenschaftlichen Zeitalters* zeichnet Herbert Pietschmann den Erfolgsweg der Naturwissenschaften nach. Weil die Naturwissenschaften ausdrücklich die Frage nach dem Warum ausklammerten und sich mit aller Vehemenz der Frage nach dem Wie zuwandten, waren sie imstande, die atemberaubenden Durchbrüche in der theoretischen Erkenntnis und der technologischen Umsetzung zu erzielen.

Gleichzeitig mit dem Aufschwung der Naturwissenschaften ab der Epoche der Aufklärung fand ein offenkundiger Niedergang der Bedeutung der Religionen als sinnstiftende Institutionen statt – die Menschen »glaubten« der Religion immer weniger, den neuen Wissenschaften aber immer mehr. Ein »Sinnvakuum« entstand.

Halb wurden nun die Naturwissenschaften hineingezogen, halb drängten sie von sich aus in dieses Vakuum. Es entstand die als selbstverständliche und selbstevidente Wahrheit angenommene (unzutreffende) Auffassung, daß die Erkenntnisse der Naturwissenschaften die Beantwortung nach Sinnfragen ermöglichten.

Nichts sei falscher als das, meint Herbert Pietschmann. Da die Naturwissenschaften ausdrücklich die Sinnfrage ausgeklammert hatten, auf dieser Selbstbeschränkung ihren Erfolg aufbauten (und dementsprechend auch keine eigenen Erfahrungen mit möglichen Sinnangeboten sammeln konnten), wären sie als »Sinnstifter« eine Fehlbesetzung.

Herbert Pietschmann schlägt deshalb vor, auch an den Universitäten einen neuen Wissenschaftszweig einzurichten: die Metaphysik.

Auf dem Weg zur Erleuchtung?

Wenigstens kurz will ich einen Denkansatz des französischen Physikers und Computerforschers JEAN CHARON erwähnen. Er geht davon aus, daß zwar ein Gesetz der Entropie existiere, das sich auf die materielle Struktur beziehe. Demnach verlieren bekanntlich alle Strukturen allmählich an Differenzierung, und alles endet in einer gleichmäßigen und formlosen Verteilung von Materie. Dem stehe jedoch das Gesetz der »Negentropie« gegenüber. Dieses Gesetz besage, daß in der Dimension des Geistes genau die gegenläufige Entwicklung stattfinde, nämlich eine Zunahme von Bewußtsein, Erinnerungsvermögen, Intelligenz und Liebe – bis im Geistigen eines Tages nur nur noch die reine Erleuchtung bestehe. Charon versucht, die Elektronen als Träger des Geistes anzusprechen, und nennt sie »Äonen«.

In seinen Büchern führt er diese Gedanken weiter aus. Was haben Bewußtsein und Materie miteinander zu tun? Ist eine Art Weltformel für unsere Wünsche und Gedanken, für unser seelisches Empfinden möglich?

Eine »Weltformel« aus der Psychologie

Am Rande der Stadt Sankt Gallen in der Ostschweiz, in einer seltenen ländlichen Idylle, wohnt VERENA KAST. Sie zählt zu den bedeutendsten Psychologinnen unserer Zeit. Verena Kast ist durch ihre Deutung von Symbolen und Archetypen, von Träumen und Märchen bekannt geworden. Sie ist Psychologieprofessorin in Zürich, Dozentin am C.-G.-Jung-Institut, Lehranalytikerin und im Vorstand internationaler Gesellschaften für analytische Psychologie und für Tiefenpsychologie tätig. Nicht zuletzt ist sie eine besonders charmante, feinsinnige und humorvolle Gesprächspartnerin.

Ich fragte sie, ob auch die Seelenforschung nach Vereinheitlichung von Wissen und Erkenntnissen strebe. Findet so etwas wie die Suche nach einer »Weltformel der Psychologie« statt, analog der Suche nach der Weltformel in der Physik? Verena Kast lachte zunächst herzlich, bevor sie antwortete:

»Sehen Sie, es ist ja ein Beweis dafür, daß der Archetypus der Ganzheit am Werke ist, wenn man eine Weltformel sucht. Wenn man danach fragt, was das Allgemeine an der Psychologie ist, so könnte man sagen, daß der Mensch sich entwickeln muß. Der Mensch muß sich von der Geburt, vielleicht auch schon vorher, bis zu seinem Tode entwickeln.

Die Entwicklungsschritte, die Entwicklungsanforderungen im Laufe des Lebens können verschieden sein, vermutlich unterscheiden sie sich von Kultur zu Kultur. Aber es scheint so zu sein, daß wir dann, wenn wir die Entwicklungsanforderungen nicht leisten, psychisch krank werden.

Der Mensch muß sich entwickeln, vom Anfang bis zum Ende – das schiene mir allgemeinste Psychologie zu sein. In der Jungschen Psychologie geht es dann um mehr: Diese Entwicklung soll den Menschen zu sich selbst bringen, der Mensch soll die oder der werden, die oder der er ist.

Der Sinn wäre, soweit wie möglich das zu werden, was in mir angelegt ist – also diese Schicksalskombination, die ich bin, bewußt nachträglich zu bestätigen und zu bejahen und das auch versuchen zu leben. Das wäre dann so eine Art ›Weltformel‹, das wäre dann die Ganzheit.

Dann gibt es in der Jungschen Psychologie noch einen Wurf: Je mehr ich mich an mein persönliches Selbst annähere, um so mehr werde ich auch ein Mensch (im eigentlichen Sinne) und würde also helfen, das Menschliche in der Welt zu entwickeln.

Alle Menschen zusammen würden dann so etwas wie das kosmische Selbst bilden. Dahinter steht ein altes Bild: Jeder Mensch ist ein Blatt am Weltenbaum, alle Menschen zusammen sind der Weltenbaum, und es kommt auf jedes Blatt an diesem Weltenbaum an.«

»Dem würden allerdings nicht mehr alle Psychologen so zustimmen«, fügte Verena Kast noch hinzu.

Der Weltenbaum als Symbol
der Menschheitsentwicklung

In der sumerischen Abteilung des Britischen Museums in London stoßen wir auf einen solchen Weltenbaum. Die Sehnsucht nach einer Erklärung der Welt läßt sich bis in die frühesten Kulturen zurückverfolgen, auch bis zum Schöpfungsbaum der Sumerer. In Mesopotamien, im Zweistromland zwischen Euphrat und Tigris fanden sich in Stein gehauene Zeugnisse für ihre Weltsicht. Sie künden von der Verbindung zwischen Erde und Himmel, sie zeigen den Menschen und die Sterne als eine Einheit, sie beschreiben die Ganzheit und den Sinn der Schöpfung.

Petroglyphen (Fels- und Steinritzzeichnungen) der früheren Pueblo-Indianer in der Wüste von New Mexico, in denen sie bereits ihre kosmologischen Vorstellungen dokumentierten.

Ebenfalls in der Hochwüste von New Mexico findet sich der rätselhafte »Mystery Rock« mit phönizisch-kanaanitischen Schriftzeichen. Wie gelangte er nach Amerika?

Alle alten Kulturen besaßen eine in sich stimmige mythisch-religiöse »Weltformel«. Mit Wissenschaft hatte sie wenig gemeinsam, doch es scheint zu allen Zeiten eine Sehnsucht nach Einheit bestanden zu haben.

Der »Mystery Rock« von New Mexico

Die Hochwüste von New Mexico liegt im amerikanischen Südwesten, zwischen Texas und Arizona, unweit der mexikanischen Grenze. Unser Ziel ist ein Fund, der hier in dieser menschenverlassenen, trockenen und jetzt unfruchtbaren Landschaft am Ende des vergangenen Jahrhunderts fernab von der Zivilisation entdeckt wurde und dem lange Zeit kaum Beachtung geschenkt wurde.

Wir sind auf dem Wege zum »Mystery Rock«, einem geheimnisvollen Felsen mit einer rätselhaften Inschrift. Sicher wußte man bisher nur, daß diese Inschrift nicht von Indianern und nicht aus Amerika stammt. Ihre Botschaft lautet nach einer vor-

103

läufigen Entschlüsselung so: Phönizier kamen auf zumindest einem Schiff bereits vor mehr als zweitausend Jahren nach Mittelamerika, mindestens dieses eine Boot erlitt Schiffbruch, der Überlebende berichtet davon, wie er bis hierher kam, freundliche Aufnahme, Nahrung und Arbeit fand – und wie er seinen Gastgebern die Botschaft von der Existenz seiner Götter überbrachte.

Das Rätsel der Inschrift ist noch nicht völlig gelöst. Die kanaanitisch-phönizischen Schriftzeichen haben noch nicht alle ihre Geheimnisse preisgegeben.

Bewußtsein, Mathematik und Materie

Geometrische Muster, mathematische Formeln, physikalische Modelle – heutzutage werden Erkenntnisse nicht mehr in Stein gemeißelt, sondern zu Papier gebracht oder in den Computer eingegeben. In Oxford besuchen wir den Mathematiker ROGER PENROSE, den Lehrer des Physikers STEPHEN W. HAWKING, und ein herausragender zeitgenössischer Wissenschaftsphilosoph. Aus seinen Überlegungen zitiere ich einige wenige Gedanken.

»Es bestehen einerseits die physische Welt, die man als klare Struktur betrachtet – obwohl sie das übrigens nicht ist –, dann die mentale Welt unserer Wahrnehmungen und schließlich die platonische Welt der mathematischen Konzepte, und irgendwie herrscht eine mysteriöse Beziehung zwischen diesen drei Welten …

In der Physik haben wir schätzen gelernt, wie machtvoll die Welt der Mathematik Grundlagen der Physik beschreibt, und es besteht auch eine sehr tiefe Beziehung zwischen der mentalen und der physischen Welt – wenn man jemanden auf den Kopf schlägt, verliert er das Bewußtsein … offensichtlich also ist Bewußtsein stark mit der physischen Welt verwoben …

Und auch die Beziehung zwischen Bewußtsein und Mathematik ist sehr tief, wenn wir betrachten, wie wir mathematische Konzepte begreifen. Ich glaube also, daß wir erst alle drei gemeinsam als eine Art Einheit verstehen lernen müssen, bevor wir ein echtes Verständnis von ihnen einzeln gewinnen.«

Das Schicksal des Universums

Im Inneren einer riesigen Forschungstrommel, gefüllt mit einer Art Babyöl, die derzeit im Kernforschungslabor in Los Alamos (in New Mexico) in Betrieb genommen wird, soll das »Schicksal des Universums« erforscht werden. Wie viele Neutrinos treffen aus dem Weltraum hier wann ein, und wie stabil sind sie? Das soll helfen zu bestimmen, ob der Kosmos im Kältetod auseinanderfallen oder eines fernen Tages in einer Hitzeimplosion in sich zusammenstürzen wird – oder ob er vielleicht zwischen diesen beiden Extremen hin- und herpulsiert. Auch daraus ließen sich Bausteine für eine Weltformel ableiten.

Der Leiter des Experiments, der Waliser Experimentalphysiker HYWEL WHITE, gibt uns seine Einschätzung über Fortschritte bei der Suche nach einer Weltformel.

»Ich bin ein Optimist, ich bin wirklich beeindruckt vom Fortschritt der Wissenschaft in den Jahrhunderten, vor allem in diesem Bereich – viele Fragen werden also sicher eine Antwort finden.

Ich gebe nur eines zu bedenken: Wenn man vor hundert Jahren mit Physikern wie mir gesprochen hätte, dann hätten sie geglaubt, daß die mechanische Beschreibung der Welt richtig gewesen wäre. Mit der Quantenmechanik sind wir aber zur Einsicht gelangt, daß es für manche Fragen von sich aus keine Antwort gibt.

Wir beginnen anhand der Chaostheorie zu verstehen, daß wir die Startbedingungen so genau festlegen können, wie wir wollen – und trotzdem können wir nicht vorhersagen, wohin sich das System entwickelt.«

Ist die Evolution festgelegt?

Erneut drängt sich die Frage auf: Bestehen göttlich oder naturgesetzlich festgelegte Pläne, die unabänderlich sind? Oder ist die Entwicklung des Lebens und der Menschheit ein Prozeß mit offenem Ausgang? Der in London lebende englische Biologe RUPERT SHELDRAKE sagt dazu folgendes:

»Bestimmte Prinzipien in der Natur existierten vermutlich vor dem Leben, zum Beispiel chemische, und damit gab es schon das, was ich ›Gewohnheiten‹ nenne und was den Rahmen für das Leben festlegte.

Ich glaube aber nicht, daß die Evolution des Lebens in den Einzelheiten irgendwie vorherbestimmt ist. Kaum ein Biologe meint das. Ich stimme trotz sonstiger Differenzen mit der Standardauffassung der Biologie überein, daß die Evolution offen ist.

Manche Biologen betrachten sie als reinen Zufall, ich meine, daß die Evolution mehr als nur Zufall ist.

Die Zukunft ist weitgehend unvorhersehbar, und die Evolution des Lebens erfordert einen wahrhaft schöpferischen Prozeß.«

Kommt die Menschheit aus dem All?

Wir Menschen suchen nach Erklärungen für unser kleines Leben, wenn wir in den Sternenhimmel blicken und unsere Erde mit dem großen All vergleichen. Wir fragen nach dem Sinn. Steht die Antwort, keine astrologische, auf die Frage nach einer Weltformel buchstäblich in den Sternen?

Radioastronomen erhoffen Signale intelligenter Wesen aus fremden, weit entfernten Welten. In Arecibo auf Puerto Rico ist das größte Radioteleskop der Erde installiert. Dort spürt man Signalen nach, die von außerirdischem Leben stammen könnten. Andere Teleskope gehören zu einem weltweiten Netz dieses Programms.

Der amerikanische Astronom FRANK DRAKE beschäftigt sich seit gut zwanzig Jahren mit der Suche nach Radiosignalen von Zivilisationen im Weltraum. Einige wenige vielversprechende und nicht einfach wegzuerklärende Signale hat man bislang empfangen können.

Frank Drake hat eine eigene »Weltformel« aufgestellt. Mit ihrer Hilfe kann man die Wahrscheinlichkeit berechnen, daß es in der Weite des Alls, unter den Milliarden von Sonnensystemen, intelligentes Leben gibt, das Signale zu senden vermag.

$$N = R f_p n_e f_l f_i f_c L$$

Diese Formel soll die Wahrscheinlichkeit angeben, daß bewußte Zivilisationen im Kosmos existieren, die von uns im Verlauf ihrer Lebensdauer entdeckt werden könnten und die auch kommunikationsfähig sind.

Falls es je zu einem Kontakt mit einer anderen kosmischen Intelligenz kommen sollte, würde ein gut Teil unseres bisherigen Weltbilds überholt sein. In seinem Buch *Signale aus anderen Welten* erörtert Frank Drake dieses Thema im einzelnen.

Die Weltformel aus der Theologie

Auch in fast allen Religionen findet sich so etwas wie eine Weltformel. Ein Schöpfergott oder eine Urkraft offenbart sich durch erwählte und »erleuchtete« Menschen. Ihre universelle Botschaft lautet: Das Leben hat einen geistigen, keinen materiellen Ursprung und ein geistiges, kein materielles Ziel. Diese Offenbarungen der Mystik wurden seit Menschengedenken in heiligen Büchern aufgeschrieben, zum Seelenheil der Gläubigen.

ANDREAS RESCH lehrt klinische Psychologie und Paranormologie an der Lateran-Universität im Vatikan. Er ist Gründer und Direktor eines Instituts für »Paranormologie« in Innsbruck und leitet die zweijährlichen »Imago-Mundi«-Kongresse, ebenfalls in Innsbruck. Als umfassend gebildeter Humanist, weltoffener Theologe und tiefschürfender Psychologe setzt er einen hohen Standard für die geistige Erfassung und Durchdringung existentieller Fragen. Lesen Sie einige Auszüge aus seiner Stellungnahme zu meiner Frage, ob so etwas wie eine »Weltformel« der Religionen bestehe.

»Für mich ist Seele der Grundbegriff für den Menschen, das heißt für das menschliche Bewußtsein. Die Seele ist Träger des menschlichen Bewußtseins und dasjenige, das den Menschen sozusagen im Inneren und im Äußeren zusammenhält.

Die Seele kann nicht in dem Sinne aus der Evolution kommen, daß sie von einer materiellen Entwicklung und Entfaltung hervorgebracht wird. Das Kleinere kann nie das Größere hervorbringen. Daher müssen wir sagen: Die Seele kommt aus einer anderen Dimension. Religiös gesehen könnte man auch sagen: Die Seele kommt von Gott.

Religion befaßt sich über alle Formen hinweg grundsätzlich mit dem Verhältnis des Menschen und der Schöpfung zu einem Schöpfer, zu Gott, der außerhalb der Zeitlichkeit und Räumlichkeit steht und der die Welt geschaffen hat.

Dorther hat der Mensch seinen Ausgang gefunden, und dorthin muß er zurückkehren, um die innere Erfüllung zu erfahren.«

Der Suche nach einer allumfassend gültigen wissenschaftlichen Weltformel erteilt Andreas Resch eine klare Absage.

»Die Zeit des Materialismus ist wissenschaftlich gesehen nicht mehr haltbar, sie ist vorbei. Eine materialistische Reduzierung führt den Menschen nur in neurotische Störungen beziehungsweise Spaltungen hinein, in denen er die persönliche Synthese nicht mehr findet.

Vor allem findet er für sich und für den anderen keinen Wert, und damit findet er auch keinen Sinn. Und ohne Sinn kann der Mensch das Leben nicht dynamisch gestalten, eine solche Reduzierung [auf materialistische Anschauungen] halte ich geradezu für menschenfeindlich.«

Dies sind deutliche Worte eines klar und richtungweisend denkenden Menschen.

Der Seher JOHANNES, Autor der apokalyptischen *Offenbarungen*, erhielt – so die Legende – einen Einblick in das »Goldene Buch« Gottes, in dem Vergangenheit, Gegenwart und Zukunft aufgezeichnet sind. Von diesem Buch mit sieben Siegeln hat menschliche Geistes- und Naturwissenschaft bislang bestenfalls ein einziges Siegel lösen können. Offensichtlich ist der Weg des Verstandeswissens weniger hilfreich als ein Weg der inneren gläubigen Offenbarung oder der bewußten Mystik, auf die wir später noch ausführlich eingehen werden.

Das nächste Kapitel handelt von ganz anderen Zusammenhängen zwischen dem ganz Großen und dem ganz Kleinen, zwischen Makrokosmos und Mikrokosmos. Wir begeben uns auf einen Exkurs in die Astrologie.

Das Buch mit sieben Siegeln: Nur das erste Siegel ist gelöst.

5

»Wie oben, so unten«?

Steht unser Schicksal in den Sternen?

*»Die Sterne sind nur der Vater deines Schicksals.
Die Mutter ist deine eigene Seele.«*

Dieser Ausspruch wird dem Astronomen und Astrologen JOHANNES KEPLER zugeschrieben. Seit Menschengedenken beobachtet man den Sternenhimmel und mißt die Bahnen von Sonne, Mond und Planeten. Die Astronomie konnte sich ihrer Prognosen über die zukünftigen Aufenthaltsorte der Himmelskörper immer sicher sein. Ihre ältere Schwester Astrologie fühlte sich zu Voraussagen über die Wirkungen der Gestirne auf die Erde, oder besser, über die Entsprechungen der Himmelskörper beziehungsweise deren Konstellation zu irdischen Ereignissen und psychischem Geschehen, berufen. Darauf fußt ihre bis heute ungebrochene Anziehungskraft. »Sterndeuter« meinen, mit ihren »Weltformeln« menschliche Schicksale zumindest in großen Zügen und nach ihrem Zeitablauf vorausberechnen zu können.

Astrologie, die Kunde von den Sternen im Hinblick auf deren Deutung, unterscheidet sich von Astronomie, der Betrachtung und Erforschung der Sterne beziehungsweise Himmelskörper, dadurch, daß die Astrologie nach dem Warum und nach dem Sinn von Gestirnsbahnen und Konstellationen für unser menschliches Leben fragt. Die Astrologie geht davon aus, daß alles in der Schöpfung mit allem anderen darin auf vielleicht unsichtbare, dennoch wirksame Weise in Zusammenhang steht.

Sterndeutung war in der sumerischen Kultur vor fünftausend Jahren unentbehrlich. Das »Enuma elisch«, ein babylonisches

Lehrgedicht und »Vorwort« zum Gilgamesch-Epos, zeugt davon. Im Rahmen der mesopotamischen Kosmogonie entstand das, was später als »chaldäische« Astrologie bekannt werden sollte. Ägypten, Griechenland, Rom, die arabische Welt und das frühe Christentum – sie alle schufen, kannten und benutzten Astrologie. Noch in der Renaissance gab es Astrologielehrstühle an europäischen Universitäten.

Mindestens ebenso alt wie die Astrologie aus Sumer (dem alten Südbabylonien) ist die indische Sternkunde. In China wurde Astrologie sicherlich ebenfalls schon vor dreitausend Jahren betrieben.

In der biblischen Schöpfungsgeschichte lesen wir: »Und Gott sprach: Es werden Lichter an der Feste des Himmels, die da scheiden Tag und Nacht und geben Zeichen, Zeiten, Tage und Jahre ...«

Selbst der deutsche Nationaldichter JOHANN WOLFGANG VON GOETHE spricht – in »*Urworte orphisch*« – die Astrologie an:

»Wie an dem Tag, der dich der Welt verliehen,
Die Sonne stand zum Gruße der Planeten,
Bist alsobald und fort und fort gediehen,
Nach dem Gesetz, wonach du angetreten.
So mußt du sein, dir kannst du nicht entfliehen,
So sagten schon Sibyllen, so Propheten;
Und keine Zeit und keine Macht zerstückelt
Geprägte Form, die lebend sich entwickelt.«

Ja, wir Menschen sind »geprägte Form, die lebend sich entwickelt«! Goethe hat hier auf unnachahmliche Weise den scheinbaren Widerspruch zwischen unserer Prägung bei der Geburt und der gleichzeitig bestehenden Freiheit des menschlichen Willens aufgelöst. Wir sind in das Erdenleben einerseits nach einer bestimmten Ordnung eingetreten, die sich ständig innerhalb des Rahmens von Gesetzen und Gesetzmäßigkeiten vollzieht. Andererseits aber folgen wir auch einem inneren höheren Ruf, der uns die lebendige Geistigkeit, den Lebenssinn, unsere Aufgaben und Chancen, Herausforderungen und Möglichkeiten frei erkennen und gestalten läßt.

Wir leben insoweit »unfrei«, als wir zum Beispiel auf diesen dreidimensionalen Körper beschränkt sind, der mehr oder weniger Nahrung und Schlaf braucht. Wir müssen also dem Gesetz folgen, das unsere irdische Form geprägt hat. Wir sind aber »frei«, unsere Gefühle und Gedanken, Ideale und Meditationen, Mitmenschlichkeit und die Verbindung zur Seele zu ergründen, zu entwickeln und zu vertiefen. Der Körper mag in seiner Form festgelegt sein, der Geist ist es lediglich zum Teil.

Seriöse Astrologie, die auf dem Fundament eines entwickelten Bewußtseins aufbaut, erforscht die Zusammenhänge und »Schnittstellen« zwischen vorgeprägten Gesetzmäßigkeiten und Rhythmen des Lebens und der freien individuellen Entfaltung des einzelnen. Astrologie ist im besten Sinne »Himmelskunde«, die nach der Bedeutung des Lebens fragt, sie kann echte Lebenshilfe sein.

Die astrologischen Faktoren

Was »steht« in einem Horoskop?

Die meisten gegenwärtigen Horoskopdarstellungen sind rund. Eine Ausnahme zeigen Horoskope nach der indischen Manier, die als Quadrate gezeichnet werden. Im Mittelalter wurden auch in unseren Breiten Horoskope quadratisch abgebildet.

In dem Rund finden Sie fünf Arten von Eintragungen:
1. Zwölf Zeichen des symbolischen Tierkreises vom Widder bis zu den Fischen. Sie sind das Meßband von zwölf mal dreißig Grad = 360 Grad, in dem man Planeten, Häuser und rechnerische Punkte einträgt und abliest.
2. Zehn Planeten symbolisieren die Kräfte, welche in der oder auf die Person wirken.
3. Zwölf Häuser geben die Lebensbereiche an, in denen die symbolischen Planetenkräfte spürbar werden – in einer Weise, welche auch von den Merkmalen des jeweiligen Zeichens geprägt ist.
4. Einige Achsen als Grundstruktur (und einige rechnerische Punkte) dienen als zusätzliche wichtige Deutungshilfen.

5. »Aspekte« geben die speziellen Winkelbeziehungen zwischen Planeten, Achsen und rechnerischen Punkten wieder.

Jeder Planet und jeder rechnerische Punkt steht also sowohl in einem Zeichen als auch in einem Haus. Wahrscheinlich ist er darüber hinaus mit einem oder mehreren anderen Planeten durch eine besondere Winkelbeziehung, also durch einen Aspekt, verbunden.

Was »steht« nun in einem Horoskop? Zunächst einmal findet sich darin nicht mehr und nicht weniger als die schematische Darstellung des astrologischen Himmels mit zahlreichen Himmelskörpern und Elementen, betrachtet und berechnet in bezug auf einen bestimmten Ort zu einem bestimmten Zeitpunkt.

Meistens meinen wir das Geburtsbild eines Menschen, wenn wir von einem Horoskop sprechen. Man kann solche »Geburtsbilder« aber ebenso für die Gründung einer Firma erstellen, für den Beginn eines Studiums und so fort. Das Geburtshoroskop sagt etwas über die Grundanlagen und das Potential des Menschen aus. Der Vergleich zwischen dem Planetenstand bei der Geburt mit dem Planetenstand zu späteren Zeiten liefert Hinweise auf Zeitrhythmen und Entwicklungstendenzen.

Übrigens läßt sich aus keinem Horoskop mit Sicherheit etwas über den Zeitpunkt des Todes entnehmen oder darüber, ob der Mensch einen spirituell entwickelten Geist und ein bewußtes Seelenleben hat oder nicht. Ob der Horoskopinhaber ein »Sünder« oder ein »Heiliger« ist, vermag man aus dem Horoskopbild allein nicht abzulesen. Wer das nicht glaubt, braucht nur die Horoskopbilder von Weisen und Heiligen verschiedenen Astrologen zu geben, ohne den Namen zu verraten, und sich dann die gegensätzlichsten Deutungen anzuhören. Wer »heilig« oder einfach nur »weise« ist, vermag auch ein »schwieriges« Horoskop zu meistern. Dann wird aus einem »Katastrophenaspekt« für einen weniger bewußt lebenden Menschen ein »Erleuchtungsaspekt« für eine voll bewußte Seele!

Erfreulicherweise ist das so, daß der kreative, göttliche und geistige Funke im Menschen sich eben nicht in einer schematischen, mathematischen materiellen Darstellung erfassen läßt. Lernen wir die Einzelfaktoren nun etwas näher kennen.

Die Planeten

In der Astrologie symbolisieren die zehn Planeten lebendige Kräfte, allgemeine Prinzipien und besondere Funktionen des individuellen Menschen. Aus Gründen der Vereinfachung nennt man in der Astrologie die Sonne und den Mond ebenfalls »Planeten«, obwohl sie keine sind. Die Sonne ist ein Stern und der Mond ein Erdtrabant oder Erd-Satellit (oder auch ein Erd-Planet). Die Planeten haben im Vergleich zu allen anderen astrologischen Faktoren die bedeutendste Rolle.

Zusätzliche rechnerische Punkte – Schnittpunkte von Planetenbahnen, Horoskopachsen beziehungsweise gedachte Punkte – ermöglichen weitere Differenzierungen. In der Astrologie verwendet man heute vor allem die horizontale Achse von Aszendent und Deszendent, die vertikale von Himmelshöhe und Himmelstiefe, die Mondknotenachse und eventuell noch die sogenannten »Glücks-« und »Schicksalspunkte«.

Die Zeichen

Die zwölf Zeichen des sogenannten »Tierkreises« versinnbildlichen, wie diese Kräfte durch universelle beziehungsweise kollektive Prägungen »gefärbt« werden. Der »Tierkreis« ist in der Astrologie einzig und allein ein symbolischer Meßkreis.

Kein Astrologe hält die astronomischen Sternbilder gleichen Namens für identisch mit dem astrologischen Kreis der zwölf Zeichen. Während sich die zwölf Sternbilder von der Erde aus gesehen in ihrer Position am Himmelsrund langsam verschieben, bleiben die zwölf Zeichen des symbolischen Meßkreises immer fest. Im übrigen umfassen die in der Astrologie verwendeten symbolischen Zeichen jeweils genau dreißig Grad und bilden so den Horoskopkreis von 360 Grad. Demgegenüber schwanken die Sternbilder am Abendhimmel – zu denen bestimmte Fixsterne ja erst durch unsere Vorstellung werden, obwohl die einzelnen Sterne Lichtjahre voneinander entfernt sind und keinerlei Verbindung zueinander haben – zwischen 21 Grad beim Krebs und 46 Grad bei der Jungfrau. Im deutschen Sprachraum haben vor allem Bernd A. Mertz, Johannes Vehlow und Thomas Ring auf diese Tatsache hingewiesen.

Die Häuser

Die zwölf Häuser symbolisieren, in welchen Bereichen des Lebens sich die Kräfte ausdrücken. Manchmal heißen die Häuser auch »Felder«, bezeichnen aber dasselbe. Früher bestand zunächst eine Einteilung in vier Quadranten, dann in acht Häuser.

Die Aspekte

Die Aspekte zwischen den Planeten zeigen, wie die Kräfte aufeinander wirken oder welche Beziehungen sie miteinander eingehen.

Kurz zusammengefaßt, kann man sagen: Planeten sind das »Was« im Leben. Zeichen sind das »Wie« im Leben. Häuser sind das »Wo« im Leben. Aspekte sind das »Wie« zwischen zwei oder mehreren »Was«. Und die Gesetze, welche den Himmel dort oben, den Makrokosmos der Gestirne, bestimmen, sind grundsätzlich dieselben, welche den Menschen hier unten, den Mikrokosmos, steuern.

Was beschreibt die Astrologie?
Aussagen über Ereignisse

In der ortsbezogenen, zeitbezogenen und ereignisbezogenen Astrologie stellt man die Frage: »Was geschieht wann und wo?«

Diese ist die älteste bekannte Form der Horoskopfrage. In alter Zeit wurden Horoskope nicht für jedermann gestellt, sondern zunächst nur für den Herrscher, später auch für andere führende Persönlichkeiten. Der jeweilige Herrscher wurde als Beauftragter, Gesandter und Mittler zu Göttern und ihren Gesetzen des Kosmos betrachtet. Er ließ sich Rat von Astrologen (Astronomen) geben (in der Antike trennte man die Himmelsbeobachtung und die Himmelsdeutung noch nicht), um klug regieren zu können.

116

Eine typische Frage der ägyptischen Astrologen würde also lauten: »Wann ist mit der nächsten großen Überschwemmung zu rechnen?« Und: »Fällt sie so aus, daß sie zum Segen wird, oder wird sie ganze Landstriche zerstören und womöglich lange unbewohnbar machen?« Das Horoskop wurde auf die Person des Herrschers und auf den Ort seiner Residenz beziehungsweise seines Palastes bezogen.

Weitere Themen waren Fragen nach Kriegsgunst, Dauer der Regentschaft, Gesundheit des Herrschers oder Todesursache und Todeszeit.

Aussagen über seelische Kräfte und ihre Harmonisierung

Die psychologische oder humanistische Astrologie stellt die Frage: »Welche Kräfte wirken im einzelnen, und wie kann er beziehungsweise sie mit diesen Kräften harmonisch umgehen oder sie ausgleichen?«

Diese Form der Astrologie ist die gegenwärtig vorherrschende. Der Mensch begreift sich heute vor allem als freies Individuum und nicht mehr so sehr als Teil eines unverrückbaren Kollektivs wie bis hin zur Zeit der Aufklärung. Die personenbezogene Astrologie stellt das komplexe Muster der im Inneren des Menschen wirkenden Kräfte in den Mittelpunkt ihrer Untersuchungen. Sie geht davon aus, daß prinzipiell alle Kräfte in allen Menschen angelegt sind, das Geburtshoroskop aber Aufschluß darüber gibt, in welcher Ausprägung oder Akzentuierung und welche Herausforderungen bestimmte Aspekte zwischen den Kräften an uns stellen. Ein Beispiel dafür wäre, wenn alle Planeten auf der Du-Seite stünden, nahe am Du-Punkt. Dies würde darauf hindeuten, daß dieser Mensch stark über das Du lebt und sich über das Du verwirklicht. Vielleicht möchte er dann daran arbeiten, sich selbst auch wichtig genug zu nehmen, um zum Beispiel nicht ständig ausgenutzt oder um weniger abhängig vom Urteil anderer zu werden.

Aussagen über den Lebenssinn

In der transpersonalen oder esoterischen beziehungsweise spirituellen Astrologie steht folgende Frage im Vordergrund: »Welchen Sinn hat mein Leben, und wie kann ich ihn am besten erfüllen?«

Dieses Astrologieverständnis strebt nicht so sehr danach, daß alles im Leben harmonisch verläuft, sondern ist bereit, auch Eigenarten und sogar »Nachteile« in Kauf zu nehmen und Opfer zu bringen, um dem eigenen Leben einen Sinn zu verleihen. Wieder sei ein Beispiel gegeben: Das Geburtshoroskop legt mit einer bestimmten Planetenkonstellation nahe, daß jemand hochsensibel ist. Das bestätigt sich im Alltag. Nun könnte man versuchen, diese Sensibilität, die sich oft vielleicht auch als Überempfindlichkeit äußert, zu dämpfen oder zu desensibilisieren, also auszugleichen. Oder Sie könnten erforschen wollen, auf welchen Gebieten diese hohe Sensibilität eine echte Gabe für den/die Horoskopinhaber/in darstellt. Denn vielleicht sollte sie oder er diese Eigenschaft sogar noch weiter entwickeln, um sie richtig zu nutzen – auch wenn das möglicherweise bedeutet, auf zu häufige und zu intensive Außenkontakte oberflächlicher Art zu verzichten.

Ganz »reine« Anwendungen dieser drei Astrologiearten sind – zu Recht – immer seltener anzutreffen. Eine Verteufelung oder Idealisierung einer dieser Formen ist meines Erachtens nicht angebracht. Alle drei Arten haben ihre Berechtigung, schon deshalb, weil wir Menschen – zu verschiedenen Zeiten im Leben vielleicht, aber dennoch – an allen drei Fragetypen interessiert sind:

- »Wann muß oder kann ich mit welchen Entwicklungen oder Tendenzen für Ereignisse oder Vorhaben rechnen?«
- »Was sind meine Anlagen, und wie kann ich mich und andere besser verstehen und ausgeglichener leben?«
- »Wie erfahre ich meine Aufgaben im Leben, und wie kann ich diese Herausforderungen am besten meistern?«

Eine gute Astrologin beziehungsweise ein guter Astrologe wird alle drei Fragen sinnvoll miteinander verknüpfen.

In jeder Form von Astrologie nehmen Zeitzyklen einen wichtigen Platz ein. Ob es nun Ereignisse sind, über die wir mehr erfahren möchten, ob es emotionale Probleme sind, die wir klären wollen, oder ob es sich um die Erfüllung unserer Lebensaufgaben handelt – immer gehen wir von einer Situation aus, die nicht statisch ist, sondern sich fortlaufend entwickelt und verändert. Maßstab für diese Veränderung sind in der Astrologie die Zeitzyklen der Planetenbahnen.

Astrologie erfaßt nicht nur Grundmuster, sondern auch den Rhythmus und die Dynamik des Lebens.

Ich persönlich halte von Prognosen – die als solche völlig legitim sind – dann nichts, wenn sie zwei Faktoren übersehen: die relative Willensfreiheit des Menschen und die Unvorhersehbarkeit und absolute Freiheit des »Schöpferwillens«. Als wenig sinnvoll erachte ich negative Voraussagen, da sie eher ängstigen oder lähmen als klären und fördern. Auch kann ich mich wenig mit jener Art von Astrologie anfreunden, die alles problematisiert und vor allem immer negative Aspekte in den Vordergrund stellt. Auf diese Weise dämpft oder unterdrückt sie nämlich die natürlichen Selbstheilungskräfte und die gottgegebenen Energien der positiven Gestaltungsmöglichkeiten und der Lebensfreude.

Mir liegt es mehr, Probleme möglichst von vornherein auszuschalten oder so rasch wie möglich gute Lösungen für Probleme zu finden, als lange darüber nachzugrübeln, wie und warum man sich irgendein Problem ins Haus geholt hat oder weshalb es nur so gräßlich aussieht oder wie schön es wäre, es bald wieder los zu sein. Natürlich nimmt man in der positiven Astrologie Probleme zur Kentnnis. Vielleicht sogar noch schneller und gezielter als in manchen anderen Formen, weil sie darauf abzielt, rasch und umfassend zu einer aktiven und erfüllten Lebensgestaltung zu finden.

Für mich ist »positive Astrologie« eine wunderbare Hilfe und Chance, die uns in unserer Freiheit ermuntert, die das wunderbare Potential aufzeigt, das in jedem Menschen steckt, und uns dabei unterstützt, es zu verwirklichen.

Warum kann Astrologie
überhaupt »funktionieren«?

Drei Erklärungen versuchen diese Frage zu beantworten. Sie beziehen sich auf den Einfluß der Gestirne auf die Erde und auf uns Menschen, betrachten die Synchronizität zwischen Makrokosmos und Mikrokosmos oder betrachten die Astrologie als Symbolsprache.

Direkter Einfluß der Gestirne auf Erde und Menschen

Besonders in alter Zeit gingen die meisten Menschen davon aus, daß Sonne, Mond, Planeten und Sterne direkt und unmittelbar auf die Erde und die Menschen wirken: durch die sichtbare Strahlung des Lichts und durch unsichtbare rätselhafte geistige Strahlungen. Auch wenn wir gerade das letztere als Aberglauben abtun, so besteht durchaus eine direkte Wirkung einiger Himmelskörper.

Der Sonnenstand (beziehungsweise die Drehung der Erde um sich selbst) bewirkt das Phänomen von Tag und Nacht, von Licht und Dunkel, von Leben und Tod. Der Sonnenlauf im Jahr (beziehungsweise richtig: der Erdenlauf um die Sonne) bestimmt unsere Jahreszeiten, legt den Wachstumsbeginn der Vegetation, die Reifephasen und die Erntezeiten fest und beeinflußt damit unsere körperliche Lebensgrundlage auf entscheidende Weise.

Der Mond ruft (durch seine Anziehungskräfte) bekanntlich Ebbe und Flut hervor. Bestimmte Mondkonstellationen haben Sturmfluten zur Folge. Die Mondphasen bestimmen die besten Saat-, Pflanz-, Schnitt- und Erntezeitpunkte. Nicht zuletzt finden wir den Rhythmus der Mondzyklen auch in der Menstruationsperiode der Frau und in den Fruchtbarkeitszyklen mancher Tiere wieder.

Die Polizei beobachtet immer wieder, daß bei Vollmond – und in geringerem Maße bei Neumond – viele Autounfälle, Unglücke und Gewalttaten geschehen. Flugzeugbesatzungen wissen, daß bei Vollmond und Neumond viele Passagiere gereizter reagieren als sonst. Vor allem Frauen sind bei Vollmond besonders sensibel. Und in vielen Krankenhäusern weiß man, daß bei Vollmond und bei Neumond mehr Komplikationen als gewöhnlich auftreten. Ich mußte dies vor meiner Bekanntschaft mit der Astrologie bei einer Mandeloperation und einer Weisheitszahnextraktion am eigenen Leibe spüren. In beiden Fällen kam es zu größeren Problemen (einmal mit sehr starkem Nachbluten, das andere Mal mit dem Kreislauf). Heute werde ich keine Operation mehr bei Vollmond oder Neumond durchführen lassen.

Mondfinsternisse und noch mehr Sonnenfinsternisse hatten früher auf jeden Fall zumindest eine sehr reale psychologische Wirkung: Sie lösten Angst und Schrecken aus, weil viele Menschen befürchteten, daß die Ordnung des Kosmos umgestürzt werde, daß das Licht der Sonne womöglich für immer verschwinden und dem Leben auf Erden dann ein Ende gesetzt werde.

In den fünfziger Jahren stellte ein amerikanischer Ingenieur fest, daß es zu sehr starken Funkstörungen auf der Erde kam, wenn auf der Sonne eine vermehrte Sonnenfleckenaktivität (der Ausstoß von Energie) auftrat. Die erhöhte Sonnenfleckenaktivität ergibt sich eigenartigerweise dann, wenn Merkur und Jupiter in einem »Spannungsaspekt« zur Sonne stehen.

Wenn bestimmte Konstellationen zwischen den Himmelskörpern in unserem Sonnensystem zu so deutlichen physikalischen Phänomenen führen, die auch auf der Erde nachweisbar sind, ist die Annahme der Antike, daß eine gewisse direkte Wirkung der Gestirne auf uns vorhanden ist, immerhin verständlich.

In der modernen Astrologie verlor die Erklärung, daß die Gestirne eine direkte Wirkung auf uns ausübten, jedoch an Gewicht. Eine Ausnahme stellt die Mondforschung dar, die sicherlich noch einige überraschende Resultate zeitigen wird.

Synchronizität zwischen Makrokosmos und Mikrokosmos

Der Schweizer Psychoanalytiker CARL GUSTAV JUNG entwickelte ein damals neues Modell, wie Ereignisse miteinander verknüpft sein können, ohne daß sie unmittelbar miteinander zusammenhängen. Wir kennen das Prinzip von Ursache und Wirkung, das sogenannte »kausale Prinzip«. C. G. Jung postulierte nun ein

»akausales« Wirkprinzip. Am besten läßt sich das an einem einfachen Beispiel erläutern, das ich bereits in anderem Zusammenhang erwähnte.

Sie lesen dieses Buch, weil Sie es gekauft oder ausgeliehen haben. Sie konnten es kaufen oder ausleihen, weil der Verlag es hat drucken lassen. Der Verlag konnte es drucken lassen, weil ich ein Manuskript für das Buch abgegeben hatte. Das sind typische »kausale« Verknüpfungen: Weil A geschehen ist, kann B folgen. A ist die Ursache, B die Wirkung. Jede Wirkung hat irgendeine Ursache.

Was ist aber davon zu halten: Während Sie dieses Buch lesen, läutet das Telefon. Während Sie aufstehen, um zum Telefon zu gehen, kommt Ihr Partner zur Tür hinein. Während Ihr Partner zur Tür hereinkommt, sendet das Radio Nachrichten.

Nicht, weil Sie lesen, läutet das Telefon. Nicht weil Ihr Partner hereinkommt, bringt das Radio Nachrichten. Sondern während A geschieht, ereignet sich B. Während A abläuft, läuft gleichzeitig B ab.

Carl Gustav Jung nannte das eine »akausale« Verknüpfung, weil A in diesem Fall nicht Ursache von B ist und B nicht Folge von A, sondern A und B »grundlos« und »zusammenhanglos«, aber eben zur selben Zeit geschehen. Er wies darauf hin – und daraus ergibt sich die Bedeutung dieser Beispiele für unser Thema »Astrologie« –, daß nicht nur Objekte und Ereignisse Qualitäten besitzen, sondern auch einzelne Abschnitte und Momente der Zeit.

Jung stellte fest, daß Zeit eine eigene Prägung hat und daß alle Ereignisse, die zur gleichen Zeit ablaufen, durch die betreffende Zeitqualität »gefärbt« werden. Er schuf den Begriff »Synchronizität« und bezeichnete damit das Phänomen, daß Geschehnisse, die gleichzeitig stattfinden, auf eine unsichtbare Weise miteinander in Verbindung stehen. Sie werden durch die Qualität des Zeitabschnitts geprägt.

Auf die Astrologie angewandt bedeutet dies, daß die Gestirne nicht direkt auf uns wirken und wir – unser Charakter und unser Schicksal – nicht aufgrund ihrer Wirkung so oder anders sind. Vielmehr stellen wir anhand des Horoskops die Zeitqualität unseres Sonnensystems und des Kosmos zum Zeitpunkt unserer Geburt fest. Wir übertragen, was wir zu einem bestimmten Zeitpunkt über die Zeitqualität, die Zyklen und Rhythmen der Gestirne feststellen, auf die Grundsituation, in der der neugeborene Mensch sein Erdenleben beginnt. Von der Zeitqualität des Makrokosmos ziehen wir Rückschlüsse auf den menschlichen Mikrokosmos und seine Basisqualitäten.

Astrologie als symbolische Zeichensprache

Beide oben skizzierten Erklärungen, warum Astrologie »funktioniert«, haben etwas für sich. Eine dritte Erläuterung, die der bekannte Astrologe DANE RUDHYAR schon in den dreißiger Jahren vorgetragen hatte, ist noch umfassender und befriedigender.

Rudhyar sprach davon, daß Astrologie nicht mehr und nicht weniger als eine Symbolsprache sei, eine Art »Algebra des Lebens«. Diese Symbolsprache diene dazu, Gesetzmäßigkeiten, die wir in einem Teil der Schöpfung erkennen, auch in anderen Bereichen zu beschreiben. Solange man im Rahmen der Symbolsprache bleibe und mit ihr allgemein erlebbare Phänomene beschreibe, lasse sich damit zwar nicht alles, aber doch sehr viel erklären und es praktisch anwenden. Einige Beispiele sollen dies verdeutlichen.

Wir wissen, daß es unterschiedliche mathematische Modelle und »Sprachen« gibt. Bei den Sumerern kannte man ein Zahlensystem, das auf der Zahl Sechzig aufbaute. Unsere Uhrzeit messen wir noch nach diesem System. Sechzig Sekunden sind eine Minute, sechzig Minuten sind eine Stunde. Natürlich könnte man die Zeit auch anders einteilen, zum Beispiel in Dezimalabschnitte, so ergäben zehn kleine Einheiten eine mittlere, zehn mittlere eine große Einheit und so fort.

In der »normalen« Mathematik bedienen wir uns des Dezimalsystems. Aber selbst hier bestehen Ausnahmen: In England und den USA werden bzw. wurden Entfernungen nicht nach Kilometern, Metern und Zentimetern berechnet, sondern nach Meilen, Yards und Inches. Gewichtsmaße werden nicht nach Gramm und Kilogramm eingeteilt, sondern nach Unzen und

Pfund; Flüssigkeitsmaße sind nicht Liter und Deziliter, sondern Gallonen und so weiter.

Und Computer arbeiten nach einer ganz anderen »Mathematik«, sie registrieren nämlich lediglich 0 und 1 beziehungsweise positive oder negative Ladung beziehungsweise ob Strom fließt oder nicht fließt. Und damit wird im Inneren eines Computers alles das dargestellt, umgerechnet, weiterverarbeitet, was wir sonst in einer ganz anderen Sprache ausdrücken.

Jede Sprache ist »richtig«, solange wir sie folgerichtig und systemgerecht anwenden. Das läßt sich an der Vielfalt der Sprachen auf der Erde nachvollziehen, die mehr oder weniger alle gleich genau, zutreffend und differenziert komplexe Sachverhalte ausdrücken können.

Gehen wir nun einen Schritt weiter, von der Form zum Inhalt. Sicher kennen Sie aus der »Formelsprache« der Psychologen die Begriffe für vier Grundtypen von Menschen, nämlich den Sanguiniker (er ist offen und froh gestimmt), den Melancholiker (der in sich gekehrt und eher betrübt ist), den (trägen und schwer aus der Ruhe zu bringenden) Phlegmatiker und den (impulsiven und eher heftigen) Choleriker.

Wenn ich Ihnen sage, daß meine Partnerin meist sanguinisch ist und manchmal phlegmatisch, daß ich auch meist sanguinisch, aber manchmal cholerisch bin, so können Sie sich nur aufgrund dieser wenigen und recht schlichten Begriffe ein ganz gutes Bild von uns formen. Wenn Sie erfahren, daß mein Chef zwischen phlegmatischem und cholerischem Verhalten schwankt und meine Kollegin oft melancholisch gestimmt ist, so sagt Ihnen das ebenfalls etwas.

Mit nur vier Begriffen in unterschiedlicher Kombination können wir uns ganz gut verständigen und uns über andere Menschen und ihren Charakter austauschen. Das »funktioniert«, weil wir eine ziemlich übereinstimmende Ansicht darüber haben, was diese vier Begriffe bedeuten.

Nun können wir diese Begriffe nicht nur auf Menschen anwenden, sondern ebenso auf das Verhalten von Firmen oder sogar auf Staaten. Wir benutzen also eine einfache Formelsprache aus vier Worten, um etwas Sinnvolles über verschiedene Teile des Lebens auszusagen.

Auf diese Weise »funktioniert« auch die Symbolsprache der Astrologie, nur ist sie viel komplexer. Statt vier Begriffe kombinieren wir zehn Planetensymbole, zwölf Sternzeichen, zwölf Häuser, einige weitere Elemente sowie bestimmte Winkelbeziehungen zwischen den Planeten. Verschiedenen Aspekten des menschlichen Lebens ordnet die Astrologie bestimmte Symbole und Begriffe zu.

Zusammenfassend läßt sich also feststellen, daß für die letzten beiden Erklärungsmodelle der schlichte und klare Satz gilt:

So wie die Uhr die Zeit anzeigt, sie aber nicht macht, so zeigt die Astrologie Charakteranlagen, Schicksalswege, Entwicklungsphasen und -zyklen an und weist auf den Lebenssinn hin, »macht« all das aber nicht!

Solange wir mit den Begriffen der Astrologie etwas verbinden, auf das wir uns mehr oder weniger genau geeinigt haben, und solange wir diese astrologische Sprache innerhalb der ihr eigenen Regeln einheitlich und schlüssig verwenden, kommen wir zu sinnvollen Aussagen, die von anderen Menschen verstanden werden können.

Damit drängt sich wieder die »Gretchenfrage« auf: Ist unser Schicksal in den Planetenbahnen und im Sternenlauf festgeschrieben? Nach meiner eigenen Erfahrung, aufgrund der vielen Gespräche mit Menschen, die Astrologie aktiv und passiv seit vielen Jahren ernsthaft betreiben, und vor dem Hintergrund umfangreicher Literatur aus Jahrhunderten, komme ich zum Schluß, daß an der Astrologie etwas »dran« ist und daß sie sinnvolle Aussagen ermöglicht. Denn die Astrologie kann Lebensrhythmen anzeigen, sie weist auf Themen der Persönlichkeitsentwicklung hin, sie läßt manchmal sogar konkrete Ereignisse vorausbestimmen. Desgleichen sind allgemeine Schicksalsprognosen sowie Informationen über die karmischen Aufgaben, mit denen wir in dieses Leben kommen, meiner Auffassung nach denkbar.

Wenn der Makrokosmos auch nicht so einfach kausal auf uns einzuwirken vermag, wie man das früher glaubte, enthält er doch Botschaften für uns, die sozusagen in »Sternensprache« an den Himmel geschrieben sind. Nach der Karmalehre haben wir einen aktiven Anteil daran, welche Botschaften wir uns für dieses Leben an den Himmel schreiben lassen: indem wir uns nämlich von der Seelenebene aus – teils bewußt, teils karmisch durch frühere Prägungen bedingt – entscheiden, in diesem Jahr, in diesem Monat, an diesem Tag und in dieser Stunde geboren zu werden. So entspricht die Geburtszeit und der Geburtsort den Gestirnständen, die unsere Lebensbotschaften symbolisch am besten zum Ausdruck bringen. Erinnern wir uns daran, daß Uhren Zeit nicht herstellen, sondern nur anzeigen. So formt das Horoskop nicht unser Leben, sondern schreibt wichtige Eckdaten in seiner eigenen Sprache nieder.

Diese sehr persönlichen und individuellen Botschaften zu entziffern, verlangt jedoch, zunächst einmal die uns unbekannte astrologische Sprache und die ungewohnten Schriftzeichen zu erlernen. Das ist kompliziert und zeitaufwendig und erfordert einen klaren Geist. Allerdings vermögen wir dann zumindest Teilaspekte der Zukunft zu ergründen, Aufschlüsse über die Vergangenheit zu erlangen und bewußter in der Gegenwart zu leben.

Die Grenzen der Astrologie liegen dort, wo sie nicht mehr »funktioniert«, darin, daß sie, wie jede Sprache und wie jedes System, nur einen Teil der Wirklichkeit widerspiegeln kann. So wie LEONARDO DA VINCIS Geist ungleich größer war als die gesamte Summe seiner Werke, so sind auch das menschliche Leben, das Streben des Geistes, die Bewußtheit der Seele ungleich größer als die Summe ihrer Teile. Die äußere Schöpfung läßt sich mit der astrologischen Symbolsprache recht gut erfassen und deuten. Aber der Schöpfergeist ist größer als Makrokosmos und Mikrokosmos zusammen. Gott und die Seele sind größer als Kosmos und Erde, größer als Gefühle, Gedanken und der menschliche Körper.

Die Astrologie ist ein »Erkenntnisinstrument« und eine »Kunst«, die relativ und vergänglich sind. Gott und Seele hingegen sind unvergänglich. Aber immerhin vermittelt der Blick in die lichte, blaue Transzendenz des Tages und in die unendlich erscheinende sternenübersäte Nacht eine Ahnung von der Ewigkeit, in der wir sind und die sich ebenso in uns selbst befindet. Wenn wir durch die Beschäftigung mit der Astrologie diese Ewigkeit in uns selbst als letzte Wirklichkeit und als unser wahres Wesen erahnen oder gar erleben dürfen, dann hat die Astrologie einen guten Dienst erfüllt.

Wann immer ich von der Erde zur Milchstraße reiste, begegnete ich Liebe auf jedem Schritt und Schönheit in jedem Blick.

So dichtete DARSHAN SINGH. Der Mystiker, Meditationsmeister und indische Dichter beschrieb hier seine spirituelle Reise in den inneren Kosmos.

Der Sozialreformer, Mystiker und Menschheitslehrer KIRPAL SINGH hat einmal über die Astrologie gesagt:

»Die Astrologie ist eine reguläre Wissenschaft, aber es gibt wenige, die sich darin wirklich auskennen. Sie erfordert einen klaren geistigen Blick. Darüber hinaus wirkt sie auf jene, die unter dem Einfluß der Sterne stehen. Für jene aber, welche die gestirnten Himmel überschreiten oder unter dem Schutz von Meistern stehen, welche die gestirnten Himmel überqueren, treffen die Vorhersagen nicht zu und haben keinen Bestand.«

In meinem Buch *Karma und freier Wille im Horoskop*, das im Frühjahr 1995 erschienen ist, finden Sie mehr zu diesem Thema.

Im nächsten Abschnitt werden wir uns zwei Modelle dieses inneren Kosmos näher ansehen, uns mit der geheimnisvollen Akasha-Chronik beschäftigen und überlegen, auf welchen Wegen wir die inneren Welten erkunden könnten.

6

Geheimnisvolle
Akasha-Chronik

Einblicke in die inneren Welten

Dieses Kapitel ist zwei Schöpfungsbildern oder kosmischen Modellen gewidmet, die einige Zusammenhänge zwischen der irdischen und den inneren Welten beschreiben wollen. Auf ihre Ableitung im einzelnen oder eine umfassende Erörterung ihrer historischen und theologischen Bezüge sei hier verzichtet.

Diese Entwürfe mögen uns vielleicht sehr fremd und spekulativ erscheinen (obwohl einer aus dem Westen stammt), zum anderen fehlt uns vielleicht der kulturelle Hintergrund, um sie ganz zu verstehen – obwohl jegliches Wissen und jegliche Weisheit der Seele aus ein und derselben überkulturellen Quelle stammen.

Ihre Darstellung soll dennoch dazu dienen, daß wir unseren Blick für die Weiträumigkeit der transzendenten Dimensionen öffnen und mit Anschauungen bekannt werden, die anderen Menschen geholfen haben, wesentliche Lebensfragen für sich zu beantworten. Zudem können diese beiden geistigen Skizzen eine praktische Hilfe für Sie bedeuten, eigene spirituelle Erfahrungen besser einzuordnen und für die inneren Labyrinthe so etwas wie eine grob gezeichnete Landkarte an der Hand zu haben.

Von Menschen, die sogenannte »Nahtoderlebnisse« hatten, wissen wir, daß vor dem inneren Auge häufig eine Art »Lebensfilm« abläuft. Dabei erfaßt der Mensch in Sekundenschnelle alle wichtigen Empfindungen, Erfahrungen und Handlungen seines

Lebens und weiß sein Leben als Ganzes einzuschätzen. Ähnliche Beobachtungen, aber nicht nur hinsichtlich dieses Lebens, sondern über frühere sowie zukünftige Leben werden von manchen Yogis und Schamanen berichtet. Dabei hat die Akasha-Chronik eine wesentliche Bedeutung.

Erste Bekanntschaft mit der Akasha-Chronik

In der Akasha-Chronik sollen nämlich alle Leben eines Menschen durch alle Zeiten – Vergangenheit, Gegenwart und Zukunft – mit all ihren Besonderheiten, Familienumständen, beruflichen Situationen, mit der Entfaltung von Gefühlen und Gedanken bis hin zur spirituellen Entwicklung verzeichnet sein.

Diese seltsame »Chronik« soll so etwas wie das »Goldene Buch« des Individuums darstellen. Wenn man in ihr »liest«, so erfährt man angeblich alles Wesentliche über sich selbst. Demnach wäre die Akasha-Chronik so etwas wie eine Palmblattbibliothek, in der jeder einzelne Informationen über sich selbst und die verschiedenen Gestalten und Schicksale findet, die seinen (selbstgeschaffenen) Bedürfnissen und Wünschen »karmisch« am besten entsprachen und künftig entsprechen werden.

Nach den Lehren der indischen Philosophie (falls man diese Verallgemeinerung bitte vorübergehend akzeptieren möchte), die auf den alten vedischen Schriften beruhen, besteht die gesamte Schöpfung aus fünf Zuständen der »Materie«: nämlich Prithivi (es entspricht dem Element Erde), Jal (Wasser), Agni (Feuer), Vayu (Luft) und Akasha (Äther). Dahinter verbirgt sich nichts anderes als die uns bekannten alchimistischen Elemente Erde, Wasser, Feuer, Luft und Äther.

Akasha gilt als erstes Element und zugleich Primärzustand, aus dem alle andere Materie hervorging.

Die Verbindung dieser Elemente bestimmt den Bewußtseinszustand der Geschöpfe dieser Welt. In Steinen zum Beispiel ist nur das Element Erde aktiv, in Pflanzen nur das Element Wasser. In Vögeln finden sich, nach dieser Auffassung, Erde und Luft, in Säugetieren Erde, Wasser, Luft und Feuer, und nur im Menschen ist mit Äther auch das fünfte geistige Element vertreten. (Eine der Erklärungen für die Notwendigkeit der vegetarischen, pflanzlichen Ernährung besteht darin, nur solche Lebensformen zur Nahrung zu verwenden, deren Gebrauch den geringstmöglichen Eingriff in eine bereits begonnene schöpferische Entfaltung bedeutet.)

Akasha, Äther, ist also die geistige Ursubstanz oder die Vorform der stofflichen Materie. Erst ihre Verdichtung bringt die Welt der Formen hervor. Und nicht nur die greifbaren Formen, wie kosmische Himmelskörper, menschliche und tierische sowie pflanzliche und mineralische Körper entstehen aufgrund einer entsprechenden Verdichtung, sondern bereits wenig greifbare und dennoch höchst wirksame andere Bildungen. Gefühle, Gedanken, Ideen und ihr Ausdruck in Wort und Schrift oder ihre Empfindung auf der Ebene von Gemüt und Verstand gehören ebenfalls zu »Formen«, die einer Verdichtung von Akasha, von »Äther«, entstammen.

Wir können uns das vielleicht so vorstellen: In einem Computer ist ein bestimmtes Programm gespeichert, das die Funktion von Maschinen und ganzen Fabriken steuert. Solange dieses Programm nur in Form von mathematischen und sprachlichen Symbolen und Zeichen auf der Festplatte als Nullen und Einsen festgeschrieben bleibt, bewirkt es noch gar nichts und ist unsichtbar. Sobald das Programm jedoch aktiviert wird, setzt es eine Kette von elektronischen Impulsen und Befehlen in Gang, die über mechanische, chemische oder sonstige Träger etwa einen Produktionsmechanismus steuern, an dessen Endpunkte fertige Autos vom automatischen Fließband laufen.

Wollen wir nun wissen, was das Computerprogramm grundsätzlich zuläßt – welche Automodelle damit hergestellt werden können, welche Motorkonfigurationen, welche Sitzpolsterfarben, welche Außenlackanstriche und so fort –, so müssen wir das entsprechende Computerprogramm studieren. Dort sind alle vorgesehenen Programmvarianten und Programmschritte aufgezeichnet.

So ähnlich verhält es sich mit der Akasha-Chronik. Dort sind die karmischen Ursachen oder »Programmsteuerungen« nach festen

Prinzipien der »Karma-Computersprache« gespeichert und erfüllen sich nach und nach. Allein ein versierter Programmierer könnte das Programm ändern.

Falls wir nach den Ursachen für die Vielfalt unserer Erfahrungen forschen wollen, müssen wir dort suchen, wo die ersten Impulse für die späteren Wirkungen und deren Formen entstanden und »gespeichert« sind. (Daß wir, wie eine Auffassung vertritt, diese ersten Ursachen sogar selbst geschaffen haben, als wir uns durch einen Willensakt aus der ursprünglichen Einheit abgesondert haben, soll am Rande zumindest erwähnt werden.)

Wo in den Innenräumen die Akasha-Chronik angesiedelt sein soll, wo die Ebene des Karmas überschritten werden kann, wird später in der Übersicht dargelegt. Zunächst sehen wir uns Beschreibungen von Innenwelten aus einer westlichen, christlichen Sicht an. Das mag uns helfen, die folgende Definition des kosmischen Modells, in dem die Akasha-Chronik von Bedeutung ist, wenigstens gedanklich besser nachvollziehen zu können.

Eine Beschreibung der Innenwelten aus westlicher Sicht

Im christlichen Kulturkreis kennen wir Schriften einer ganzen Reihe von Mystikern, die Innenwelten erlebt und darüber berichtet haben. Dazu gehören, um nur einige wenige zu nennen, MEISTER ECKEHART, TERESA VON AVILA, HILDEGARD VON BINGEN, JAKOB BÖHME und EMANUEL SWEDENBORG.

Meistens sind die abendländischen Aufzeichnungen weniger systematisch – sondern eher ekstatisch – als die empirisch erforschten und methodisch dargestellten »Reiseberichte« aus dem alten indischen Kulturraum.

Unsere westlichen Bücher bieten überwiegend Einblicke in persönliche Offenbarungen, die sich dem Schreibenden oft unvermittelt und ohne daß er besondere »Techniken« befolgt hätte, eröffneten. In den östlichen Schriften finden wir dagegen häufig genaue kosmische Ordnungsprinzipien dokumentiert, und wir lesen regelrechte Handlungsanleitungen, wie sich der einzelne

Mensch die beschriebenen Erfahrungen selbst zu eigen machen kann.

Einer solchen Beobachtung und Beschreibung innerer Welten mit einem fast wissenschaftlichen Ansatz hatte sich der schwedische Naturphilosoph und Theologe Emanuel Swedenborg gewidmet, der offensichtlich einen eigenen Zugang zu manchen inneren Welten genoß. GOETHE nannte ihn den »gewürdigten Seher unserer Zeiten«, der französische Romancier HONORÉ BALZAC titulierte ihn gar als »Buddha des Nordens«, und der schwedische Dichter AUGUST STRINDBERG versicherte: »Er hat mir auf alle meine Fragen geantwortet, wie sehr sie mich auch bedrängen mochten. Unruhevolle Seele, gequältes Herz, nimm und lies!«

Einige Gedankengänge Swedenborgs stelle ich Ihnen nun anhand von Zitaten vor.

»Die Geisterwelt ist weder der Himmel noch die Hölle. Sondern ein Mittelort oder Mittelzustand zwischen beiden. Dorthin gelangt der Mensch zuerst nach seinem Tode; dann, nach vollbrachter Zeit, wird er gemäß seinem Leben in der Welt entweder in den Himmel erhoben oder in die Hölle gestürzt ... Der Zustand des Himmels im Menschen ist die Verbindung des Guten mit dem Wahren, der Zustand der Hölle die Verbindung des Bösen mit dem Falschen ...

Ich weiß aus vielen Erfahrungen, daß der Mensch seinem Innern nach Geist ist ... Ich sprach mit den Geistern als Geist und sprach mit ihnen als Mensch im Körper ...

Wird der Mensch von seinem Körper getrennt, was mit dem Tode eintritt, so lebt er trotzdem als ein Mensch weiter. Um mich in dieser Anschauung zu bestärken, wurde ich in die Lage versetzt, mit allen zu reden, die ich in ihrem körperlichen Leben gekannt hatte; mit einigen stundenlang, mit einigen wochen- und monatelang, mit manchen jahrelang, um alles bezeugen zu können.

Ich muß hinzufügen, daß jeder Mensch, während er noch im Körper lebt, sich geistig, ohne es zu wissen, in Gemeinschaft mit Geistern befindet, und zwar der Gute in Gemeinschaft von Engeln, der Böse in höllischer Gemeinschaft: jeder in der Gemeinschaft, in die er nach dem Tode gelangt.«

Swedenborg berichtet dann von physischen und psychischen Entrückungen, wie er an weit entfernten inneren Orten weilte und dort viel Wunderbares erlebte. Danach beschreibt er den Vorgang der allmählichen »Auferweckung« nach dem Tode. Er fährt fort: »Nach dem Tode erwartet jeden sein Leben, und jeder wird nach seinen Werken und Taten gerichtet. Doch ist unter Werken und Taten nicht das äußere Geschehen, sondern das innere Wesen zu verstehen; denn jedes Werk und jede Tat entspringt dem Wollen und Denken des Menschen, sonst wären es nur Bewegungen von Automaten und Marionetten. Ist der Wille und Gedanke gut, dann sind auch die Werke und Taten gut; ist der Wille und Gedanke aber böse, dann sind auch die Werke und Taten böse.

Tausend Menschen mögen das gleiche tun, das heißt die gleiche Handlung begehen, so völlig übereinstimmend, daß äußerlich kaum ein Unterschied besteht, und doch ist jede, an sich betrachtet, von der anderen verschieden, weil die Beweggründe verschieden sind ...

Der Mensch ist nach dem Tode ein Geschöpf seiner Liebe und seines Willens. Der gesamte Himmel ist in Gemeinschaften nach den Abstufungen des Guten in der Liebe eingestellt, und jeder Geist, der zum Himmel erhoben und Engel wird, gelangt zur Gemeinschaft seiner Liebe. Hier fühlt er sich heimisch, wie in dem Hause, wo er geboren ist, und gesellt sich zu seinesgleichen. Entfernt er sich von dort in andere Gegenden, dann spürt er ein dauerndes Widerstreben und sehnt sich zu seinesgleichen zurück. So bilden sich Gemeinschaften im Himmel und in der Hölle auf Grund von Neigungen ...«

Swedenborg stellt hier also ihm deutlich unterscheidbare Bereiche oder Regionen der Jenseitswelten dar. Er geht auch auf die schrittweise Ablösung des Bewußtseins vom Körper nach dem Tode ein.

»Der erste Zustand des Menschen nach dem Tode gleicht seinem Zustand in der Welt, weil er das äußere Wesen darstellt; er besitzt die gleiche Gesichtsform, die gleiche Rede- und Ausdrucksweise, also auch das gleiche moralische und bürgerliche Leben. Deshalb wähnt er, noch auf der Welt zu sein, wofern er nicht darauf achtet, was mit ihm vorgeht, und was ihm die Engel bei der Auferweckung gesagt haben, daß er jetzt ein Geist sei. So folgt ein Leben aus dem andern, und der Tod ist nur ein Übergang ...

Der zweite Zustand des Menschen nach dem Tode bedeutet sein inneres Wesen; er wird in das Innere versenkt, das seine geistigen Kräfte, sein Denken und Wollen, enthält, während das äußere des ersten Zustandes in Schlaf versinkt ... In diesem [zweiten] Zustand offenbart sich, wie ein Mensch in der Welt war. War er gut, so handelt er [jetzt] vernünftig und weise, ja viel weiser als in der Welt, denn er ist jetzt von den Fesseln des Körpers und damit von irdischen Dingen befreit ... War er böse, so handelt er [jetzt] töricht und unverständig, ja viel törichter als in der Welt, weil er jetzt frei und durch keine Hemmungen mehr gebunden ist ...

Der dritte Zustand des Menschen oder seines Geistes nach dem Tode ist der Zustand der Belehrung; er wird denen zuteil, die in den Himmel gelangen und Engel werden, nicht aber denen, die in die Hölle stürzen, da diese unbelehrbar sind ...«

Swedenborg gibt dann eine Reihe detaillierter Auskünfte über das, was ihm von den inneren Ebenen offenbart wurde, und schließt mit einer Ermahnung, aus vermeintlich guten Absichten für dieses und das jenseitige Leben keine falschen Schlüsse zu ziehen und etwa der Welt mit ihren Pflichten und Aufgaben den Rücken zu kehren, um in Ablehnung des irdischen Lebens »heilig« zu werden.

»Dies ist gesagt worden, damit man erkenne: Nicht ein weltabgewandtes Leben führt zum Himmel, sondern ein Leben in der Welt. Ein Leben der Frömmigkeit ohne Nächstenliebe, die nur in der Welt möglich ist, führt niemals dorthin, wohl aber ein Leben der tätigen Liebe, die darin besteht, daß man in jedem Beruf, in jedem Geschäft, in jedem Werk gerecht und aufrichtig nach seinem Innern, also aus göttlichem Ursprung handelt.«

Beim italienischen Dichter und Mystiker DANTE ALIGHIERI lassen sich ähnliche Beschreibungen finden.

Auch aus diesen nur wenigen Worten können wir schließen, daß möglicherweise Aufteilungen der geistigen Dimensionen existieren, die weit über unsere Kindergläubigkeit biblischer Vorstellungen hinausgehen. Die aufgrund eigener mystischer Erfahrungen und spiritueller Erforschungen in Indien seit Jahrtausenden entwickelten kosmischen Modelle behaupten, daß über der irdischen Ebene und jenseits der inneren Sphären von Höllen, Geisterwelten und Himmeln noch wesentlich höhere Dimensionen vorhanden seien.

Die Akasha-Chronik
in einem kosmischen Modell

Die folgende Übersicht kann nicht mehr als ein sehr grobes und ungenaues Bild liefern. Dieses Modell geht davon aus, daß die formlose Gotteskraft sich zeitweise in feinstofflichen und grobstofflichen Ausdrucksformen eine Vielzahl von Gestalten gibt.

Dieser schöpferische Ausdruck der unendlichen »Kraft« in unzähligen endlichen und zeitlichen Formen bedeutet nicht, daß die unendliche, formlose und zeitlose Kraft etwas an ihrer Absolutheit einbüßen würde.

Warum es zu diesem schöpferischen Ausdruck überhaupt kommt, ist – wie das meiste in diesem Themenkreis – umstritten. Wollte Einer Viele sein? Wollte der gestaltlose Gott in einen »Spiegel« sehen, um sich an sich selbst zu erfreuen? Schuf Gott aus sich heraus viele bewußte »Einzelbewußtseine«, die sich seiner/ihrer Selbstkenntnis erfreuten? Sind all diese Fragen unnütz oder sogar unsinnig, solange wir nicht die näherliegende Frage für uns beantwortet haben, nämlich: Wer bin ich?

Leben wir also noch eine Weile weiter mit der Unfähigkeit des Verstandes und der Ungewißheit des Gemüts über das Warum unseres offenbar geistigen Ursprungs. Wenden wir uns nun einem Modell zu, das Stufen der Bewußtseinsentwicklung abbilden will. Danach bestehen vier wichtige innere Hauptebenen und die »darunter« befindliche irdische Ebene (man zählt von der fünften Ebene »hinab« zur ersten).

Fünfte Ebene: Göttliche Seelenebene
Dies ist die oberste spirituelle Ebene, auf der nur reines Bewußtsein herrscht.

Sie stellt die Ausgangsebene des »Sat Gurus« dar, des wahren Seelenlehrers, der die Seele zur Erkenntnis ihrer selbst führen kann. Hier erfährt sich die Seele im reingeistigen ursprünglichen Zustand.

Ein Sanskrit-Name lautet »Sach Khand«.

Vierte Ebene: Superkausalebene

Die nächstniedrige Ebene umfaßt drei Viertel Bewußtsein und bereits ein Viertel Materie.

Mahakala oder die Kraft, der die »Regierung« der darunter befindlichen Ebenen obliegt, herrscht von hier ab über diese und die darunterliegenden Ebenen durch die Maya, die »Relativität« oder »Illusion«, die Seelen ab hier und auf unteren Ebenen veranlaßt, sich als von der Schöpferkraft getrennte Wesen zu verstehen, aus eigenem Antrieb zu handeln und zu wirken und damit Karma auszulösen.

Avatare können, wie man in diesem Modell annimmt, diese Ebene erklimmen oder kommen aus dieser Dimension.

Hier soll sich die Akasha-Chronik befinden!

Eine Sanskrit-Bezeichnung für diese Ebene heißt »Parbrahmand«.

Dritte Ebene: Kausalebene

Hier herrschen Bewußtsein und Materie zu gleichen Teilen.

Brahma, Vishnu und Shiva, die drei Aspekte der hinduistischen Gottesvorstellung, gehören hierher, damit nach Ansicht indischer Philosophen auch die sogenannte »heilige Dreieinigkeit« der christlichen Lehre.

Yogishwars, das sind Yogis einer hohen Entwicklungsstufe, können diese Ebene erreichen, heißt es. Von dieser Ebene aus sollen auch die vier Veden offenbart worden sein. In dieser Dimension erfährt man Leben in einem Kausalkörper.

Das Sanskrit nennt diese Ebene »Brahmand«.

(Eine andere Sichtweise siedelt die drei Gottesaspekte von Brahma, Vishnu und Shiva sogar eine Ebene tiefer – auf der zweiten Ebene – an.)

Zweite Ebene: Astralebene
Bewußtsein ist auf dieser Ebene nur noch zu einem Viertel vertreten, zu drei Vierteln herrscht Materie.

Die Astralregionen beherbergen die sogenannten »Himmel«, mancherlei Zwischenreiche und die Höllen oder Fegefeuer.

Yogis, Sufis und Vedantisten können nach diesem Modell in die oberen Bereiche dieser Ebene gelangen, wie man sagt.

Das Leben wird im Astralkörper geführt.

Der Sanskrit-Name für diese Ebene ist »And« oder »Anda«.

Erste Ebene: irdische Ebene
Hier trifft man überwiegend Materie und nur wenig Bewußtsein an. Bewußtsein besteht nur noch in Form des Seelenfunkens.

Als Krone dieser physischen Schöpfung gilt der Mensch: Über sechs (nicht sieben!) Chakras (Energiepforten, Kraftzentren) kann er bestimmte feinstoffliche Energien erfahren; über das sechste Chakra, das sogenannte »dritte Auge« oder »Einzelauge«, erlangt er Zugang zu den höheren Ebenen.

Das Leben findet im irdischen Körper statt. Es folgt einem Kreislauf von Geburt, Tod und Wiedergeburt nach den Gesetzmäßigkeiten des »Rades der 8,4 Millionen Lebensformen«.

Das Sanskrit hat für unsere irdische Sphäre das Wort »Pind« oder »Pinda«.

Irdisches Licht wirft Schatten, irdische Musik ruft ein Echo hervor und muß immer wieder aufs neue angeschlagen werden, um zu erklingen.

Die irdische, die astrale und die kausale Ebene werden bei einer »kleinen Auflösung« aufgelöst, die Superkausalebene wird es bei einer »großen Auflösung«. Solche »Auflösungen« bezeichnen Weltumbrüche und Zeitenwenden, in denen aufgrund von Fehlentwicklungen auf den niedrigeren und vor allem auf der irdischen Ebene von höheren Kräften völlig neue Bedingungen geschaffen werden müssen, um eine positive Weiterentwicklung zu ermöglichen. Der Untergang des geheimnisumwitterten Atlantis fällt unter Umständen in eine solche »kleine Auflösung«, ebenso die »Sintflut«.

Anders, als es viele Katastrophenpropheten sagen, soll der bevorstehende Umbruch in ein neues »Goldenes Zeitalter« diesmal aufgrund der relativen Bewußtseinsentwicklung verhältnismäßig vieler Menschen nicht mit so gewaltigen Veränderungen und Auflösungen einhergehen.

Vier innere Ebenen und fünf geistige Regionen

Dieser kleine Exkurs ist für Leserinnen und Leser gedacht, die weitere Einzelheiten erfahren möchten. Wir haben es mit einer irdischen Ebene »unten« und »außen« sowie mit vier höheren und inneren Ebenen zu tun. In diesen vier inneren Ebenen unterscheidet man fünf Regionen.

Fünfte Region: Sach Khand, Sat Lok, Sat Desh
Damit wird die »wahre Heimat der Seele« beschrieben.

Das hier charakteristische Licht ist das von Hunderttausenden von Sonnen; die vorherrschende Sphärenmusik dieser Region soll jener von Dudelsack und Veena am ehesten vergleichbar sein.

Licht und Ton sind die ersten feinstofflichen Ausdrucksformen der formlosen Gotteskraft. Das innere Licht ist schattenlos – im Gegensatz zum materiellen Licht von Sonne, Kerze oder Glühbirne, die alle Schatten werfen. Alle irdischen Musikinstrumente sind übrigens, wie es heißt, Versuche, die innere echolose und ewig erklingende Musik auf der irdischen Ebene nachzubilden. Obwohl die Kraft des inneren Lichts und Tons immer dieselbe ist, zeigen sich beide Formen unterschiedlich, je nach »Färbung« durch den Zustand der jeweiligen Region. Zum Verständnis könnte man folgenden Vergleich benutzen: Wenn Licht durch ein Prisma fällt, sehen wir die Regenbogenfarben; wenn es durch einen Blaufilter fällt, nur Blau.

Das fünfte Paßwort oder Kennwort, das von einem »Meister-Reiseführer« bei der Einweisung in die inneren Regionen gegeben wird und die in dieser Region herrschende Kraft bezeichnet, gewährt hier Einlaß.

Vierte Region: Banwar Gupha
Diese Region wird esoterisch auch »Region der großen Leere«, »rotierende Höhle« oder der »Lichtstrudel« genannt.

Eine helle Mittagssonne und der Klang der Flöte sind im inneren Erleben typische Kennzeichen dieser Region.

Das Durchqueren dieser Region wird mit Hilfe des vierten Kennworts möglich, das dem Namen der herrschenden Kraft dieser Region entspricht.

Dritte Region: Daswan Dwar
Das »zehnte Tor«, so die Übertragung des indischen Begriffs, bezeichnet esoterisch einerseits das dritte Auge, die einzige Körperöffnung (von zehn), durch die unsere Energien sich nach innen und oben richten können. (Die anderen neun sind Augen, Ohren, Nase, Mund und Geschlechts- sowie Ausscheidungsorgan.) Andererseits heißt es aber auch, daß die zweite Region, Trikuti, neun offene Tore besitze, die spirituell nicht weiterführten. Das zehnte Tor, das den Durchgang in die höheren Regionen erlaubt, ist der Seele so lange verschlossen, bis es von einem Meisterheiligen für sie geöffnet wird.

Der Schein des Mondes gilt als das charakteristische Licht, der Klang der Violine als charakteristische Musik.

Das Durchqueren wird mit Hilfe des dritten Kennworts möglich, das die herrschende Kraft dieser Region nennt.

Diese dritte sowie die folgende zweite innere »Erlebnisregion« gehören beide zur sogenannten Kausalebene.

Zweite Region: Trikuti
Der Sanskrit-Begriff bezeichnet eine Dreiheit. Im Osten wird die sogenannte »Dreieinigkeit« manchmal als Hinweis auf diese Region angesehen.

Das typische Licht ist die rote, aufgehende Sonne, der typische Klang der von Donner oder Trommeln.

Mit Hilfe des zweiten Kennworts, dem Namen der herrschenden Kraft dieser Region, gelingt das Durchqueren dieser Region.

Erste Region: Sahansdal Kanwal
Das ist der »tausendblättrige Lotus«, dessen innerer Widerschein auf unserer Ebene manchmal fälschlicherweise als »Leuchten eines siebten Chakras« gedeutet wird.

Als typisches Licht gilt Kerzenlicht, typische Klänge sind die von Glocken und Muschelhorn.

Das erste Kennwort, nämlich der Name der herrschenden Kraft dieser Region, erlaubt das Durchqueren dieser Region.

Kehren wir zur Akasha-Chronik zurück. Sie soll nun nicht, wie auch ich einige Zeit meinte, in der dritten Ebene, der Kausalebene, angesiedelt sein, sondern in der vierten Ebene, der Superkausalebene. Erst dort erlangt man demnach, wie der Wissenschaftler und Meditationsmeister RAJINDER SINGH bei einem kürzlichen Besuch in Chicago (um eben diese Frage zu klären) unterstrich, Einblick in frühere und zukünftige Leben. Erst mit dem Durchqueren dieser Ebene ist man von allen karmischen Bindungen gelöst. Und ohne die Lösung von groben und feinen Ich-Verhaftungen nutzen auch alle vermeintlichen Wunder- oder Zauberkräfte (die in der untersten Ebene der Astralebene angesiedelt sind) nichts.

Wie könnte man (ohne »Meister-Reiseführer«) zur Karmaauflösung und in die hehren Höhen der Akasha-Chronik gelangen? Gelingt das überhaupt?

Methoden der Innenschau

Zahlreiche Techniken bieten sich zur Öffnung der Innenschau, zur Kontemplation und Meditation an. Manche entstammen Entdeckungen der modernen Psychologie, andere sind uraltes Weisheitsgut mystischer Wege oder von »Exerzitien« im Rahmen religiöser Traditionen. Überlegen wir gut, ob und inwieweit uns die verschiedenen Methoden – ebenso die vielen hier nicht aufgezählten – in wirklich hohe Höhen führen können.

Rauschmittel

Der Genuß von Mitteln, die sogenannte »Bewußtseinsdrogen« enthalten (Peyote – so wird der in Scheiben geschnittene oberirdische Pflanzenteil einer Kakteenart bezeichnet, Hanf und so fort), führt häufig zu Rauschzuständen, in deren Verlauf ein inneres Bilderleben stattfindet. Der entscheidende Nachteil solcher Präparate besteht – neben medizinischen, moralischen und karmischen Bedenken – darin, daß die Bilderflut chemisch ausgelöst wird, also unfreiwillig erfolgt und meistens nicht steuerbar ist. Man wird mit der eigenen Person zur Projektionsfläche von Bewußtseinsimpulsen, Eindrücken, Symbolen, Gestalten, Szenen, die außen- oder fremdbestimmt erscheinen. Statt bewußt und dauerhaft bewußter zu werden, werden wir unbewußter, weil wir nicht willentlich »ein-« oder »aussteigen« können. Die meisten der auf diese Weise erzeugten Bilder stammen im übrigen aus Schichten des Unbewußten oder des Unterbewußtseins. Seltener stellen sich echte Einblicke in die Astralebene ein – die ja ohnehin noch nicht sehr viel spiritueller als die irdische Ebene ist.

Psychologische Ansätze

In der Psychologie und besonders in neuen Therapieformen steht eine Fülle von Techniken zur Verfügung, die innere Bilder auslösen.

Die Deutung von Träumen, früher die Aufgabe von Sehern und Schamanen, ist seit SIGMUND FREUD und CARL GUSTAV JUNG eine eigenständige wissenschaftlich betriebene Disziplin geworden. Archetypen und Symbole, die auftauchen mögen, gelten als Ausgangspunkte der Interpretationen.

Das »katathyme Bilderleben« ist eine andere Methode der Erzeugung von Innenbildern. Ausdruckszeichnen, der berühmte Rorschachtest (er umfaßt die Deutung von Tintenkleckstafeln), aber auch neuere Formen, wie »Rebirthing-Prozesse« und gruppendynamische Prozesse, führen meist zum Bilderleben.

Die entscheidende Frage lautet: Von welcher Ebene gehen diese Bilder aus? Die Psychologie ist üblicherweise keine »Seelenkunde« im spirituellen Sinne, sondern befaßt sich mit der Psyche, mit Schichten des Gemüts. Dementsprechend ist ihr Blick auf jene Dimensionen gerichtet, in welchen die Psyche sich entfaltet. Und das sind nicht die rein geistigen Ebenen, sondern physische, emotionale, intellektuelle Schichten, die zwar durchaus unbewußt beziehungsweise unterbewußt sein mögen, aber dennoch nicht in der Sphäre des Göttlichen im Menschen beheimatet sind.

Es gilt auch hier: Man kann nur finden, wonach man sucht! Das heißt übrigens nicht – um einem Mißverständnis vorzubeugen –, daß die Psychologie nicht immer dann empfehlenswert wäre, wenn sie Menschen hilft, gesünder, bewußter und ganzheitlicher zu werden. Nur sollte man sie nicht in der Rolle einer neuen Religion sehen, da sie die transpersonalen Sinnfragen des Selbst ja meist ausdrücklich ausklammert und sich statt dessen der Harmonisierung der Ich-Ebenen widmet.

Eine bemerkenswerte Ausnahme stellt die Logotherapie nach VIKTOR FRANKL dar, die sich ausdrücklich als »sinnzentrierte Psychotherapie« versteht. Sie geht davon aus, daß ohne bewußt empfundenen und gelebten Sinn dauerhafte Heilung nicht möglich ist. Deshalb stellt sie die Sinnfindung in den Mittelpunkt ihres therapeutischen Vorgehens.

Reinkarnationssitzungen

Wir wissen vor allem aus asiatischen Kulturkreisen von Berichten über spontane Rückerinnerungen an frühere Leben. Konkrete Erinnerungen an und eindeutiges Wiedererkennen von Menschen, Gegenständen, Vorlieben und Situationen sind im tibetischen Buddhismus bekanntlich der Prüfstein für die Ausrufung von Kindern, manchmal sogar im Kleinkindalter, zu Wiederverkörperungen hoher Lamas.

Seit THORWALD DETHLEFSEN, CHRIS GRISCOM und BRYAN JAMIESON sind sogenannte »Reinkarnationssitzungen« bei uns im Westen sehr populär geworden. Früher oft unter Hypnose, heute fast immer ohne Hypnose, öffnen die Klienten sich – unterstützt durch bestimmte körperliche und mentale Hilfen – für inneres

Erleben, das nahezu jedesmal von geistigen Bildern ausgeht, emotionale Wirkungen auslöst und manchmal von unmittelbaren Körperreaktionen begleitet wird.

Aufgrund zahlreicher eigener Erfahrungen mit solchen Sitzungen und aufgrund bald unzähliger Gespräche kann ich zweierlei dazu sagen: Oft genug sind solche Sitzungen sehr hilfreich, um an bestimmte schwierige Lebensthemen heranzukommen, um in Form von Bildern und »Geschichten« aktuelle Lebensprobleme zu erkennen und besser zu verstehen. Insofern begrüße ich sie. Falls damit allerdings die Ansicht verbunden wäre, daß es sich bei diesen »Wiedergeburten« um konkrete und historisch »wahre« frühere Leben handle, so müßte ich die allergrößten Zweifel anmelden. Denn selten genug stimmen in solchen Sitzungen die Erlebnisse zweier Partner, die einander in einer konkreten historischen Epoche erlebt haben wollen, überein.

Ich halte diese Eindrücke und Anstöße für therapeutisch häufig sehr bedeutsam. Einen Zugang zur Akasha-Chronik stellen sie mangels unserer Fähigkeit, die Astral-, die Kausal- und die Superkausalebene bewußt zu durchschreiten, offensichtlich nicht dar. Chris Griscom hat übrigens einen neuen Ausdruck für diese Sitzungen gesucht und gefunden: »Multidimensional Experiences« (auf deutsch etwa »multidimensionale Erfahrungen«).

Gebet, Exerzitien

Gebete aus der Tiefe des Herzens, ein zumindest zeitweiser Rückzug in die Stille sowie bestimmte Exerzitien (zu denen ich auch den Tanz der Derwische zähle) führen mitunter zu religiösen Visionen, die von einer Wirklichkeit jenseits der personalen Psyche und der kollektiven Archetypen und auch jenseits der astralen Zwischenbereiche künden.

Meditation, Satsang

Durch spirituelle Meditation sowie spirituelle Zusammenkünfte wird Karma aufgelöst. Meditation und Satsang (das heißt wörtlich »Gemeinschaft mit der Wahrheit«) sind »Neh-Karma«, also

Nichtkarma. Auch diese Aussage kommt aus berufenem Munde, von RAJINDER SINGH. Er erzählte dazu eine Geschichte von Guru Nanak.

Ein ausbeuterischer Geldverleiher war in ein abgelegenes Dorf gekommen und hatte armen Landarbeitern die letzten Pfennige abgepreßt. Er war schwer beladen mit seinem Reisegepäck und seinen vielen Schuldenbüchern und suchte nach einem Träger für den Heimweg in sein eigenes Dorf. Es fand sich jedoch niemand, zu unbeliebt hatte er sich durch seine unmenschlichen Praktiken gemacht und zu gering sollte der angebotene Lohn sein.

Ein alter Mann sprach ihn schließlich an und sagte: »Ich kann dir deine Siebensachen nach Hause tragen, unter einer Bedingung: Du mußt mir während der Wegstrecke von Gott erzählen, das darf der einzige Gesprächsgegenstand sein.« Der Geldverleiher antwortete, daß er nichts von Gott wisse und deshalb auch nicht über ihn sprechen könne. Der alte Mann erwiderte: »Dann mußt du mir während des Rückwegs zuhören, wenn ich über Gott erzähle.« Der Geldverleiher war es zufrieden und dachte sich, daß ihm selten ein so gutes Geschäft gelungen wäre. Nach etwa einer Stunde, während der der alte Mann über Gott und die Seele, über den wahren spirituellen Sinn des Lebens und den Weg des Menschen zurück zu Gott gesprochen hatte, kamen sie am Hause des Geldverleihers an. Der alte Mann sagte zu ihm zum Abschied: »Lieber Freund, du hast nun eine gute Stunde Worte der Wahrheit gehört. Du wirst in wenigen Tagen von der Erde abberufen und vor den Richter geführt. Er wird dich fragen, ob du den Lohn dieser guten Stunde zuerst und danach den Lohn deines Erdenlebens haben möchtest oder umgekehrt. Antworte ihm, daß du zuerst den Lohn der einen guten Stunde genießen willst, und unternimm weiter nichts.« Damit ging er vondannen. Der Geldverleiher dachte bei sich, wie wunderlich der alte Mann doch gewesen sei – erst hatte er über Gott gesprochen, so, als wäre er mit ihm bekannt, und nun wollte er ihn sogar glauben lassen, daß er wüßte, wann er sterben werde.

Einige Tage später wurde der Geldverleiher schwer krank und verschied. Er erlebte, daß er vor einen allwissenden und unbestechlichen Richter geführt wurde, der ihm die ganze Litanei

seiner unmenschlichen Verhaltensweisen vorhielt. Der Geldverleiher sah, daß er sich selbst die entsprechende harte »Belohnung« erwirkt hatte. Der Richter erwähnte dann die eine Stunde,
die er kurz vor seinem Tode einem weisen Manne zugehört
hatte, der über den Sinn des Lebens sprach. Wollte der Geldverleiher die Belohnung für diese eine Stunde zuerst oder nach dem
Durchleben seiner anderen Konsequenzen genießen? Der Geldverleiher erinnerte sich an den Rat des alten Mannes und ent-
schied sich, die Belohnung sofort zu erleben.

Der Richter teilte ihm mit, daß die Belohnung, die er sich erwirkt habe, in einer Stunde Aufschub bestünde, die er in Gegenwart eines Heiligen verbingen dürfe. Daraufhin erschien zum
großen Erstaunen der alte Mann vor dem Richter und holte den
Geldverleiher ab. Er brachte ihn in einen Kreis von Seelen, in dem
er – der alte Mann – als Lehrer von Gottes Kraft und Gnade und
von den Entwicklungsmöglichkeiten der Seele sprach.

Nach einer guten Stunde erschien der Richter in diesem Kreis
und wollte den Geldverleiher abholen, um ihn nun die Früchte
seiner sonstigen Lebenstaten spüren zu lassen. Der Geldverleiher
erinnerte sich daran, daß er selbst nichts unternehmen sollte,
und blickte den alten Mann an. Dieser wandte sich an den Richter und sagte: »Nun hat der Geldverleiher wiederum eine gute
Stunde lang Gesprächen über die Wahrheit zugehört, also ver-
dient er erneut eine Stunde Aufschub als Belohnung dafür.«

Die Moral der Geschichte ist klar. Selbst oder besser gerade weil
wir aus eigener Kraft nicht sehr viel vermögen, ist es auf unge-
ahnte Weise hilfreich, bewußteren und höher entwickelten Seelen, Lehrern, Meistern, Heiligen oder Weisen, zuzuhören und
das, was sie zu sagen haben, in der Kontemplation oder Meditation zu vertiefen.

Positive Mystik

Mystiker, die das Körperbewußtsein überschreiten und sich nicht
von den Verlockungen der Astral-, Kausal- und Superkausalebene gefangennehmen lassen, haben Zugang zur Akasha-Chro-

nik. Sie lesen im Buch des Schicksals, soweit sie dies für notwendig und zweckmäßig halten. Sie sehen allerdings auch ohne die Innenschau in jedem Menschen, der ihnen begegnet, welche unerfüllten Wünsche und Triebe, welche althergebrachten Sehnsüchte und Anschauungen ihn bewegen.

Sie haben sich selbst als das erkannt, was sie sind: liebevolle Seele, reiner Geist, lichtes Bewußtsein. So sind sie in der Lage, ihren Weg vom Ursprung hinaus in die Schöpfung und wieder zurück nachzuvollziehen, wenn sie auf der entsprechenden Ebene »nachlesen«.

Aufforderung zur kritischen Distanz

Vielleicht kennen Sie die Geschichte von den Blinden, die in einen Zoo gehen. Sie dürfen alle einen zahmen Elefanten streicheln, der eine das Ohr, der andere ein Bein, der dritte den Rüssel. Alle erzählen hinterher, wie der Elefant »aussehe«, alle berichten so getreulich wie möglich, und dennoch weiß keiner, wie der Elefant wirklich aussieht.

Vielleicht ist Ihnen ein Beispiel aus der Zeit der Entdeckungsfahrten näher. Kolumbus schiffte sich mit dem Ziel Indien ein und landete in Mittelamerika. So wurden aus Indern Indianer. Wie widersprüchlich müssen alle Berichte über Entdeckungsfahrten in unbekannte Erdteile sein, solange man kein Gesamtbild besitzt.

Von einem blinden indischen König, der spirituell weit entwickelt war, wird berichtet, daß er einhundert Leben weit in seine Vergangenheit zurückblicken konnte und dennoch keinerlei Ursache für seine jetzige Blindheit »sah«. Daran wird deutlich, daß es gar nicht so einfach ist, auch nicht für tatsächlich oder vermeintlich hochentwickelte Seelen, die Akasha-Chronik tatsächlich einzusehen.

Man hört so allerlei von manchen Menschen, die sich als befähigt und befugt ausgeben, daß sie Einsicht in dieses »Goldene Buch« gleichsam »aus dem Ärmel schütteln« könnten. Ich gebe dazu zu bedenken, daß es sehr fraglich ist, ob ein vielleicht wirklich möglicher kleinster Teileinblick die Wahrheit eines Lebens sinnvoll beleuchten kann oder nicht eher zu Mißverständnissen, Irrtümern und Täuschungen führt.

Manche unter uns mögen den einen oder anderen Lichtblick erfahren, eine Eingebung, eine Ahnung oder sogar das Körperbewußtsein teilweise überschreiten. Und dann mögen sie einen gewissen Ausschnitt der inneren Welten wahrnehmen und vielleicht sogar einen Teil der Akasha-Chronik sehen. Aber man muß schon sehr weit fortgeschritten sein, um sein eigenes Leben in allen Einzelheiten der Vergangenheit, Gegenwart und womöglich Zukunft zu überblicken und zu verstehen. Um wieviel schwieriger wäre das für andere.

Wer sein Schicksal verstehen möchte, wer aus seiner Vergangenheit zu lernen bereit ist, wer seine Gegenwart bewußt zu gestalten versucht, um eine wahrhaft menschenwürdige Zukunft im universellen Bewußtsein zu erlangen, der muß über die Ebene hinausgehen, die man verstehen möchte. Vorher ist eine richtige Sicht nicht möglich.

Ohne ein Überschreiten der Ebene der irdischen Sinne, ohne ein Abstreifen von feinstofflichen Verhaftungen, ohne eine Lösung von feinsten Ideenimpulsen – also ohne ein Ablegen der gröberen und feineren Körperhüllen oder Bedeckungen unseres innersten Wesens – ist eine bewußte Teilhabe am schöpferischen Plan unmöglich. Echte Selbsterkenntnis ist Vorbedingung zur Erfahrung der Akasha-Chronik und der karmischen Lebensbedingungen.

Im nächsten Kapitel wird ein solcher Weg aufgezeichnet.

7

Das Wunder der Seele

Die Wissenschaft von der Spiritualität als praktischer Weg zu Selbstverwirklichung und Welterkenntnis

> »Wir gehen durch das Leben,
> den Blick nach außen gewendet.
> In uns aber leben die Wunder der Seele,
> und wir wissen nichts davon.«
> MAX BIRCHER-BENNER

Was ist in Ihrem Leben für Sie wichtig? Vermutlich Gesundheit und daß der Lebensunterhalt für die Familie gesichert ist. Bestimmt wünschen Sie sich Harmonie und Lebensfreude. Vielleicht ist Ihnen wichtig, daß Sie sozial oder künstlerisch tätig sind. Als Eltern liegen Ihnen Ihre Kinder und deren Entfaltung am Herzen.

Möglicherweise denken Sie dann und wann über den Tod nach – zum Beispiel bei Beerdigungen von nahestehenden Menschen oder wenn einer Ihrer Lieben schwer erkrankt ist. Wahrscheinlich gewinnen Sie dann eine neue Perspektive über das, was im Leben wichtig ist, und jenes, was weniger Bedeutung besitzt. Sie überlegen, was die Zukunft wohl noch bringen wird und welchen Lebenssinn der einzelne finden mag.

Wenn wir eine Prioritätenliste anfertigten, welche drei, vier oder mehr Punkte stünden bei Ihrer Aufstellung obenan? Glück? Kreativität? Liebe? Dienst? Lösung von Angst? Weisheit? Überwindung des Todes? Heimkommen? Seligkeit? Selbsterkenntnis? Gotterfahrung? Oder anderes?

Wie ließen sich solche Ziele erreichen? Kann man sie überhaupt erreichen? Läßt sich die schwierigste Herausforderung des menschlichen Loses, der erzwungene, zumindest vorübergehende oder sogar endgültige Abschied aus der irdischen Welt, der physische Tod, »annehmen«, »lösen« oder gar » besiegen«?

Können wir die Sinnursache unserer Geburt und den Sinnauftrag unseres Lebens verstehen und verwirklichen? Ist es uns möglich, daß wir begreifen, wie der gordische Knoten zwischen offensichtlicher eigener Verantwortung und anscheinend auferlegten Schicksalswendungen entstanden ist, so daß wir ihn vielleicht eines Tages entwirren können?

Wird es uns möglich sein, unser Bewußtsein so weit zu öffnen, zu schulen und zu entfalten, daß wir sowohl die irdischen als auch die transzendenten Geheimnisse entschlüsseln? Werden wir je in der Lage sein, die Rätsel um Karma und Chaos, um den freien Willen und kosmische oder göttliche Bestimmung zu erklären?

Stellen wir überhaupt die richtigen Fragen? Bedienen wir uns der richtigen Mittel, um sie zu beantworten?

Eine uralte Wissenschaft, die in Indien als »Sant Mat«, als der »Weg der Meister«, bekannt ist und im ausgehenden Mittelalter von KABIR wiederbelebt und gleichsam erstmals öffentlich gelehrt wurde, befaßt sich mit genau diesen Fragen und bietet darauf sehr praktische, selbst nachvollziebare und erfahrbare Antworten an. In der heutigen Zeit nennt man diesen Weg die »Wissenschaft von der Spiritualität«.

Lassen wir einen Meister dieser Wissenschaft zu Wort kommen: DARSHAN SINGH, der 1989 in die Ewigkeit zurückkehrte, aus der er gekommen war, um uns suchenden und oft genug umherirrenden Seelen ein Licht auf dem Weg zu Menschwerdung und Gotterfahrung zu sein.

»Der menschliche Körper ist die goldene Gelegenheit, die uns gegeben wurde, Gott zu erkennen und Unsterblichkeit zu erlangen. Unsere Geburt in diese Welt wurde gefeiert. Wenn wir das Mysterium des Lebens und des Todes während unseres Lebens lösen können und ›zu sterben lernen, so daß wir wieder zu leben beginnen‹, dann wird auch die Zeit des Todes eine Zeit der Freude.

Deswegen ist es dringend notwendig, daß wir das Mysterium des Lebens und des Todes sorgfältig überdenken, ebenso die Reise, die uns bevorsteht. Wenn wir uns doch sogar für kleinere Reisen sorgfältig vorbereiten – uns um Klima und Kleidung, Sprache und Zahlungsmittel, Transportfahrzeuge und Reiseführer kümmern –, warum ignorieren wir dann die größte Reise in unserem Leben?

Die Heiligen und Seher haben immer wieder betont, daß wir für die Reise von diesem Leben in das andere vorbereitet sein müssen. Wir können nichts aus der Welt dahin mitnehmen. Einzig die positiven und göttlichen Eigenschaften, die wir in unserem Leben entwickelt haben, begleiten uns.

Wir müssen uns bewußt sein, daß auch unsere Zeit einmal kommt. Wer weiß, wann wir diese Reise beenden und eine neue beginnen? Haben wir nicht schon genug des kostbaren Kapitals [der Lebenszeit] vergeudet, das uns bewilligt wurde? Laßt uns daher die Zeit, die uns verbleibt, bestmöglich nutzen. Wenn wir lernen, uns über das Körperbewußtsein zu erheben, können wir uns auf die letzte Umwandlung vorbereiten.

Eine vergleichende Studie der Religionen und Yoga-Wege zeigt, daß alle in einem übereinstimmen: Wir müssen lernen zu sterben, während wir leben, um ewiges Leben zu erlangen. Die Frage ist, wie man eine solche transzendente Erfahrung – von der inzwischen auch Mediziner und Psychologen im Rahmen von ›Nahtoderlebnissen‹ berichten – erhalten kann. Und wie kann man die innere Reise danach bis zum Ziel während des Lebens fortsetzen?

Alle Religionen, Yoga-Wege und spirituellen Pfade lehren, wie diese Reise zurück zum Selbst und dann zu Gott erfolgen kann. Es ist nicht so, daß Gott nur auf einem Weg erreicht werden kann. Man kann auf vielen Wegen zu Ihm kommen, und jeder Weg hat seine Vorzüge. Alle Wege führen zu Gott, es geht aber darum, daß wir am besten die ganze spirituelle Lebensreise in dieser einen kurzen Lebensspanne zurücklegen sollten, um zu Gott zu gelangen.

Die Grundprinzipien der Spiritualität sind ewig und ändern sich nicht im Lauf der Zeiten. Aber in diesem modernen Zeitalter brauchen wir besondere Hilfen und ›Abkürzungen‹, um das Ziel der Selbsterkenntnis und der Gotterkenntnis zu erreichen. Wir suchen auch im Bereich der Spiritualität den kürzesten und zuverlässigsten Weg.

Mit Rücksicht auf unsere Schwächen und unser kurzes Leben in diesem [eisernen] Zeitalter lehrten die Pioniere von Sant Mat eine Methode, welche die Prüfungen und Härten anderer Wege umgeht. Früher weitverbreitete Yoga-Arten erforderten lang andauernde Meditationen, bevor das letzte Ziel erreicht war. Zur Zeit der Renaissance in Europa gab es in Indien zwei große Meister, Guru Nanak und Kabir, die einen ›schnellen‹ Weg der Spiritualität lehrten: Sant Mat, den Pfad der Meister.

Nach der grundlegenden Theorie von Sant Mat wirken in unserem Körper zwei Ströme: der motorische und der sensorische Strom. Der motorische Strom steht in Zusammenhang mit dem Wachstum der Haare, der Nägel, mit Atmung, Verdauung und Kreislauf. Auf einigen Yoga-Wegen wird versucht, den motorischen Strom durch Atemübungen und Körperhaltungen (Pranayamas und Asanas) zu beherrschen. Die Pioniere von Sant Mat verzichten auf die Methoden der Atembeherrschung. Sie behaupten nicht, daß der Weg der Atemkontrolle falsch sei, sie sagen nur, daß dies ein unnötig langwieriger und beschwerlicher Weg sei.

Die Meister von Sant Mat befassen sich nur mit dem sensorischen Strom. Dieser Strom macht uns die Sinneswahrnehmung und Empfindung des Fühlens möglich. In der Meditation soll der sensorische Strom aus dem Körper zum Sitz der Seele am ›dritten Auge‹ oder ›Einzelauge‹ zurückgezogen werden, damit wir uns über das Körperbewußtsein erheben. Dann können wir das sogenannte ›Jenseits‹ betreten, die höheren Ebenen durchqueren und Selbsterkenntnis und Gotterkenntnis erlangen.

Diesen Vorgang, sich über das Körperbewußtsein zu erheben, nennen die Mystiker ›Sterben während des Lebens‹. Es ist der gleiche Vorgang wie zur Zeit des physischen Todes, wenn sich der sensorische Strom aus dem Körper zurückzieht. Der Unterschied besteht nur darin, daß die Silberschnur, die Seele und Körper verbindet, während der Meditation nicht zerreißt und wir willentlich in den Körper zurückkehren können. Wenn wir unser spirituelles Ziel erreichen wollen, müssen wir lernen, uns über das Körperbewußtsein zu erheben, und das ist möglich, wenn wir unsere Aufmerksamkeit während der Meditation nach innen wenden.

Früher begann der Rückzug vom Körperbewußtsein oft an den unteren Kraftzentren [Chakras], und man mußte sich mühevoll heraufarbeiten zum letzten Punkt der Trennung des Bewußtseins vom physischen Körper. Dieser Punkt befindet sich zwischen und hinter den beiden Augenbrauen und wird ›Sitz der Seele‹ genannt. Er heißt auch ›stiller Punkt‹, ›drittes Auge‹, ›Einzelauge‹, ›Tisra Til‹, ›Shiv Netra‹, ›Divya Chakshu‹ oder das ›zehnte Tor‹ [die anderen neun Tore sind Augen, Ohren, Nase, Mund, Sexual- und Ausscheidungsorgane, durch welche das Bewußtsein aus dem Körper heraus in die Welt der Formen tritt, während das zehnte Tor nach innen führt].

Viel Zeit und Anstrengung sind erforderlich, um von den unteren Zentren zum Sitz der Seele aufzusteigen. Deswegen beginnen die Heiligen der neueren Zeiten gleich mit dem höchsten Punkt. Ihre grundlegenden Anforderungen an unsere Lebensführung bleiben dieselben, aber sie zeigen uns den eindeutig kürzesten Weg, der möglich ist. Sie fordern uns auf, den Sprung zum Zentrum der Seele zu machen.

Nach den Erkenntnissen der ›Wissenschaft von der Spiritualität‹ ist Aufmerksamkeit die Grundlage von Meditation. Die Meister zeigen uns, wie man die Aufmerksamkeit, welche der äußere Ausdruck der Seele ist, mit einer Kraft im Inneren verbindet, die in allen Religionen auftaucht und als jene Kraft bezeichnet wird, die von Gott ausgeht und wieder zu ihm zurückführt. Diese Kraft äußert sich in zwei Formen, als schattenloses ewiges Licht und als beseligender Tonstrom.«

Das *Johannesevangelium* nennt diese Kraft das »Wort« oder »Logos«, in den Sikh-Schriften spricht man von »Shabd« und »Naam«, im Hinduismus benutzt man die Begriffe »Bani« und »Nad«, im Islam heißt es unter anderem »Kalam«, die griechischen Mystiker sprachen von der »Sphärenmusik«, und die russische Theosophin HELENA PETROWNA BLAVATSKY nannte diese Kraft »Stimme der Stille«.

In den Kirchen, Tempeln und Moscheen finden sich äußerliche Darstellungen dieses inneren Lichts, und zwar in Form von Kerzenlicht, brennenden Öllampen und dergleichen mehr. Wir hören dort auch Glockenschlag, Muschelhornklänge, Trommelschläge und andere Töne, die an die innere Musik erinnern sollen.

Selbst die Form der Gebäude, welche zur Einkehr in die Stille und zur Andacht dienen, ähneln der gewölbten Form des menschlichen Hauptes. Nicht von ungefähr heißt es, »Wisset ihr nicht, daß ihr der Tempel Gottes seid und der Geist Gottes in euch wohnt?«

Aber lassen wir Darshan Singh weitersprechen.

»Wenn wir unsere Aufmerksamkeit am Sitz der Seele sammeln, hören unsere nach außen gerichteten Sinne auf zu arbeiten, wir sind zeitweise für die Welt ›gestorben‹, aber innen leben wir.

Für diese Praxis ist keine schwierige Haltung notwendig. Wir sitzen in einer Haltung, die uns bequem ist und in der wir keine Spannungen im Körper haben. Dann schauen wir intensiv und liebevoll in die Dunkelheit, die vor uns liegt, ohne Augen oder Stirne anzuspannen. Wir müssen vollkommen entspannt, aber gleichzeitig hellwach sein und die Aufmerksamkeit intensiv auf den Sitz der Seele hinter den beiden Augen richten. Bei der Initiation [das ist die vollständige kostenlose Meditationseinweisung durch den kompetenten Lehrer oder Meister dieses Wegs] übermittelt der Meister dem Schüler fünf geladene Namen, die man langsam, in kurzen Abständen, in Gedanken wiederholt, so daß sie den inneren Blick nicht stören. [Nichtinitiierte können auch einen ihnen willkommenen Namen Gottes verwenden.]

Diese fünf vom Meister mit seiner eigenen Aufmerksamkeit wirksam geladenen Namen haben die Kraft, das Gemüt zu beruhigen und der Seele zu helfen, sich vom Körperbewußtsein zu lösen und sich in die höheren inneren Regionen zu erheben.

Wenn wir uns zum Sitz der Seele am Augenbrennpunkt zurückziehen, sehen wir innen das Licht Gottes. Das innere Licht wird vielleicht zu Beginn nicht so strahlend erlebt, aber wenn man fortschreitet und höher aufsteigt, wird es immer strahlender. Wir versenken uns dann immer stärker in das Licht und gehen durch den inneren Mond, die Sonne und die Sterne, bis wir die strahlende Gestalt unseres Meisters im Inneren erreichen. Der Gestalt des Meisters zu begegnen ist der größte Segen, denn das von Natur aus unruhige Gemüt wird dadurch ganz sicher beruhigt. Wenn wir die höheren spirituellen Ebenen durchqueren, wird uns große Berauschung, Glückseligkeit und Frieden geschenkt, bis wir unser höchstes Ziel erreichen, das Aufgehen in Gott.

Die zweite Art der Meditation, die uns die Meister von Sant Mat lehren, ist die Verbindung mit dem inneren Ton. Wenn man die Aufmerksamkeit am Augenbrennpunkt konzentriert hält, kann man dem Tonstrom lauschen, der zuerst von der rechten Seite zu kommen scheint. Der Ton wird schließlich lauter und lauter und zieht den Geist mehr und mehr nach oben. Diese göttlichen Klänge bezaubern die Seele und ziehen sie an, mit dem Ergebnis, daß Gemüt und Sinne beruhigt werden und der Geist sich erhebt.

Sie führen uns von einer spirituellen Ebene zur nächsten, bis wir die wahre Heimat der Seele erreichen. Hat die Seele einmal die letzte Stufe erreicht, so ist ihr Erlösung sicher und der Kreislauf der Geburten und Tode beendet.

Das ist der erhabene Sinn unseres Lebens, den man mit Hilfe eines lebenden Meisters in diesem Leben verwirklichen kann. Durch die tägliche Übung wird die innere Erfahrung vom Licht und Ton Gottes erweitert, bis man das Körperbewußtsein übersteigen und willentlich wieder zurückkehren kann. Je mehr Zeit man für die spirituellen Übungen einsetzt, um so leichter wird es, sich willentlich vom Körper zurückzuziehen.

Die Meister der ›Wissenschaft von der Spiritualität‹ fordern uns nicht auf, die Welt zu verlassen und eine Höhle aufzusuchen; sie erwarten keine asketischen Übungen und Praktiken, die nur von wenigen durchgeführt werden könnten. Der Pfad, den sie anbieten, ist der einfachste, der kürzeste und der natürlichste, um das spirituelle Ziel zu erreichen.«

Das waren bearbeitete und kommentierte Auszüge aus dem Kapitel »Der kürzeste Weg zur Spiritualität« aus dem Buch *Spirituelles Erwachen* von DARSHAN SINGH; siehe Literaturhinweise.

Mit dem derzeitigen Meditationsmeister und Lehrer der »Wissenschaft von der Spiritualität«, RAJINDER SINGH, hatte ich Gelegenheit, am Rande der Weltreligionskonferenz in Delhi im Februar 1994 ein längeres Gespräch zu führen. Rajinder Singh ist ein indisch-amerikanischer Ingenieur und Wissenschaftler, der an einer der international angesehensten Forschungseinrichtungen an Computerprogrammen zur Spracherkennung und anderen Aufgaben erfolgreich gearbeitet hat. Er wuchs unter der geistigen Obhut zweier großer Mystiker auf, KIRPAL SINGHS und seines Vaters, Darshan Singh, der als Urdudichter große Anerkennung fand.

Nach dem Weggang seines Vaters übernahm Rajinder Singh den Auftrag, dessen Mission fortzuführen und Menschen weltweit die Botschaft der »positiven Mystik« nahezubringen. Er setzt sich besonders dafür ein, daß immer mehr Menschen den Nutzen einer harmonischen Entfaltung ihrer physischen, mentalen und spirituellen Fähigkeiten erfahren. Dabei widmet sich der verheiratete Vater zweier Kinder vor allem der Lehre von überkonfessionellen Meditationsweisen, die inneren Frieden und äußere Kraft bewirken. Rajinder Singh fungiert auch als derzeitiger Präsident der Weltgemeinschaft der Religionen. Für seine stets ehrenamtliche Arbeit wurde er international mit Friedenspreisen und parlamentarischen Anerkennungen geehrt.

Rajinder Singh verbindet die mystische Tradition des Ostens mit der wissenschaftlichen Denkweise des Westens.

Meine Frage an ihn lautete: »Der Franziskanerpater MAXIMILIAN MIZZI sprach davon, daß der Mensch den freien Willen besitze, entweder Gutes oder Schlechtes zu tun. Andererseits haben wir das Konzept des Karmas, der Vorprägung des Gemüts durch Eindrücke aus früheren Leben. Manchmal heißt es in der ›Wissenschaft von der Spiritualität‹, das Karma habe einen Anteil von ungefähr fünfundsiebzig Prozent, der freie Wille nehme fünfundzwanzig Prozent ein.

Wie kann ich als ›normaler‹, sterblicher Mensch erkennen, was freier Wille und was Karma ist, ob es sich im Leben um Vorherbestimmung oder um Zufall handelt?«

Sant Rajinder Singh gab mir zur Antwort: »Wir glauben tatsächlich, daß wir etwa fünfundzwanzig Prozent freien Willen haben. Wenn wir körperlich krank werden und leiden, das gehört beispielsweise zu vorherbestimmten Umständen, die wir durchlaufen müssen. Wenn wir ein Geschäft beginnen und es plötzlich enorm wächst, oder wenn wir eine gute Arbeit haben und sie plötzlich verlieren – so sind manche dieser Ereignisse vorherbestimmt.

Aber als menschliche Wesen besitzen wir auch ein Viertel freien Willen. Es geht um unsere Anstrengungen. Wir können uns darum bemühen, gute Menschen zu werden, uns in der rechten Weise zu entwickeln, wir können uns darum bemühen, unsere Familie zusammenzuhalten und unserer Gesellschaft und unserem Land zu helfen – das sind Anstrengungen, die wir leisten können.

Andererseits sind manche Leiden und Freuden, die wir durchlaufen, während wir durch unser Leben gehen, vorherbestimmt. Wissen Sie, die Theorie vom Karma ist eine sehr einfache Theorie. Da wir in einer Welt der Wissenschaft leben, würde ich sie mit dem ersten physikalischen Gesetz vergleichen, das sagt: ›Jede Aktion ruft eine Reaktion hervor.‹ Wenn Sie einen Ball nehmen und ihn an diese Wand werfen, prallt er zurück.

Ähnlich ruft jeder Gedanke, jedes Wort und jede Handlung eine Reaktion hervor, und wir als Menschen, wir als Seele, müssen die Verantwortung dafür übernehmen.

So werden gute Gedanken, gute Worte und gute Taten ihren ›Lohn‹ finden, und für schlechte Gedanken, Worte und Taten müssen wir ›zahlen‹, indem wir dafür selbst wiederum leiden müssen ...

Während unser Leben voranschreitet, erdulden wir bestimmte Leiden und genießen wir bestimmte Freuden – aber wir Menschen sollten uns zuallererst darum bemühen, uns zu verbessern. Ich spreche nicht nur von der materiellen Verbesserung, das können wir auch anstreben, aber wir sollten uns vor allem spirituell verbessern ...

Am Ende wird dieser physische Körper, für den wir soviel unternehmen, den wir fit und hübsch halten, für den wir einen guten Job ausüben, damit wir ein schönes Haus bewohnen und ein gutes Auto fahren können, um all das dem Körper zur Verfügung zu stellen – am Tage unseres körperlichen Todes wird dieser Körper zurückgelassen.

Was mit uns geht, sind nicht dieser Körper, nicht unsere Reichtümer, sondern das, was wir mit diesem Leben angefangen haben, unsere Gedanken, Worte und Handlungen ...

Wir glauben an die Wanderung der Seele, daran, daß unsere Seele von einem Körper zu einem anderen geht, und daß es 8,4 Millionen Lebensformen gibt, durch die unsere Seele wandert. Die Karmatheorie ist, daß wir aufgrund unserer Gedanken, Worten und Taten in diesem Leben ... ein neues Leben in einem neuen Körper erhalten.

Alle Schriften sagen uns, daß dieser menschliche Körper die Spitze der Entwicklung und die Krone der Schöpfung darstelle. Wenn wir diesen menschlichen Körper also erhalten, ist das unsere Chance, uns selbst und Gott wirklich zu erkennen – und diese goldene Gelegenheit sollten wir nicht verspielen ...

Wenn wir die Lebensläufe der verschiedenen Heiligen und Mystiker studieren, stellen wir fest, daß sie alle irgendeine Art der Offenbarung Gottes in sich selbst erlangten. In unserem Zeitalter sollten wir ebenfalls die göttliche Kraft in uns erfahren können. Wenn wir uns nun nach innen wenden, wenn wir uns mit dem Heiligen Wort oder dem Licht und dem Ton in uns verbinden, finden wir diese göttliche Kraft.

Das öffnet uns die Möglichkeit, wirklich zu erkennen, wer wir sind – und wenn wir uns selbst erkennen, folgt die Gotterfahrung ganz automatisch. Denn wenn wir uns über das Körperbewußtsein erheben, erleben wir, wie unsere Seele die physische Ebene und dann die astrale Ebene durchquert, ebenso die kausale und immer weiter in höhere ätherische Regionen vorstößt, die in uns sind und die es zur gleichen Zeit wie unsere Körperebene gibt.

Es heißt in der *Bhagavadgita* allerdings, schlechtes Karma sei wie eiserne Ketten, aber auch gutes Karma stelle Fesseln dar, nämlich goldene Ketten. Gleich also, ob es sich um schlechtes oder gutes Karma handelt, bindet uns beides an den Kreislauf von Leben und Tod, an den Zyklus der Seelenwanderung.

Um aus diesem Kreislauf herauszukommen, haben uns die großen Heiligen und Mystiker auf das heilige Wort, auf das Licht und den Ton Gottes hingewiesen. Wenn wir uns damit verbinden, werden wir auf demselben Weg, den unsere Seele in die Welt herunter gekommen ist, wieder nach oben gehen und uns über das Körperbewußtsein erheben können.

Wenn wir uns über das Körperbewußtsein erheben, lassen wir den Körper hinter uns und treten in die astrale Region ein. Dort arbeiten wir in unserem Astralkörper.

Wenn wir uns über diese Ebene erheben, lassen wir den Astralkörper zurück und betreten eine Region, die allgemein die ›Kausalebene‹ genannt wird, wo wir in einem Kausalkörper wirken.

Wenn wir uns nun weitererheben, erreichen wir eine Region, die üblicherweise ›Superkausalebene‹ heißt, in der unsere Seele nur noch von einer sehr feinen, ätherischen Umhüllung bedeckt ist. Dort erkennt unsere Seele zum ersten Mal ihre strahlend-reine Schönheit, ihr Licht. Es heißt, daß die Seele in dieser Region das Licht von zwölf äußeren Sonnen besitze.

Und wenn wir diese Ebene durchquert haben, fällt auch diese letzte feine Hülle unserer Seele fort, und wir betreten das, was man ›Sach Khand‹ oder die ›Region der All-Wahrheit‹ nennt, eine Region, die voll-bewußt ist.

Und dort erleben wir die Vereinigung mit Gott.

Diese physische Welt hier besteht vor allem aus Materie, und es findet sich nur sehr wenig Bewußtsein darin, nämlich das Bewußtsein der Seele, die in allen Lebensformen ist.

In der Astralebene liegt mehr Bewußtsein, aber auch immer noch sehr viel mehr Materie.

In der Kausalebene halten die Anteile von Materie und Bewußtsein einander die Waage.

In der Superkausalebene überwiegt das Bewußtsein, es verbleibt jedoch immer noch etwas Materie.

Die Region der All-Wahrheit, Sach Khand, ist eine Ebene voll Bewußtsein, ohne jede Beeinträchtigung.

Während sich unsere Seele vom physischen Körper in die höchste Region des Allbewußtseins erhebt, fallen all unsere Umhüllungen fort, und so erlangen wir unseren ursprünglichen Zustand wieder zurück. Wir werden sozusagen zu einem Tropfen reinen Wassers, der wieder im Meer des Bewußtseins aufgehen kann.

Das ist also die spirituelle Reise, das ist die spirituelle Erfahrung, wenn unsere Seele in diese inneren Regionen reist, die immer feiner und spiritueller werden, je höher wir uns erheben.«

Ich hakte nach: »Ist es vorherbestimmt, daß man diese Verbindung mit dem inneren Licht und Ton erlangt, unterliegt es dem freien Willen, oder wie ist das zu betrachten?«

Rajinder Singh erwiderte: »Wir befinden uns in dieser Entwicklung, und es heißt, daß ›die Schafe gekennzeichnet‹ seien, die gehen werden. Es geschieht manchmal auch, daß wir uns, nachdem wir einem spirituellen Lehrer, einem Meister, Heiligen oder Mystiker, begegnet sind, der uns mit dem heiligen Licht und Ton verbindet, nicht um die Weiterentwicklung bemühen, und dann gibt es keinen spirituellen Fortschritt.

Wir müssen also zuerst die Verbindung mit Licht und Ton erhalten, und dann müssen wir einen Einsatz leisten, um auf der spirituellen Reise voranzukommen. Es ist, als gingen wir in die Schule: Der Lehrer leistet seine Arbeit und unterrichtet, aber das Kind muß seinen Teil auch leisten, also im Unterricht anwesend sein, ihm aufmerksam folgen und Hausaufgaben erledigen.

Ähnlich geht es uns auf dem spirituellen Weg, wenn wir mit Licht und Ton in Berührung kommen und von der göttlichen Kraft in uns erfahren – es bedarf Schritte, die wir dann ausführen müssen. Wir müssen uns einsetzen, der Spruch ›Gott hilft denen, die sich selbst helfen‹ ist sehr wahr.

Wenn wir uns bemühen und einen Schritt in seine Richtung gehen, kommt er uns tausend Schritte entgegen. Die Saat, daß wir überhaupt den einen, den ersten Schritt vollziehen können, wird manchmal von Gott in uns gelegt, aber unsere Bemühung hilft dazu. Beides geht also Hand in Hand.«

Frage: »Sie sagten gerade, daß Gott manchmal die erste Saat legt. Ist es nun vorausbestimmt, ob alle Menschen in die erste Klasse kommen, ungeachtet dessen, was sie später daraus machen werden?«

Rajinder Singh: »Sehen Sie, der erste Schritt besteht im allgemeinen darin, daß Gott möchte, daß wir uns mit ihm zurückverbinden. Dann hängt es davon ab, wie schnell wir auf diesem Weg voranschreiten, und welche Bemühungen wir dafür einsetzen.«

Frage: »Ich möchte noch einmal weiterfragen: Kann denn jedermann kommen und diese Verbindung erlangen?«

Rajinder Singh: »Ja, jedermann, falls er einen ernsthaften Wunsch hat, Gott zu erkennen, wird kommen. Falls ich als Mensch eine echte Sehnsucht hege, Gott zu erfahren, dann wird Gott Wege und Mittel finden, mich zu ihm zu führen. Die Sehnsucht muß aber da sein ...

Im allgemeinen ist es Gottes Absicht, uns näher zu ihm zu ziehen. Es gibt Millionen und Abermillionen von Seelen, und wir alle werden nach und nach zu Gott zurückkehren. Gott gibt uns einen Funken, aber dann hängt es von uns ab, wieviel Einsatz und Sehnsucht wir entwickeln, um zu ihm zurückzugelangen ...

Wenn wir an das Wort glauben, ›Dein Wille geschehe‹, so heißt das aber nicht, daß man sich selbst nicht mehr bemühen müßte. ›Dein Wille geschieht‹, bedeutet, daß wir uns nicht über das beschweren, was immer uns geschieht. Statt dessen sollten wir Gott für alle Segnungen, die wir in unserem Leben erhalten, dankbar sein. Denn er weiß besser, was gut für uns ist, und unser Leben verläuft unter seiner Führung.

Das heißt eben nicht, daß wir uns nur zurücklehnen, nichts tun und nur zu sagen brauchen, ›Dein Wille geschehe‹, und Gott dann alles bewerkstelligt, was notwendig ist.

Wir Menschen müssen uns bemühen. Wir müssen uns sehr anstrengen, spirituell zu wachsen, und uns auch mental und physisch zu entwickeln, damit wir ausgeglichene und ganze Wesen werden, damit wir der Umwelt und der Gesellschaft helfen, in der wir leben.«

Nach meiner persönlichen Einschätzung charakterisieren folgende Überzeugungen und Schritte die Lehren der »Wissenschaft von der Spiritualität«:

- Der Mensch ist seinem Wesen nach Seele, Selbst, Geist, Bewußtsein. Dieses Bewußtsein entstammt einer Kraft und ist selbst eine Kraft, die unvergänglich ist.
- Für eine begrenzte, im allgemeinen unbekannte Zeit drückt sich das Bewußtsein durch Gedanken und Gefühle sowie über die Sinne in einem physischen Körper aus.
- Daß der Körper eines Tages abgelegt werden muß, bedeutet nicht, daß das Bewußtsein damit ausgelöscht wird.
- In der Zeit des Wirkens im menschlichen Körper hat das Bewußtsein die Möglichkeit, sich nicht nur in äußerlichen und begrenzten Formen indirekt zu spiegeln, sondern sein eigenes Wesen, seinen Ursprung und sein Potential zu erkennen.
- Dazu muß sich das Bewußtsein zeitweise nach innen wenden und sich vom Körperbewußtsein, von Gefühlen und Gedanken sowie von noch feineren Prägungen zurückziehen und alle Hüllen nach und nach abschütteln. Damit »übt« der Mensch unter anderem bereits im Leben den Vorgang, der eines Tages mit dem Körperabschied ohnehin auf ihn wartet.
- Dieses Nach-innen-Wenden erfolgt am leichtesten über die Sammlung des Bewußtseins am sogenannten »dritten Auge«. Dort kann das Einzelbewußtsein die erste Verbindung mit dem transzendenten inneren Licht und Ton aufnehmen, wenn man durch einen kompetenten selbstverwirklichten Lehrer darin in der rechten Weise unterrichtet wurde.
- Die immer inniger werdende Empfänglichkeit für die Kraft des inneren Lichts und Tons fördert die Fähigkeit des Bewußtseins, sich mehr und mehr als das zu erfahren, was es wirklich ist.
- Der Lehrer oder Meditationsmeister übernimmt die Aufgabe eines »Reiseführers« durch die inneren Welten, der immer dann hilft, wenn man steckenzubleiben oder vom Wege abzukommen droht. Der freie Wille des einzelnen bleibt dabei jedoch jederzeit unangetastet.
- Durch diesen zeitweisen Vorgang der Innenschau oder des meditativen Ruhens im wahren Sein erkennt der Mensch nach

und nach die Zusammenhänge seines eigenen Lebens, seine Aufgaben und seine Möglichkeiten. Er gewinnt mehr Sicherheit im Leben, neues Vertrauen in sich selbst und andere, er wird wacher und tatkräftiger.

- Alle Lehrer dieses Wegs raten zur »positiven Mystik«. Sie meinen damit, daß man sein überzeitliches spirituelles Wesen als Grundlage für ein friedvolles und erfülltes Leben erkennt und verwirklicht. Damit verbunden und gleichzeitig sollten die ganzheitliche Entwicklung von Körper, Gemüt und Verstand verfolgt und Pflichten verantwortungsbewußt erledigt werden. Eine Änderung der eigenen religiösen Bindungen geht damit übrigens nicht einher.

- Allgemeine ethische Richtlinien für die Lebensführung und bewußtes Bevorzugen natürlicher Lebensmittel sowie das Vermeiden aller Art von berauschenden Drogen sind Grundlage, aber nicht Ziel dieses Weges. Der Kern ist die eigene mystische Erfahrung höherer und höchster Dimensionen und geistiger Wirklichkeiten während dieser Lebenszeit.

- Diese Praxis ist ein Weg der Selbsterkenntnis, Liebe und sinnvollen Verwirklichung der Doppelnatur des Menschen: seines ewigen Seins mit einer positiven, kreativen und fröhlichen Weltzugewandtheit.

Eine gewisse eigene Meditationspraxis, ausführliche Gespräche mit zwei Lehrern dieses Weges, Vertiefung in die ergiebige Literatur darüber, vergleichende Studien anderer spiritueller und religiöser Lehren sowie Begegnungen mit herausragenden Meistern aus unterschiedlichen Traditionen bewegen mich zu sagen:

Wer vom segensreichen inneren Licht und Ton hört, wer – vom Schicksal, aufgrund des eigenen Karmas oder durch Gnade – das ungewöhnliche Angebot erhält, die Verbindung mit diesem Licht der Seele und mit der Musik der Sphären zu erhalten, sollte nicht säumen, es anzunehmen. Das kann sich als entscheidender Wendepunkt im Leben erweisen, von dem ab wir von Tag zu Tag bewußter, friedvoller, aktiver, menschlicher und glücklicher leben werden.

Die eigene innere Erfahrung jener kosmischen oder göttlichen Kraft, die alles schafft, erhält und durchlebt, war und ist der Kern aller Religionen. Das Wort kommt nach einer Deutung aus »re« = »zurück wieder« und »ligare« = »verbinden«. Es bedeutet also eine Rückverbindung, aber zwischen wem oder was? Es meint die Rückverbindung zwischen dem Einzelbewußtsein und dem Allbewußtsein.

Im nächsten Kapitel stelle ich Ihnen eine ungewohnte, aber überzeugende Lesart der christlichen Religion dar. Diese Lesart soll zeigen, daß es sich auch in der ursprünglichen Botschaft Jesu Christi zuallererst um eine praktische Offenbarung der Verbindung zwischen Seele und Gott handelte.

8

Das Mal auf der Stirn und das Licht auf dem Weg

Die mystische Botschaft Jesu und christlicher Mystiker in einer neuen Sicht

Zunächst sollten wir uns daran erinnern, daß die *Bibel* ein Buch ist, dessen Texte und Deutungen seit Jahrtausenden umstritten sind. Was gehört hinein, was nicht? Wie ist die Heilige Schrift zu verstehen – wörtlich, allegorisch, mythisch? Es ist inzwischen allgemein bekannt, daß die Evangelien die Übersetzung einer Übersetzung sind.

Ernstzunehmende Studien weisen darauf hin, daß JESUS CHRISTUS zwischen seinem zwölften und dreißigsten Lebensjahr – nur über die Zeit davor und danach berichten die uns bekannten Evangelien! – sich bei den Essenern aufhielt, einer »urchristlichen«, ordensähnlichen pazifistischen Gemeinschaft in Palästina. Andere Bücher meinen nachweisen zu können, daß Jesus während dieser Jahre eine, zwei oder drei Reisen nach Asien unternommen hat und dort unterwiesen wurde. Schließlich glauben manche Autoren belegen zu können, daß Jesus nicht am Kreuz gestorben sei, sondern lange danach in Kaschmir.

Auf alle diese interessanten und brisanten Fragen kann ich im Rahmen dieses Buches nicht eingehen. Das wird einer späteren Arbeit vorbehalten bleiben. In diesem Kapitel erörtern wir Beispiele aus den allgemein vorliegenden Schriften der Bibel und aus den Werken dreier christlicher Mystiker, die auf die Existenz einer »christlichen Urbotschaft« hinzuweisen scheinen. Dabei handelt es sich um eine offensichtlich recht deutlich beschreib-

165

bare »Technik« der Innenschau oder »Meditation« als Vorbedingung zur Selbsterkenntnis und Gotterfahrung.

Die hier vorgestellte Lesart der Bibel ist ein Angebot, dieses Thema aus einer völlig neuen (alten) Perspektive zu betrachten. Selbstverständlich steht es jedem Menschen frei, es anzunehmen, abzulehnen oder zu beginnen, selbst weiter nachzuforschen (was wohl das beste sein dürfte).

Lesen wir zunächst einige Hinweise auf das dritte Auge, den Sitz der Seele oder das Augen-Chakra:

»Darum soll es dir wie ein Zeichen sein auf deiner Hand und wie ein Merkzeichen zwischen deinen Augen, damit des Herrn Gesetz in deinem Munde sei ...« (2. Mose 13,9)

»... und sie [die durch Mose gegebenen göttlichen Worte] sollen dir ein Merkzeichen zwischen deinen Augen sein ...« (5. Mose 6,8)

»So nehmt nun diese Worte zu Herzen und in eure Seele ... und macht sie zum Merkzeichen zwischen euren Augen ...« (5. Mose 11,18)

»... sondern allein den Menschen, die nicht das Siegel Gottes haben an ihren Stirnen« (Offb. 9,4).

»Tut der Erde und den Bäumen und dem Meer keinen Schaden, bis wir versiegeln die Knechte Gottes an ihren Stirnen. Und ich hörte die Zahl derer, die versiegelt wurden: hundertvierundvierzigtausend, die versiegelt waren aus allen Stämmen Israels ...« (Offb. 7,3-4)

Offenbar war manchen Autoren der Bibel auch das innere Sehen und Hören ohne die Sinnesorgane bekannt, wie man es vor allem von indischen Yoga-Wegen kennt:

»Zu der Zeit werden die Tauben hören die Worte des Buches, und die Augen der Blinden werden aus Dunkel und Finsternis sehen ...« (Jes. 29,18)

»... deine Augen werden deinen Lehrer sehen. Deine Ohren werden hinter dir das Wort hören, ›Dies ist der Weg, den geht! Sonst weder zur Rechten noch zur Linken‹« (Jes. 30,20-1).

Die Masse der Menschen ist allerdings (noch) unfähig oder unwillig, sich den inneren geistigen Wahrnehmungsweisen zuzuwenden:

»Hört zu ihr tolles Volk, das keinen Verstand hat, die da Augen haben und sehen nicht, Ohren haben und hören nicht! Wollt ihr mich nicht fürchten, spricht der HERR ...« (Jer. 5,21-2)

»Und an ihnen wird die Weissagung Jesajas erfüllt, die da sagt: ›Mit den Ohren werdet ihr hören und werdet es nicht verstehen; und mit sehenden Augen werdet ihr sehen und werdet es nicht erkennen‹« (Matth. 13,14).

Es ist ein besonderer Vorzug, in die Geheimnisse des inneren Sehens und Hörens eingewiesen worden zu sein, wie im *Matthäusevangelium* ausdrücklich hervorgehoben wird:

»Wahrlich, ich sage euch: Viele Propheten und Gerechte haben begehrt, zu sehen, was ihr seht, und haben's nicht gesehen, und zu hören, was ihr hört, und haben's nicht gehört« (Matth. 13,17).

Nicht prophetische Gaben oder eine besonders vorbildliche Lebensführung, sondern das Angenommensein durch Christus befähigt, das zu sehen und zu hören, was den begrenzten Sinnesorganen verborgen bleibt.

Das Thema des dritten Auges wird mehrfach angesprochen:

»Das Auge ist das Licht des Leibes. Wenn dein Auge lauter ist, wird dein ganzer Leib licht sein. Wenn aber dein Auge böse ist, so wird dein ganzer Leib finster sein. Wenn nun das Licht, das in dir ist, Finsternis ist, wie groß wird dann die Finsternis sein? (Niemand kann zwei Herren dienen – entweder Gott oder der Welt [Mammon])« (Matth. 6,22-23).

Bei MARTIN LUTHER hieß es noch: »Wenn dein Auge einfeltig ist, so wird dein gantzer Leib liecht sein.« Und auch in der englischen »King-James-Bibel« steht zu lesen, »when thine eye be single, thy whole body also is full of light«. Hier wird also ebenfalls vom »einzelnen Auge« gesprochen.

»Und wenn dich dein Auge zum Abfall [von Gott in dieser Welt der Verführungen] verführt, reiß es aus und wirf's von dir. Es ist besser für dich, daß du einäugig zum Leben eingehst, als daß du zwei Augen hast und wirst in das höllische Feuer geworfen« (Matth. 18,9).

In diesem Text ist, so die mystische Auslegung, nicht etwa gemeint, sich buchstäblich ein Auge herauszureißen. Vielmehr blicken wir mit dem Einzelauge oder dritten Auge in das wahre, ewige Leben und erfahren unsere Geistnatur, während unsere zwei physischen Augen eben nur die schimärenhafte Relativität der Außenwelt wahrnehmen können.

Versuchen wir einmal »probehalber«, immer dann, wenn in den folgenden Auszügen der Begriff »Licht« erscheint, ihn wörtlich zu nehmen:

»In ihm war das Leben, und das Leben war das Licht der Menschen. Und das Licht scheint in der Finsternis und die Finsternis hat's nicht ergriffen« (Joh. 1,4-5).

»Niemand zündet ein Licht an und setzt es in einen Winkel, auch nicht unter einen Scheffel, sondern auf den Leuchter, damit, wer hineingeht, das Licht sehe. Dein Auge ist das Licht des Leibes. Wenn nun dein Auge lauter ist, so ist dein ganzer Leib licht ...« [Luther schrieb statt »lauter« zuerst wieder »einfeltig«; auch die King-James-Ausgabe spricht von »single eye«] (Luk. 11, 33-34).

Für den Mystiker bedeutet das: In uns Menschen lebt der göttliche Funke oder die Seelenkraft, und sie ist für das innere Auge als Licht erfahrbar. Die »enge Pforte« des nächsten Textes bezieht sich auf das dritte Auge, das nach dem in Benares geborenen Mystiker KABIR kleiner als ein Senfkorn ist.

»Geht hinein durch die enge Pforte. Denn die Pforte ist weit, und der Weg ist breit, der zur Verdammnis führt, und viele sind's, die auf ihm hineingehen. Wie eng ist die Pforte und wie schmal der Weg, der zum Leben führt, und wenige sind's, die ihn finden!« (Matth. 7,13-14)

»Da redete Jesus abermals zu ihnen und sprach: Ich bin das Licht der Welt. Wer mir nachfolgt, der wird nicht wandeln in der Finsternis, sondern wird das Licht des Lebens haben« (Joh. 8,12).

Das »Wort« Gottes, das sich in innerem Licht und Klang oder Sphärenmusik ausdrückt, gibt uns wahres Leben, nämlich bewußtes Seelenleben und geistige Selbsterkenntnis:

»... und [Gott] speiste dich mit Manna, das du und deine Väter nie gekannt hatten, auf daß er dir kundtäte, daß der Mensch nicht lebt vom Brot allein, sondern von allem, was aus dem Mund des HERRN geht« (5. Mose 8,3).

»Er aber antwortete und sprach: Es steht geschrieben: ›Der Mensch lebt nicht vom Brot allein, sondern von einem jeden Wort, das aus dem Mund Gottes geht« (Matth. 4,4).

»Im Anfang war das Wort, und das Wort war bei Gott, und Gott war das Wort ... In ihm war das Leben ...« (Joh. 1,1-4)

Eine entscheidende Frage an die christlichen Kirchen aus anderen Religionen und Weltanschauungen lautet: Wieso seid ihr so sicher, daß Jesus der erste, einzige und letzte Gottessohn sei? Wird Gott nicht in seiner Barmherzigkeit für seine Geschöpfe von Anbeginn der Welt an immer wieder Gottessöhne oder -töchter gesandt haben, um zumindest der suchenden Menschheit ein Licht auf ihrem Pfad zu sein? Was wäre denn mit all den Menschen, die vor Jesu Lebzeiten auf der Erde waren? Und was ist mit BUDDHA, LAOTSE, MOHAMMED (der von Muslimen selbst allerdings nur als Prophet bezeichnet wird, und diesen Status gestehen sie allgemein Jesus Christus auch zu, auf jeden Fall dem MOSES), was ist mit dem von den Juden noch erwarteten Messias? Was ist mit SHAMAS VON TÄBRIZ, MAULANA RUMI, KABIR, GURU NANAK und anderen »Gottessöhnen« der neueren Zeit? Jesus selbst soll den Evangelien zufolge nur soviel von sich gesagt haben:

»Wir müssen die Werke dessen wirken, der mich gesandt hat, solange es Tag ist; es kommt die Nacht, da niemand wirken kann. Solange ich in der Welt bin, bin ich das Licht der Welt« (Joh. 9,4-5).

»Glaubt an das Licht, solange ihr's habt, damit ihr Kinder des Lichts werdet ...« (Joh. 12,36)

MARTIN LUTHER übersetzt es so: »Ich muß wirken die Werke des, der mich gesandt hat, solange es Tag ist; es kommt die

Nacht, da niemand wirken kann. Dieweil ich bin in der Welt, bin ich das Licht der Welt.«

Das kann durchaus so gelesen werden, daß Jesus der Gottessohn seiner Zeit war, daß er als Gottessohn nur wirken konnte, solange er im Körper lebte, und daß danach (und davor) ein anderer die Aufgabe zu übernehmen hätte, Menschen zu Gott zu führen. Das würde mit den Aussagen von Mystikern aus anderen Religionen übereinstimmen. Denn es heißt:

»Liebt ihr mich, so werdet ihr meine Gebote halten. Und ich will den Vater bitten, und er wird euch einen andern Tröster geben, daß er bei euch sei in Ewigkeit … Aber der Tröster, der heilige Geist, den mein Vater senden wird in meinem Namen, der wird euch alles lehren und euch an alles erinnern, was ich euch gesagt habe« (Joh. 14,15-16, 26).

»Wenn aber der Tröster kommen wird, den ich euch senden werde vom Vater, der Geist der Wahrheit, der vom Vater ausgeht, der wird Zeugnis geben von mir« (Joh. 15,26).

»Aber ich sage euch die Wahrheit: Es ist gut für euch, daß ich weggehe. Denn wenn ich nicht weggehe, kommt der Tröster nicht zu euch. Wenn ich aber gehe, will ich ihn zu euch senden« (Joh. 16,7).

Nach Luther bedeutet das als »Tröster« übertragene Wort auch Advokat, Beistand oder Fürsprecher und bezeichnet eine Person, die in der Lage ist, vor Gericht ein gutes Wort einzulegen. Spricht Jesus in den Worten der Evangelien hier nicht ausdrücklich davon, daß nach ihm ein anderer komme?

Wie kann man Gott erfahren? Geschieht es durch Vorstellungen und Vorbilder oder gestaltlos? Müssen wir womöglich zuerst unsere eigene überkörperliche und überzeitliche Wirklichkeit entdecken, bevor wir jene Gottes erkennen können?

»Gott ist Geist, und die ihn anbeten, müssen ihn im Geist und in der Wahrheit anbeten« (Joh. 4,24).

Sowohl die Luther-Bibel als auch die King-James-Bibel schreiben übrigens, »Gott ist *ein* Geist«!

»Und es gibt himmlische Körper und irdische Körper; aber eine andere Herrlichkeit haben die Himmlischen und eine andere die irdischen, ... Es wird gesät in Niedrigkeit und wird auferstehen in Herrlichkeit. Es wird gesät in Armseligkeit und wird auferstehen in Kraft. Es wird gesät ein natürlicher Leib und wird auferstehen ein geistlicher Leib. Gibt es einen natürlichen Leib, so gibt es auch einen geistlichen Leib ... Das sage ich aber, liebe Brüder, daß Fleisch und Blut das Reich Gottes nicht ererben können; auch wird das Verwesliche nicht erben die Unverweslichkeit« (1. Kor. 15,40, 43-44, 50).

Diese Worte rücken manches recht deutlich zurecht, das in bezug auf die vermeintliche leibliche Auferstehung in einigen dogmatischen Anschauungen etwas durcheinandergeraten war.

Es scheint über den Körpertod hinaus noch einen zweiten Tod zu geben:
»Wer Ohren hat, der höre, was der Geist den Gemeinden sagt! Wer überwindet, dem soll kein Leid geschehen von dem zweiten Tode« (Offb. 2,11).
»Selig ist der und heilig, der teilhat an der ersten Auferstehung. Über diese hat der zweite Tod keine Macht ...« (Offb. 20,6)

Sogar einige wenige Hinweise auf das Gesetz von Ursache und Wirkung, auf die Karmalehre, sind in den heutigen Bibelausgaben noch zu finden:
»Denn ich, der HERR, dein Gott, bin ein eifernder [nach Luther »eifriger«] Gott, der die Missetat der Väter heimsucht bis ins dritte und vierte Glied an den Kindern, derer, die mich hassen« (2. Mose 20,5).
»Entsteht ein dauernder Schaden, so sollst du geben Leben um Leben, Auge um Auge, Zahn um Zahn, Hand um Hand, Fuß um Fuß, Brandmal um Brandmal, Beule um Beule, Wunde um Wunde« (2. Mose 21,23-25; Auszug aus der Rechtsordnung). (In Matth. 5,38 kehrt Jesus dieses Gesetz um und sagt, man solle dem Übel nicht widerstreben, sondern die andere Wange hinhalten.)
»Irret euch nicht! Gott läßt sich nicht spotten. Denn was der Mensch sät, das wird er ernten« (Gal. 16,7).

Allerdings kann das Gesetz von Ursache und Wirkung durch den Gottessohn aufgehoben werden:

»Denn das Gesetz ist durch Mose gegeben, die Gnade und Wahrheit ist durch Jesus Christus geworden« (Joh. 1,17).

»Denn Gott hat seinen Sohn nicht in die Welt gesandt, daß er die Welt richte, sondern daß die Welt durch ihn gerettet werde« (Joh. 3,17).

»Denn der Vater richtet niemand, sondern hat alles Gericht dem Sohn übergeben« (Joh. 5,22).

»Wahrlich, wahrlich, ich sage euch: Wer mein Wort hört und glaubt dem, der mich gesandt hat, der hat das ewige Leben und kommt nicht in das Gericht, sondern er ist vom Tode zum Leben hindurchgedrungen« (Joh. 5,24).

Das Eingehen in das wahre Leben, die Überwindung des »zweiten Todes« der Seele, bedarf einer spirituellen Neugeburt:

»[Nikodemus] kam zu Jesus bei Nacht und sprach zu ihm: Meister, wir wissen, du bist ein Lehrer, von Gott gekommen; denn niemand kann die Zeichen tun, die du tust, es sei denn Gott mit ihm. Jesus antwortete und sprach zu ihm: Wahrlich, wahrlich, ich sage dir: Es sei denn, daß jemand von neuem geboren werde, so kann er das Reich Gottes nicht sehen. Nikodemus sprach zu ihm: Wie kann ein Mensch geboren werden, wenn er alt ist? Kann er denn wieder in seiner Mutter Leib gehen und geboren werden? Jesus antwortete: Wahrlich, wahrlich, ich sage dir: Es sei denn, daß jemand geboren werde aus Wasser und Geist, so kann er nicht in das Reich Gottes kommen. Was vom Fleisch geboren ist, das ist Fleisch; und was vom Geist geboren ist, das ist Geist. Wundere dich nicht, daß ich dir gesagt habe: Ihr müßt von neuem geboren werden« (Joh. 3,2-7).

Manche Mystiker sehen hier Parallelen zur sogenannten »Initiation« einiger Meditationswege, zum Beispiel dem von Sant Mat, bei der das dritte Auge geöffnet und eine erste Verbindung mit dem inneren Licht und Ton hergestellt wird.

Über die Vollmacht Jesu Christi steht geschrieben:

»Ich und der Vater sind eins« (Joh. 10,30).

»Und er sprach zu mir: Es ist geschehen. Ich bin das A und

das O, der Anfang und das Ende. Ich will dem Durstigen geben von der Quelle des lebendigen Wassers umsonst« (Offb. 21,6).

»Den Frieden lasse ich euch, meinen Frieden gebe ich euch. Nicht gebe ich euch, wie die Welt gibt. Euer Herz erschrecke nicht und fürchte sich nicht« (Joh. 14,27).

»Nicht ihr habt mich erwählt, sondern ich habe euch erwählt ...« (Joh. 15,16)

»Jesus antwortete: Mein Reich ist nicht von dieser Welt ...« (Joh. 18,36)

Aber auch jeder einzelne Mensch ist zum Erlebnis Gottes berufen:

»Darum sollt ihr vollkommen sein, wie euer Vater im Himmel vollkommen ist« (Matth. 5,48).

»Oder wißt ihr nicht, daß euer Leib ein Tempel des heiligen Geistes ist, der in euch ist und den ihr von Gott habt, und daß ihr nicht euch selbst gehört?« (1. Kor. 6,19) In einer anderen Übertragung liest sich das so: »Wißt ihr nicht, daß ihr Gottes Tempel seid und der lebendige Geist Gottes in euch wohnt?«

»Was hat der Tempel Gottes gemein mit den Götzen? Wir aber sind der Tempel des lebendigen Gottes, wie denn Gott spricht: Ich will in ihnen wohnen und in ihnen wandeln und will ihr Gott sein, und sie sollen mein Volk sein« (2. Kor. 6,16) (Moderne Bibeln schreiben statt »in ihnen» »unter ihnen«.)

Aufschlußreiche Abweichungen finden wir in der Darstellung der letzten Stunde Jesu Christi am Kreuze:

»Und um die neunte Stunde schrie Jesus laut: Eli, Eli, lama asabtani? [ELOI, ELOI, LAMA SABATHANI?] Das heißt: Mein Gott, mein Gott, warum hast du mich verlassen?« (Matth. 27,46)

»Und zu der neunten Stunde rief Jesus laut: Eli, Eli, lama asabtani? Das heißt übersetzt: Mein Gott, mein Gott, warum hast du mich verlassen?« (Mark. 15,34)

»Und Jesus rief laut: Vater, ich befehle meinen Geist in deine Hände!« (Luk. 23,46)

»Als nun Jesus den Essig genommen hatte, sprach er: Es ist vollbracht!« (Joh. 19,30)

Hat der Gottessohn Jesus von Nazareth, der zum Träger der Christuskraft wurde, in einer Stunde der Not an Gott gezweifelt? Oder hat er sich immer und jederzeit eins mit Gott gewußt?

Die »Zwei-Götter-Lehre« – hier der jüdische »Gott der Rache«, dort der christliche »Gott der Liebe« – lehnt PINCHAS LAPIDE (und vermutlich folgen ihm jüdische Theologen allgemein) ab und schreibt: »Letzten Endes lesen wir im Neuen Testament – genau wie im Alten – Scheltreden und düstere Mahnungen. Aber in beiden Testamenten überwiegen die Barmherzigkeit, die Gnade und Worte der Vergebung und des Heils.«

Stellvertretend für viele andere Belege führt Pinchas Lapide Hosea 6,6 an: »Denn ich habe Lust an der Liebe und nicht am Opfer, an der Erkenntnis Gottes und nicht am Brandopfer.«

Ähnliche Aussagen wie die oben zitierten finden sich in allen anderen heiligen Schriften und mystischen Offenbarungen der anderen Religionen auch. Ich meine, daß ein erster Schluß nahe-liegt: Jesus Christus hat keine Theologie gelehrt, keine kirchliche Dogmatik begründet, sondern er hat Menschen, die nach Sinn im Leben, nach Erlösung von Angst und Tod und nach Gemein-schaft mit Gott suchten, einen praktischen Weg gewiesen, all dies zu erlangen. Er hat eine Botschaft der konkreten Hinwendung zu Gott gebracht.

Kommen wir nun zu den Hinweisen christlicher Mystiker lange nach Jesu Christi auf das, was der deutsche Mystiker THOMAS VON KEMPEN »Die Nachfolge Christi« genannt hat. In manchen der folgenden Texte werden wir ausdrücklich dazu aufge-fordert, selbst und unmittelbar die »Rückverbindung« (= Reli-gio) mit Gott aufzunehmen. Und es wird uns versichert, daß dies nicht nur möglich, sondern gewissermaßen unser Geburts-recht sei.

HILDEGARD VON BINGEN war Benediktinernonne und später Äbtissin. Bekannt wurde sie bereits zu Lebzeiten als Mystikerin, Verfasserin religiöser Schriften sowie Korrespondentin und Mahnerin höchster kirchlicher und weltlicher Würdenträger und Herrscher. Sie lebte von 1098 bis 1179. Ihre Visionen beschrieb sie in ihrem Werk *Scivias. Wisse die Wege.* Ihr erstes »Erleuchtung-Erlebnis« stellte sie so dar:

»Im Jahre 1141 der Menschwerdung Jesu Christi, des Gottessohnes, als ich zweiundvierzig Jahre und sieben Monate alt war, kam ein feuriges Licht mit Blitzesleuchten vom offenen Himmel hernieder. Es durchströmte mein Gehirn und durchglühte mir Herz und Brust gleich einer Flamme, die jedoch nicht brannte, sondern wärmte, wie die Sonne den Gegenstand erwärmt, auf den sie ihre Strahlen legt. Nun erschloß sich mir plötzlich der Sinn der Schriften, des Psalters, des Evangeliums und der übrigen katholischen Bücher des Alten und Neuen Testamentes ... Die Kraft und das Mysterium verborgener, wunderbarer Gesichte erfuhr ich geheimnisvoll in meinem Innern seit meinem Kindesalter, das heißt, seit meinem fünften Lebensjahre, so wie auch heute noch ... Die Gesichte, die ich schaue, empfange ich nicht in traumhaften Zuständen, nicht im Schlafe oder in Geistesgestörtheit, nicht mit den Augen des Körpers oder den Ohren des äußeren Menschen und nicht an abgelegenen Orten, sondern wachend, besonnen und mit klarem Geiste, mit den Augen und Ohren des inneren Menschen, an allgemein zugänglichen Orten, so wie Gott es will. Wie das geschieht, ist für den mit Fleisch umkleideten Menschen schwer zu verstehen.«

Licht ist bei allen mystischen Erfahrungen auch für Hildegard von Bingen ein wesentliches Element. Das Lichterleben ist nicht Einbildung, Traum oder Rausch, sondern empfundene Wirklichkeit. Das Licht bringt Wärme und vor allem inneres Verstehen mit sich, es offenbart den bislang verborgenen Sinn der heiligen Schriften.

Die von ihr geschauten Visionen nimmt Hildegard von Bingen nicht mit den physischen Sinnesorganen wahr, sondern mit den inneren Augen und Ohren. – Hier findet sich also ebenfalls eine unübersehbare Parallele zu den Aussagen der »Wissenschaft von der Spiritualität«. Es bedarf keiner »magischen« Orte, sondern ist offensichtlich immer dann und dort möglich, wann und wo Gott es will. Der Begriff des »mit Fleisch umkleideten Menschen« bezeichnet jene, die sich nur ihrer Körperform bewußt sind, diese als die einzige Realität erleben und (noch) keinen Einblick in die geistige Wirklichkeit erlangt haben.

Der Dominikaner MEISTER ECKEHART, er lebte etwa von 1260 bis um 1327, gilt als einer der bedeutendsten Mystiker des europäischen Mittelalters. Der Dominikanermönch war Prior in Straßburg und Leiter des Ordensstudiums in Köln. Die Kirche eröffnete gegen ihn ein Inquisitionsverfahren, ein Teil seiner Aussprüche wurde verboten, er starb vor Beendigung des Verfahrens. Vor allem aus asiatischer Sicht wird Meister Eckehart oft mit höchsten Zen-Meistern verglichen oder auch als »Buddha des Westens« bezeichnet.

Einige Zitate sollen zeigen, daß Meister Eckehart in höchste mystische Dimensionen vorgestoßen war, in der kirchliche Dogmen nicht mehr zählten, sondern es nur auf unmittelbare, eigene Gotteserfahrung ankam.

»Wer zum höchsten Adel seines Wesens gelangen will und zur Anschauung des höchsten Gutes, das Gott selber ist, der muß ein Erkennen seiner selbst haben, wie auch der Dinge, die um ihn sind, bis zum Höchsten. Nur so gelangt er zu seiner wahren Lauterkeit. Darum, mein lieber Mensch, lerne du dich selbst erkennen; das ist dir besser, als wenn du alle Kräfte der Kreatur kenntest.«

Damit wird jene Bedingung angesprochen, die zur Lösung des Rätsels der menschlichen Existenz notwendig ist: Selbsterkenntnis oder wie wir bereits über dem Tempel von Delphi verewigt sahen: »Mensch, erkenne dich selbst«.

In der Predigt zur Vollendung der Seele fährt Meister Eckehart fort: »Wie du aber dich selber erkennen kannst, dazu merke zweierlei Weise. Zuerst siehe zu, wie es um deine äußeren Sinne steht: Das Auge steht allezeit dem Bösen ebenso bereit zum Sehen wie dem Guten; ebenso das Ohr dem Hören, und so ist es mit allen Sinnen. Darum müßt ihr euch mit großem Ernst dem Guten zuwenden.

Sodann vernehmt von den inneren Sinnen …

Denn was die Seele empfängt, das empfängt sie durch den Willen und anders nicht. Durch die Gnade des höchsten Gutes werden die anderen Vermögen in der Einheit einer Natur gekräftigt, und da wird dann das Licht entzündet in der Kraft des Heiligen Geistes. Und aus diesem Licht werden alle Werke der Seele gewirkt. Eine wahre Urkunde dieses gnädiglichen Lichts ist es, wenn dann ein Mensch mit freiem Willen sich abwendet von den vergänglichen Dingen und sich hinkehret zu dem höchsten Gute, das Gott selber ist.«

Der Wille, der freie Wille zumal, hatte also auch in Meister Eckeharts Weltsicht große Bedeutung. Zuerst kommt die Gnade, welche das Licht und die Kraft des Heiligen Geistes schenkt. Daraus erwächst die Fähigkeit der Seele, sich aus freiem Willen dem zuzuwenden, was ewig ist. Er beschreibt drei Wege der Seele dorthin.

»Die Seele hat drei Wege zu Gott. Der eine ist dies: mit ... brennender Liebe in allen Kreaturen Gott zu suchen ... Der zweite Weg ist ein wegloser Weg, frei und doch gebunden, wo man willen- und bildlos über sich und alle Dinge weithin erhaben und entrückt ist, wiewohl es doch noch keinen wesenhaften Bestand hat ... Der dritte Weg heißt zwar ›Weg‹ und ist doch ein Zuhause-Sein: Gott zu schauen unmittelbar in seinem Sein ... Auf diesem Wege von Gott hineingeleitet vom Lichte seines Wortes und umfangen von der Liebe des Geistes ihrer beider, das geht über alles, was man in Worte fassen kann. Lausche auf das Wunder! Wie wunderbar: draußen zu stehen sowie drinnen, begreifen und umgriffen werden, schauen und (gleichzeitig) das Geschaute selbst zu sein, zu halten und gehalten zu werden – *das* ist das Ziel, wo der Geist in Ruhe verharrt, der lieben Ewigkeit vereint.«

Das Wort Gottes enthüllt Licht – wir finden hier erneut eine Übereinstimmung zwischen den Erfahrungen und Lehren aller Mystiker aller Zeiten und aller Kulturräume: es gibt eine »Energie« oder »Urkraft«, die aus dem Göttlichen kommt und uns Menschen unter anderem als Licht erfahrbar wird. Wenn wir uns der Verbindung mit dieser Kraft öffnen, erkennen wir, daß das Göttliche und wir selbst eins sind!

Für Meister Eckehart heißt dieser hohe Flug in die zeit- und raumlose Transzendenz nicht, daß er die »Bodenhaftung« verloren hätte. Vielmehr weist er (in seiner Predigt zum tätigen und schauenden Leben) für das tägliche Leben sehr erdnahe Verhaltensweisen an:

»Auf drei Punkte sollen wir in unserem Wirken achten: daß man ordentlich, einsichtsvoll und bewußt wirke. Das nenne ich ordentlich, was in allen Dingen dem Höchsten entspricht [alternativ: was in allen Dingen dem Nächstliegenden entspricht]. Das aber nenne ich einsichtsvoll, über das hinaus man zur Zeit nichts Besseres kennt. Und bewußtes Wirken nenne ich das, wenn man [in guten Werken] die lebensvolle Wahrheit mit ihrer beglückenden Gegenwart verspürt [verbindet].«

Zu Meister Eckeharts verbotenen Aussagen gehören:

»Alles, was Gott Vater seinem eingeborenen Sohn in der menschlichen Natur gegeben hat, das hat er völlig auch mir gegeben. Hiervon nehme ich nichts aus, weder die Einung noch die Heiligkeit, sondern er hat mir alles ebenso gegeben wie ihm.«

»Es sei denn, daß Christus in mir geboren wird, es wäre, als ob er nie geboren wäre.«

»Alles, was der göttlichen Natur eigen ist, das ist auch ganz dem gerechten und göttlichen Menschen eigen. Darum wirkt solch ein Mensch auch alles, was Gott wirkt: Er hat zusammen mit Gott Himmel und Erde geschaffen; er ist Zeuger des ewigen Wortes, und Gott wüßte ohne einen solchen Menschen nichts zu tun.«

Das sind völlig eindeutige Aussagen darüber, daß der Mensch seinem Wesen nach göttlich sei. Nach diesen Worten ist es jedem Menschen gegeben, das Apostelwort, »Seid vollkommen, wie euer Vater im Himmel vollkommen ist«, auf sich als individuelle Seele zu beziehen. Meister Eckehart legt zwischen den Zeilen nahe, daß all das sogar noch hier und heute, in diesem Leben, erfahrbar ist.

ANGELUS SILESIUS, der »schlesische Engelsbote«, der mystisch beeinflußte Liederdichter und Epigrammatiker wurde 1624 als JOHANNES SCHEFFLER geboren. Zunächst Lutheraner, trat er zur katholischen Kirche über, da es in der protestantischen Kirche an Verständnis für seine mystischen Offenbarungen und Schriften fehlte. Angelus Silesius begriff Gott und Seele letztlich als eine Einheit ohne Unterschiede im Wesen. Man berichtet von ihm, daß er für mildtätige Zwecke ein beträchtliches Vermögen hergab.

Aus seinem mystischen Hauptwerk, dem *Cherubinischen Wandersmann,* stelle ich Ihnen nun jene Verse vor, die nachvollziehen lassen, daß er einen praktischen Weg der Innenschau mit konkreten »Methoden« beschreibt, die nicht nur symbolisch zu verstehen sind.

>»Ich bin nicht außer Gott und Gott nicht außer mir;
>Ich bin sein Glanz und Licht, und er ist meine Zier.«

Hiermit wird eine Grundtatsache allen mystischen Erlebens beschrieben: Gott ist nicht dort »oben« im Himmel, und wir Menschen sind nicht hier »unten« auf der Erde, sondern Gott und Mensch durchdringen einander.

>»Ich bin Gotts ander Er, in mir find't er allein,
>Was ihm in Ewigkeit wird gleich und ähnlich sein.«

Also sind wir ein Spiegelbild Gottes, das ewigen Bestand hat.

>»Es ist erstaunungsvoll, daß ich, Staub, Asch' und Kot,
>So freundlich und gemein mich machen darf mit Gott.«

Angelus Silesius wundert sich aus der Sicht üblichen Denkens, daß etwas an der vergänglichen Körperform des Menschen zu sein scheint, das mit Gott auf einer Stufe stehen darf.

>»Ich selbst bin Ewigkeit, wenn ich die Zeit verlasse
>Und mich in Gott und Gott in mich zusammenfasse.
>Je mehr du dich aus dir kannst austun und entgießen,
>Je mehr muß Gott in dich mit seiner Gottheit fließen.«

Allerdings kann der Mensch seine eigene Zeitlosigkeit erst dann begreifen und erlangen, wenn er die Relativität der Formenwelt verläßt, wenn er sein Ich hinter sich läßt und sich für die Gegenwart der göttlichen Kraft in allem öffnet.

> »Christ mein, wo läufst du hin? Der Himmel ist in dir!
> Was suchst du ihn denn erst bei eines andern Tür?
> Der Mensch, der seinen Geist nicht über sich erhebt,
> Der ist nicht wert, daß er im Menschenstande lebt.
> Mensch, geh nur in dich selbst! Denn nach dem Stein der Weisen
> Darf man nicht allererst in fremde Lande reisen.«

Wie kann man die Kraft des Göttlichen erfassen? Nicht, indem man irgendwo in der äußerlichen Welt danach sucht und sie vielleicht als Objekt zu finden hofft. Der erste der drei Verse oben spricht das Thema an: »Wisset ihr nicht, daß ihr der Tempel Gottes seid und der lebendige Geist in euch wohnt?« Danach ist es nur möglich, Gott in dem geistigen Himmel zu finden, der während unserer Lebzeiten im physischen Körper vorhanden ist.

Den Geist über sich selbst zu erheben bedeutet, das reine Bewußtsein des Selbst oder der Seele vom üblichen Ichbewußtsein abzuziehen. Dieser Vorgang, den östliche Mystiker »Überschreiten des Körperbewußtseins« nennen, geht mit der praktischen Erfahrung des Zurückziehens der Lebensströme einher, ähnlich wie es beim körperlichen Tod ohnehin vollzogen werden muß. Angelus Silesius scheint diesen Vorgang gekannt zu haben, denn er schreibt weiter:

> »Der Weise stirbt nicht mehr, er ist zuvor schon tot,
> Tot aller Eitelkeit, tot allem, was nicht Gott.
> Stirb, ehe du noch stirbst, damit du nicht darfst sterben,
> Wenn du nun sterben sollst; sonst möchtest du verderben.«

Dieser Vers spielt auf das an, was in *der Johannesoffenbarung* »der zweite Tod« genannt wird. Wir sollen bereits während des Lebens den Sterbevorgang und die Wirklichkeit des lebendigen und individuellen Bewußtseins über den körperlichen Tod hinaus kennenlernen. Sonst würde der Geist oder die Seele im Jenseits

»verderben« können, also gemäß ihrer eigenen Vorlieben und Gewohnheiten in Bereiche der Vergänglichkeit geraten (was eine zurückhaltende Umschreibung für das ist, was EMANUEL SWE-DENBORG und andere »Fegefeuer« oder »Zustände der erzwunge-nen Seelenläuterung« nennen).

Es folgt eine Reihe von Versen zu dem, was man heute »Me-ditation« nennen würde. Dabei beschreibt Angelus Silesius aus-drücklich das innere Sehen und Hören, das auch in der »Wissen-schaft von der Spiritualität« als Meditationsmethode zentralen Raum einnimmt.

> »Gott ist über all's, daß man nicht sprechen kann;
> Drum betest du ihn auch mit Schweigen besser an.
> Wenn du denkst, Gott zu schau'n, bild dir nichts
> Sinnlich's ein!
> Das Schau'n wird inner uns, nicht außerhalb uns sein.
> Das Licht der Herrlichkeit scheint mitten in der Nacht.
> Wer kann es seh'n? Ein Herz, das Augen hat und wacht.
> Wer seine Sinne hat ins Innere gebracht,
> Der hört, was man nicht red't, und sieht in der Nacht.«

Was lohnt sich zu sehen? Angelus Silesius läßt darüber keinen Zweifel:

> »Du reisest, vielerlei zu seh'n und auszuspäh'n.
> Hast du nicht Gott erblickt, so hast du nichts geseh'n.«

Der Mystiker geht erneut auf unterschiedliche Wege und Weisen ein, wie man sich mit Gott verbinden kann:

> »Mensch, was du liebst, in das wirst du verwandelt werden.
> Gott wirst du, liebst du Gott, und Erde, liebst du Erden.
> Der nächste Weg zu Gott ist durch der Liebe Tür;
> Der Weg der Wissenschaft bringt dich gar langsam für.«

Das Yoga kennt den »Jnana-Yoga« als Weg der Erkenntnis und »Bhakti-Yoga« als Weg der Hingabe – hier scheinen sich Parallelen anzubieten. Schließlich gibt uns Angelus Silesius noch den Rat, daß wir aktives und kontemplatives Leben vereinen sollen, wie es auch im Konzept der »positiven Mystik« zum Ausdruck kommt:

»Fragst du, was Gott mehr liebt, ihm wirken oder ruh'n?
Ich sage, daß der Mensch, wie Gott, soll beides tun.«

Zum weiterführenden Studium über Grundlagen des Christentums aus nichtdogmatischer Sicht empfehle ich alle Bücher, welche die Funde der aramäischen Schriftrollen vom Qumran behandeln, die Bücher von EDMOND BORDEAUX SZÉKELY über die Essenerschriften, *Reinkarnation im Neuen Testament* (Ansata) von JAMES MORGAN PRYSE, *Jesus lebte in Indien* (Knaur) von HOLGER KERSTEN, *Jesus died in Kashmir* von A. FABER-KAISER (Abacus), *The Forgotten Pilgrimage of Jesus* (Issana Press) von JAMES F. FORCUCCI, *Lives of the Master – The Rest of the Jesus Story* (A. R. E. Press) von GLENN SANDERFUR, *The Other Bible* (Harper & Row), hrsg. von WILLIS BARNSTONE, *Vom Wunder der Seele* (Reclam) und *Deutsche Predigten und Traktate* (Goldmann) von MEISTER ECKEHART, *Die Krone des Lebens* (Origo) von KIRPAL SINGH, *Das große Lesebuch der Mystiker* (Goldmann), hrsg. von DIANE VON WELTZIEN, *Das Wassermann Evangelium von Jesus dem Christus* (Kailash/Hugendubel) von LEVI, *When God was a Woman* (Harvet HBJ) von MERLIN STONE, *Mystic Bible* (Radhasoami Satsang) von RANDOLPH STONE, *The Nag Hammadi Library* (Harper & Row), hrsg. von JAMES M. ROBINSON, und schließlich *Mutter Mirjam – Maria in jüdischer Sicht* (dtv) von SCHALOM BEN-CHORIN.

9

Bewußtsein und Freiheit

Welche Rolle spielt der freie Wille in unserem Leben?

Werden wir das Mysterium des Lebens je verstehen? Kann man es in Skulpturen oder Bildern, in Hieroglyphen oder Worten je beschreiben? Läßt das Rätsel der Schöpfung sich womöglich in Formeln fassen?

Seit Jahrtausenden bemühen sich Menschen in Religion und Kunst, in Dichtung und Wissenschaft darum, Ursprung, Sinn und Ziel des Lebens zu ergründen. Seit der Antike bekannte sumerische Keilschriften geben davon ebenso frühes Zeugnis wie der erst kürzlich entdeckte und bereits erwähnte »Mystery Rock« in New Mexico. Wir suchen seit jeher nach den kleinsten Bausteinen und nach den Grundgesetzen unserer Welt. Wir wollen feststellen und festschreiben, in welcher Beziehung der winzige Mensch und das riesige All zueinander stehen.

Was verbindet Mikrokosmos und Makrokosmos? Alle alten Kulturen und die moderne Wissenschaft stellten und stellen immer wieder Fragen nach dem Schicksal, nach Vergangenheit, Gegenwart und Zukunft.

Ist unser Leben nun dem reinen Zufall überlassen, oder ist es unabänderlich vorherbestimmt? Auf Palmblättern in Indien wurde vor tausend Jahren angeblich das Schicksal von Menschen aufgeschrieben, die damals noch gar nicht geboren waren. Mathematische Formeln der Neuzeit können, so meinen manche Physiker, angeblich die Entstehung der Welt nachschreiben. Wieder andere Wissenschaftler wollen berechnen können, wie groß die Chance ist, daß außerirdisches intelligentes Leben besteht.

Die vielen Fragen nach ersten und letzten Ursachen erhalten mehrere Antworten, nicht nur eine einzige.

Gilt das SCHILLER-Wort: »Das Universum ist ein Gedanke Gottes«? Oder hat CHRISTIAN FRIEDRICH HEBBEL recht mit dem Ausspruch: »Die Welt ist Gottes Sündenfall«?

Wie soll man das scheinbar unlösbare Paradoxon verstehen, daß erst die eigene Bemühung göttliche Gnade herabrufen könne, andererseits jedoch der Impuls zur eigenen Bemühung bereits einen Gnadenakt Gottes darstellt? Sollen wir gar nicht versuchen zu verstehen? Sant DARSHAN SINGH spricht von zwei Wegen, dem der Bemühung und der Gnade und jenem der Ich-Aufgabe oder Hingabe. Mir ist der Zugang zum zweiten Weg leider noch nicht gegeben, ich bemühe mich noch, nicht nur zu empfinden und meditativ zu erfahren, sondern auch mental zu erforschen und zu verstehen. Dabei muß ich eingestehen, daß dies vielleicht der längere Weg ist.

Allerdings ist weder die Unauflösbarkeit des oben genannten Paradoxons noch die Tatsache, daß wir vielleicht auch auf andere wesentliche Fragen noch keine überzeugende Antwort gefunden haben mögen, ein Grund oder Anlaß, etwas zu unterlassen, das im Rahmen des freien Willens möglich ist.

Wie viel und wie wenig können wir aus unserem Leben machen? Möge keiner behaupten, daß der freie Wille – selbst wenn er »nur« auf ein Viertel der Gesamteinflüsse beschränkt sein mag –, nicht allemal noch groß genug ist, um ihn auch als »guten Willen« zu verwirklichen.

Wessen bedarf es denn mehr als des freien und guten Willens, um nicht mehr zu bekämpfen und zu morden, um einander nicht mehr zu terrorisieren, um religiöse Toleranz walten zu lassen, um in allen Menschen Seelenschwestern und Seelenbrüder zu sehen, um einander nicht mehr auszubeuten und zu übervorteilen, um gegen Gewalt und Unrecht mit einer Stimme zu sprechen …?

Wenn wir dem freien und guten Willen keine Chance geben – jeder von uns individuell in seinem eigenen kleinen Wirkungskreis nach dem Wort: »Wenn du dich änderst, ändert das die Welt« –, brauchen wir uns nicht über Haß, ungerechte Politik, menschenverachtende Gewalt und andere »Schicksalsschläge« zu wundern, die letztlich auf uns alle zurückfallen.

Frei nach RAMANA MAHARSHI können wir feststellen: Der freie Wille begründet Wünsche, deren Sinn und deren Erfüllung offen ist. Falls wir Mißerfolg haben oder versagen, nennen wir das »Schicksal«. Falls uns Erfolg beschieden ist, glauben wir, etwas aus eigenen Kräften erreicht zu haben. Solange das Ego besteht, sieht man das Leben also nicht richtig und vermag auch nicht über die irdische Ebene der Relativität hinauszugelangen.

Schicksal kann ohne den freien Willen nicht entstehen. Der in der Vergangenheit ausgeübte freie Wille ist Ursprung und Ursache der vermeintlich schicksalhaften Bestimmung unserer Gegenwart und formt unser Leben. Reine Gedanken und Handlungen erbringen günstige Ergebnisse. Unerwünschte Gedanken und Handlungen führen zu unerwünschten Wirkungen. Deshalb sollte zunächst das Gemüt von diesen Tendenzen befreit und der freie Wille sehr überlegt ausgeübt werden. Wenn ein ungünstiges Schicksal bereits abläuft, wird das Gemüt kaum zu Ruhe und Reinheit kommen können. Das Gemüt folgt dem Lauf des Schicksals. Reine Gedanken werden durch die Gemeinschaft mit geistig bewußten und rein lebenden Menschen gefördert, und dies wird wiederum zu einem günstigen Schicksal führen.

Der freie Wille und das eigene Schicksal bedingen einander. In begrenztem Umfang kann das Schicksal durch die Kraft des freien Willens geändert werden.

Das gegenwärtige Schicksal beruht jedoch zumeist und überwiegend auf vergangenen Einflüssen. Nur spirituelle Weisheit und die Entwicklung der Unterscheidungsfähigkeit werden das Problem lösen. Durch Selbsterkenntnis gelangt man zum wahren Ich, zum Selbst. In diesem bewußten, »erleuchteten« Zustand existiert der Suchende als solcher nicht mehr. Schicksal und freier Wille werden beide unerheblich – man befindet sich dann in einem Zustand jenseits dieser beiden Faktoren. Das zu erkennen, dazu dienen die Vorbilder der »Heiligen«, also der verwirklichten Seelen. Ohne ihre Hilfe, ganz aus eigener Kraft, dürfte es für uns gewöhnliche Sterbliche fast unmöglich sein, aus den Labyrinthen der Scheinantworten und Scheinwege herauszufinden.

Mit oder ohne »Karmalehre« gilt: Die sinnvolle Gestaltung der Zukunft durch Lernen aus der Vergangenheit und ein bewußtes Leben in der Gegenwart ist Teil der Selbstentdeckung des Menschen als potentiell freies, schöpferisches Wesen.

Und gerade wer die Gesetzmäßigkeit von Ursache und Wirkung, also das Grundprinzip sowohl der antiken Karmalehre als auch der modernen Physik, als roten Faden erkannt hat, der sich durch unser ganzes Leben zieht, wird die Notwendigkeit anerkennen, sich im rechten Gebrauch des freien Willens besonders unterweisen zu lassen und ihn besonders verantwortlich anzuwenden.

Welche Rolle übernimmt dabei unser Bewußtsein? Es erhält allergrößte Bedeutung. Zuerst müssen wir erkennen und erleben, daß wir alle mehr sind als nur dreidimensionale, körperliche »Tiere«, die von diesen oder jenen Stimmungen hierhin oder dorthin getrieben werden. Wir können erfahren, daß geistige, zwar unsichtbare, aber dennoch höchst wirksame Kräfte in und durch uns wirken und daß wir alle durch diese Kräfte miteinander verbunden sind.

Wer oder was blickt aus den Augen des Freundes, der Partnerin, der Mutter, des Vaters, der Geschwister, der Nachbarn, der Kollegen, der politischen, wissenschaftlichen, gewerkschaftlichen, wirtschaftlichen oder religiösen Menschen, auch aus jenen der »Feinde«, aus jenen der »Prominenz«, aus jenen der Ärmsten der Armen? Sehen Sie in einen Spiegel, schauen Sie sich selbst in die Augen. Blicken Sie die Menschen in Familie, Freundeskreis, Beruf oder unterwegs direkt an: Wen oder was finden Sie in den Augen des Kleinkindes, das noch nicht sprechen kann, oder des kranken und schwachen Patienten, der nicht mehr sprechen kann? Sehen Sie in die Tiefe der Augen – die man nicht von ungefähr die »Fenster der Seele« nennt.

Sehnsucht nach Liebe, Ausstrahlung von Güte, Heimweh nach der wahren Heimat, Kraft und Klarheit, innere Schönheit, Ruhe und Frieden … und so vieles mehr blickt uns an. Bemerken wir das Aufleuchten des inneren Lichts? Erfassen wir die Tiefe der Seele? Schauen wir das ewige Sein, das uns anblickt, als ob wir in einen Spiegel sähen?

Wir werden das sehen, was wir in uns selbst entdeckt haben. Wir werden den anderen als das Wesen spüren, als das wir uns erleben.

Wenn wir uns als bewußtes Sein erfahren – und daß das möglich ist, durften wir den beiden Kapiteln zuvor entnehmen –, wie gehen wir dann mit unserem Schicksal um, und was fangen wir mit unserem freien Willen an? Suchen wir nach kompetenter Führung, oder beharren wir auf der Illusion, daß wir selbst schon »Manns genug« wären, uns am eigenen Schopf herauszuziehen?

Wenn wir aufgrund der freien und bewußten Willensentscheidung einem spirituellen Pfad folgen und dabei sogar einen Lehrer oder Begleiter haben, ist es nur natürlich, daß wir immer wieder stolpern. Selbstverständlich werden wir weiterhin die einen oder anderen Dummheiten oder Fehler begehen – wer ist vollkommen auf diese Erdenschule gekommen? Aber wir folgen dann einer inneren Orientierung, zumindest haben wir einen geistigen Anker geworfen und fühlen uns getragen und durchströmt von der großen Kraft eines Lebens, das Sinn, Hoffnung, Freude, Liebe und Seligkeit schenkt.

Können wir uns »selbst erlösen«, können wir ohne Hilfe »erleuchtet« oder »heilig« = »heil« = »ganz« werden? Strebt die gesamte Schöpfung ohnehin »automatisch« dem Ziel der Vervollkommnung entgegen, so daß wir eigentlich gar nicht selbst aktiv zu sein brauchen?

Wer sich als reines Sein erlebt, für den kann das wohl gelten. KIRPAL SINGH pflegte zu sagen: »Gott plus Ego ist gleich Mensch, Mensch minus Ego ist gleich Gott.« Wenn wir das Verhaftetsein des Egos überwunden oder abgestreift haben, sind wir in der Lage, als reines Selbst ohne jedes weitere Ziel gleichsam »automatisch« eins mit der Schöpferkraft zu sein und insofern aus uns selbst zu leuchten.

Bis wir dorthin gelangen – selbstverständlich ist es kein »dort« im geographischen Sinne, sondern das uns im Wesen Allernächste –, dürfte es für die Mehrzahl der Menschen nützlich und willkommen sein, sich der Hilfe zu bedienen, die uns Seelen anbieten, die bereits verwirklicht sind.

Welche Mittel – außer der unschätzbaren und allerbesten Hilfe durch bereits verwirklichte Menschen, die anderen Seelen auf deren Weg als »Reiseführer« dienen können – und »Methoden« stehen zur Verfügung, um sich für die Erkenntnis seiner selbst und damit des Lebens und der Welt zu öffnen? Meiner Erfahrung nach sind es einige sehr einfache »Techniken«.

Der rechte Umgang

Die Gemeinschaft welcher Menschen suchen und teilen wir? Sind es Menschen, die sich um eine ethische und spirituelle Lebensführung bemühen? Sind es Menschen, die unser Bewußtsein fördern und erheben? Sind es Menschen, in deren Gegenwart wir Frieden und Liebe für alle Menschen empfinden?

Doch, solche Menschen gibt es auch heute noch.

Das rechte Gespräch

Das Gespräch unter Menschen, der vorurteilslose und tolerante Austausch, die echte Kommunikation ist eines der grundlegenden Mittel, um eine bessere Gegenwart und Zukunft zu gestalten. Öffnen wir uns dem konstruktiven und liebevollen Austausch. Fördern wir ihn! Eine Richtschnur für das Gespräch lautet nach KIRPAL SINGH so: »Sprich, was wahr, notwendig und liebevoll ist.«

Zumindest bemühen können wir uns darum.

Das rechte Wissen

Die Beschäftigung mit geistigen, religiösen, philosophischen und humanistischen Lehren aus der ganzen Welt und aus allen Kulturräumen und Epochen ist ein zweites wichtiges Mittel – unter der Voraussetzung, daß man nicht nach Bestätigung seines eigenen Standpunktes sucht, sondern danach fragt, was allen Lehren, seien sie ethischer oder mystischer Natur, gemeinsam ist.

Unser freier und guter Wille gestattet uns dies auf jeden Fall.

Das rechte Gebet

Bitten an das Leben, an das Universum, an die Schöpferkraft, an Heilige und Meister, an Gott werden um so wirksamer sein, wenn sie von Herzen kommen. Manche Gebete richten sich auf die Linderung von Leiden oder die Erfüllung von Wünschen. In anderen geht es um die Bemühung, sich selbst zum Besseren zu wandeln. Und schließlich kennen wir Gebete, in denen die Sehnsucht nach Aufnahme und Sein in Gott zum Ausdruck kommt. Gebete helfen, das Herz zu öffnen und die Seele ihrer eigenen Quelle näher zu bringen.

Ein BUDDHA zugeschriebenes Gebet lautet etwa so:
»Ich wünsche universelle Liebe für alle Wesen. Ich wünsche, daß die gesamte Schöpfung – über mir und unter mir, zu meiner Linken und meiner Rechten – in Frieden leben möge. Ich wünsche allen Wesen Heil, leben sie nun in dieser Welt oder in einer anderen. Laß Frieden überall sein.«

Der Weber und Mystiker KABIR, der im Mittelalter in Indien sowohl von Muslimen als auch von Hindus als Heiliger verehrt wurde, betete:
»Mit gefalteten Händen bete ich: Höre, o Meer der Barmherzigkeit! Gewähre mir die Gaben des Mitgefühls, der Demut, der Erkenntnis und der Glückseligkeit in der Gemeinschaft der Heiligen. Kabir betet, seine Gedanken unverwandt an Deine Lotusfüße geheftet, o Guru! Erzähle mir vom wahren Pfad der Heiligen.

Worum sollte ich Dich bitten? Fühle ich mich doch voll so großer Scham. Ich begehe Sünden, deren Zeuge Du bist: Wie kann ich Dir dann gefallen? Während ich alle Fehler in mir habe, bist Du alle Güte; falls ich Dich vergesse, bete ich, daß Du mich nicht vergessen mögest.

O Herr! Möge ich Dich niemals vergessen, selbst nicht inmitten der Millionen [anderer Menschen]; Du kannst viele haben wie mich, aber für mich gibt es Keinen außer Dir. Falls ich Dich vergessen sollte, wo würde ich Obhut finden? Ich kann mein

Herz keinem anderen geben – weder Shiva noch Virancha oder Narda.

Bei all meinen Fehlern, werde nicht zornig mit mir – der Meister vergibt doch die Mängel seines Dieners; der vergeßliche Kabir ist durch und durch beschmutzt, aber der Meister hat ein liebendes Herz ...

Das Meer des Lebens ist zu tief, um gemessen und aufgezeichnet zu werden. Mit Deiner Gnade, o Barmherziger Einer, könnte ich Boden unter den Füßen gewinnen ...

Vom Anfang aller Zeit bis zum Ende der Zeit ist Liebe zwischen Dir und mir, wie kann eine solche Liebe ausgelöscht werden? Deshalb sagt Kabir: Wie der Fluß ins Meer strömt, ergießt sich mein Herz in Dir.«

Der heilige FRANZISKUS VON ASSISI soll uns das folgende Gebet geschenkt haben, das gleichermaßen von Herzen kommt und zu Herzen geht.

»Herr, mach mich zum Instrument Deines Friedens.
Wo Haß ist, laß mich Liebe säen,
wo Leid herrscht, Heilung,
wo Zweifel besteht, Glaube,
wo Verzweiflung ist, Hoffnung,
wo Dunkelheit herrscht, Licht,
wo Trauer ist, Freude.

O göttlicher Meister, gib,
daß ich nicht so sehr Trost suche als Trost spende,
nicht so sehr zu verstehen suche als selber verständnisvoll werde,
nicht so sehr Liebe suche als selber liebe.
Denn im Geben empfangen wir,
in der Vergebung wird uns vergeben,
und im Sterben werden wir in das
ewige Leben geboren.«

Insbesondere dann, wenn uns Gebete fremd erscheinen und sie uns vielleicht anfangs wenig mitzuteilen haben, könnten wir damit beginnen, auf ganz schlichte Weise innerlich zu sprechen: »Gott, falls es dich gibt, bitte offenbare dich.« Wer nicht sucht, wird im Regelfall auch nicht finden.

Was bedeutet es schon, wenn wir nicht gleich und nicht immer ganz aufrichtig im Gebet sind? Es kann uns ja nicht überraschen, daß wir nicht so schnell leuchtende Vorbilder des demütigen Bittens werden – solange wir nur überhaupt anfangen zu bitten und damit anzunehmen bereit sind, daß etwas Größeres als wir – vielleicht – existiert.

Die rechte Meditation

»Wer bin ich?« »Woher komme ich?« »Wohin gehe ich?« »Was ist der Sinn?« Intellektuelle Antworten auf diese Fragen werden immer sehr begrenzt bleiben. Es ist dem Verstand nicht gegeben, über sich hinauszublicken. Wir benötigen aber einen höheren Standpunkt, um aufnahmefähig für die möglichen Klärungen zu werden. Dazu müssen Gemüt und Verstand eine Zeitlang stille sein, damit die Seele die ihr eigene, »übersinnliche« innere Wahrnehmungsfähigkeit entfalten und nutzen kann.

Echte Meditation bereitet den geistigen Raum, um sich auf das eigene Sein, die Wirklichkeit des Geistes, unmittelbar einzulassen.

Atemübungen, Chakra-Übungen, gegenständliche Meditationen und dergleichen mehr mögen für manche Menschen nützliche Vorbereitungsschritte darstellen. Früher oder später werden wir über die grobstofflichen und feinstofflichen Sinne hinausgehen, uns als ein Licht aus dem einen Licht erkennen und in die ewige Wirklichkeit des strahlenden Geistes eintauchen.

Wir brauchen uns nicht zu etwas zu zwingen, wir müssen ja nicht gleich stundenlang meditieren wollen. Und natürlich werden wir lange Zeit ständig von einer wahren Flut von Gedanken und Gefühlen überschwemmt – aber dennoch können wir jeden Tag aufs neue einige Minuten lang in die Stille gehen. Wir können unserer Seele einige Minuten lang Zeit und Raum gönnen, ihre Flügel zu entfalten und sich in andere Gefilde zu schwingen.

Die rechte Verwirklichung im Alltag

In Abwandlung des berühmten Wortes »Fragt nicht, was der Staat für euch tun kann, sondern fragt, was ihr für den Staat tun könnt« von JOHN F. KENNEDY möchte ich uns ermutigen: »Fragen wir nicht danach, was uns trennt, sondern suchen und fördern wir aktiv das, was uns gemeinsam ist und uns zusammenführt – menschlich, wirtschaftlich, sozial, kulturell, religiös, spirituell.«

Von diesem Ansatz handelt das nächste Kapitel, in dem vier führende Humanisten unserer Zeit mit praktischen Vorschlägen zur Verwirklichung des freien und guten Willens im Alltag zu Wort kommen.

10

Liebe, Frieden und Einheit

Aufrufe zur spirituellen Verantwortung im Alltag

Was sollten all unsere Bemühungen um Selbsterkenntnis und die Lösung von Schicksalsfragen nutzen, wenn wir diese Suche isoliert von den Menschen um uns herum betrieben? Jede Antwort muß sich ja in der Welt, im Alltag bewähren. Wesentliche Anregungen zur praktischen Verwirklichung spiritueller Einsichten wurden von führenden geistigen Lehrern anläßlich der siebten Weltreligionskonferenz in Indien formuliert. Die im folgenden zitierten vier Personen zeichnen sich alle durch eine außergewöhnliche Verbindung von denkerischer Klarheit, persönlicher Demut, spiritueller Einsicht, sozialem Einsatz und umfassender Liebe zu allen Menschen und allen Geschöpfen aus.

Die Aufzeichnungen für dieses Kapitel entstanden im Februar 1994 in Delhi. Die siebte Weltreligionskonferenz fand zeitgleich mit den Feiern zum hundertsten Geburtstag des verstorbenen Präsidenten der Weltgemeinschaft der Religionen, KIRPAL SINGH, statt. Er hatte den religiösen Austausch im Rahmen mehrtägiger persönlicher Treffen von religiösen Führern und geistig interessierten Menschen begründet. Diese Februartage brachten Tausende unter dem Aufruf zur Einheit der Menschen und im Namen der Gemeinsamkeit aller Religionen zusammen. Nach einem Friedensmarsch mit hunderttausend Teilnehmern aus aller Welt, nach Tagungen und Begegnungen wurde am sechsten Februar die Abschlußkonferenz abgehalten.

Unter der Leitung des derzeitigen Präsidenten der Weltgemeinschaft der Religionen, RAJINDER SINGH, wurden von Oberhäuptern und führenden Vertretern verschiedener Religionen – vom Hinduismus bis zum Islam, vom Judentum bis zum Christentum, vom Jainismus bis zum Buddhismus, von »freien Gemeinschaften« über Yogagruppen bis zur »Wissenschaft von der Spiritualität« – Fragen erörtert wie: Was können die Religionen praktisch zum Frieden beitragen? Wie läßt die Einheit der Menschen sich verwirklichen? Auf welche Weise kann der einzelne spirituelle Erfahrungen gewinnen?

Aus diesen Tagen stelle ich hier nur wenige Antworten auf gezielte Fragen vor und kurze Auszüge aus Ansprachen, die zu unserem Themenkreis gehören.

In der Eröffnungsrede sagte der Tagungsleiter Rajinder Singh unter anderem:

»Möge dieser Tag der Abschlußveranstaltung der siebten Weltreligionskonferenz, der gleichzeitig der hundertste Geburtstag ihres Gründers Sant Kirpal Singh ist, zum Tag werden, den alle Menschen dieser Erde, ob sie nun Hindus, Christen, Sikhs, Juden, Muslime, Buddhisten oder Jains sind, als Tag der Einheit der Menschen feiern, als Tag der Ankunft des göttlichen Lichts und Tons, mit dem wir alle uns verbinden müssen. Wenn wir das Leben von Sant Kirpal Singh betrachten, stellen wir fest, daß er in diese Welt kam, um uns Hoffnung zu geben:

Hoffnung, daß die Welt keine Katastrophenzone sein muß,

Hoffnung, daß dies kein zufälliges Leben ist,

Hoffnung, daß es Sinn im Leben gibt,

Hoffnung, daß es Gott gibt.

Wenn wir nach besonderen Qualitäten in Sant Kirpal Singhs Leben suchen, finden wir: Spiritualität, ethische Lebensführung, selbstloses Dienen, Liebe für die ganze Menschheit, Arbeit für die Einheit der Menschen, Einsatz für den Frieden, den wir alle in uns selbst entwickeln müssen.

Sein einziger spiritueller Lebenszweck bestand darin, Menschen aus der ganzen Welt, Menschen aller Religionen dabei zu helfen, wahre Menschen zu werden.

Er sagte oft, daß es schwierig sei, zu einem wahren Menschen zu werden. Wenn man aber einmal zu einem wahren Menschen im wirklichen Sinne geworden sei, dann sei es nicht mehr schwer, Gott zu finden.«

Der gegenwärtige DALAI LAMA, das geistliche Oberhaupt der Lamaisten, ist Friedensnobelpreisträger. Er ist zu einem international geachteten Vorbild für echtes menschliches Mitgefühl und beharrliche Arbeit am Weltfrieden geworden. Zunächst sei ein kurzer Auszug aus seiner Ansprache wiedergegeben, danach folgen Antworten auf Fragen im Rahmen eines persönlichen Gesprächs mit dem Verfasser.

Der Dalai Lama sagte zur Rolle der Religionen:

»Lassen Sie uns über die Realität nachdenken. Es gibt heutzutage viele Probleme, viel Leid. Und manche Probleme und manches Leid entstehen tatsächlich nur aufgrund unterschiedlicher religiöser Traditionen. Das ist sehr traurig.

Nehmen wir an, der Sinn der religiösen Traditionen bestünde darin, der Menschheit zu helfen – zu versuchen, Harmonie, Freundschaft und Frieden zu vertiefen. Wenn sich dann aber im Namen verschiedener religiöser Traditionen die Probleme vergrößern oder tragische Ereignisse geschehen, so ist das wirklich sehr traurig.

Lassen Sie uns deshalb über den Wert der Religionen nachdenken. Falls Religion in der modernen Zeit zu nichts mehr nutze ist, dann meine ich, sollten wir den Mut haben, die Religionen aufzugeben …

Wenn wir menschliche Gefühle positiv gebrauchen, sind sie sehr hilfreich – Zielstrebigkeit kann auf menschlichen Gefühlen aufbauen und sich entwickeln. Und doch können falsch eingesetzte menschliche Gefühle sehr gefährlich werden.

Religionen haben sehr viel mit Gefühlen zu tun – deshalb haben die verschiedenen religiösen Führer in dieser Hinsicht eine besondere Verantwortung.«

Zur persönlichen Verantwortung meinte der Dalai Lama:

»Wir sind Teil der Menschheit. Wenn wir in der Menschheit etwas positiv verändern möchten, muß jeder einzelne von uns seine eigene Verantwortung erkennen.

Es ist, glaube ich, falsch zu erwarten, daß es ohne eigene Beteiligung daran irgendwie schon eine Wende zum Besseren geben wird. Falls wir einen Wandel zum Guten wollen, müssen wir uns daran selbst beteiligen, müssen wir Verantwortung übernehmen und einen Sinn für unsere Pflichten entwickeln.

Versuchen Sie es, bemühen Sie sich konstant darum, auch im kleinen. Wir können etwas verändern, wir können einen gewissen Beitrag leisten – unterziehen Sie sich von jeder Seite aus dieser Anstrengung: Dann besteht die Möglichkeit für eine größere Veränderung ...

Deshalb muß jeder von uns Sinn für Verantwortung entwickeln, den Versuch unternehmen – selbst, wenn er fehlschlägt –; eine Bemühung, die fehlschlägt, ist viel besser, als nichts zu tun!«

Es ergab sich eine Gelegenheit zum persönlichen Gespräch mit dem Dalai Lama, und ich fragte ihn zunächst danach, was man heute dazu beitragen könne, das Leid in der Welt zu vermindern. Er antwortete mir:

»Natürlich ist es sehr schwierig, innerhalb kurzer Zeit etwas zu ändern. Ich denke, wir sehen uns heutzutage zahlreichem und großem Leid gegenüber, etwas, das ich ›menschgemachte Probleme‹ nenne. Das alles ist jenseits des gesunden Menschenverstands oder der Logik.

Ich glaube, das ist so, weil die menschlichen Emotionen außer Kontrolle geraten. Unter den gegenwärtigen Umständen ist das sehr schwer zu kontrollieren.

Wir müssen aus den Ereignissen lernen, daß es sehr schwierig ist, etwas zu beherrschen, wenn es zu weit herangereift ist. Deshalb dürfen wir in der Zeit, während der sich die Ursachen für Leid bilden, diese nicht vernachlässigen oder übersehen.

Ich meine, wir als Menschheit haben die Verantwortung, in langen Zeiträumen zu denken. Das fängt in der Erziehung und im Familienleben an und erstreckt sich auf die Umwelt. Wir alle und auch die Medien tragen Verantwortung.

Von Geburt an besitzen alle Menschen die Fähigkeit der menschlichen Zuneigung, des menschlichen Mitgefühls – das ist der wichtigste Faktor, auf menschlicher Zuneigung beruht alle Hoffnung ...

Durch verschiedene Methoden müssen wir das Mitgefühl entwickeln und stärken, dann haben wir einen Grund, damit zu rechnen oder darauf zu hoffen, daß eine bessere Zukunft möglich wird, eine harmonischere menschliche Gemeinschaft.«

Eine weitere Frage stellte ich ihm zum Sinn in der Welt: »Meinen Sie, daß jeder erfahren kann, daß es einen Sinn im Leben gibt, daß nicht nur Chaos herrscht oder der Zufall, sondern daß ein innerer oder höherer spiritueller Sinn für jedermann besteht?«

»Das ist schwer zu sagen«, erwiderte er nachdenklich. »Ich weiß nicht, ob es einen Sinn hinter dieser ganzen Kosmologie, hinter der Existenz gibt. Vom buddhistischen Standpunkt aus weiß ich das nicht. Es hat sich ereignet, glauben wir, aufgrund unserer eigenen Karmas, aufgrund unserer eigenen früheren Handlungen.

Ob wir das nun mögen oder nicht, ist die Lage doch so, daß jeder von uns ein glückliches Leben führen möchte, und ich betrachte im allgemeinen Glück als den Sinn des individuellen Lebens ... Wir können in großem Umfang etwas an unserer Welt verändern, wir können das innere Glück mehren, eine glücklichere Familie, eine glücklichere menschliche Gemeinschaft schaffen ...

Diese Möglichkeit ist vorhanden, wenn wir menschliche Intelligenz mit unserer Entschlossenheit auf der Grundlage von menschlichem Mitgefühl und gegenseitiger Zuneigung verbinden ...

Wenn wir uns ständig bemühen, können wir etwas verändern, können wir die Welt transformieren.«

Zum Dialog zwischen den Religionen nimmt auch Padre MAXIMILIAN MIZZI Stellung. Der Franziskanerpater Maximilian Mizzi aus Assisi beeindruckt durch seine besondere Demut und Güte und das liebevolle Verständnis für die Religionsformen anderer Glaubensgemeinschaften. Mit hohem persönlichen Einsatz bringt er unzähligen Menschen immer wieder die Kraft des Gebetes nahe und lädt sie dazu ein, sich auf die Verwirklichung eines wahrhaft menschenwürdigen Lebens einzulassen. Maximilian Mizzi ist der Generaldelegat des Franziskanerordens für den interreligiösen Austausch. Ich durfte ihm in Delhi und einige Wochen später auch beim Weltgebetstag in München begegnen. Im Gespräch ging er unter anderem auf die folgende Frage ein: »Welche ist die beste Art und Weise, die Gegensätze der Religionen zu überbrücken?«

Maximilian Mizzi vertritt folgende Ansicht:

»Der erste Schritt besteht darin, daß man einander begegnet. Wenn wir einander treffen, lernen wir einander besser kennen.

Zweitens kommt der Dialog: Wenn wir miteinander sprechen, können wir entdecken, wieviel wir wirklich gemeinsam haben. Ich meine, wir haben sehr viel mehr Gemeinsames als Trennendes. Das habe ich in meiner Beziehung zu anderen Religionen entdeckt.

Der dritte Punkt ist der wichtigste: Ich glaube an das Gebet, und ich meine, wir sollten zusammenkommen, um gemeinsam zu beten. Ich erinnere mich an das Treffen in Assisi von 1986, als der Papst Vertreter aller Religionen der Welt einlud – und Pir Vilayat war auch dabei –, um gemeinsam zu beten.

Wir können und müssen selbstverständlich den Dialog über den Frieden führen, aber falls und soweit der Frieden nicht von Gott kommt, werden wir keinen Frieden haben können. Deshalb müssen wir zusammenkommen, um gemeinsam darum zu beten.

Diese drei Dinge führen uns meiner Meinung nach zusammen.«

PIR VILAYAT KHAN, ein bedeutender Sufimeister, Freund und Wegbegleiter von KIRPAL SINGH, arbeitet seit vielen Jahren intensiv für die Verständigung unter den Religionen und Menschen und für die praktische spirituelle Entwicklung des einzelnen. Seine gedankliche Haltung geht bereits aus seiner Ansprache bei der Weltreligionskonferenz hervor.

»Im Namen Gottes. Eure Heiligkeit, RAJINDER SINGH, Eure Heiligkeit, SUSHIL KUMAR [Oberhaupt der Jains], und alle Vertreter der spirituellen Bewegungen und alle von Ihnen, die Sie sich dem spirituellen Ideal widmen – lassen Sie uns alle gemeinsam ein Gebet meines Vaters sprechen. Seine Heiligkeit, der Dalai Lama sagte, daß wir zusammen beten sollten:

Mögen wir Dich, o Gott, in allen Deinen heiligen Namen und Formen erkennen: als Rama, als Krishna, Shiva, als Buddha. Laß uns Dich erkennen als Abraham, als Salomon, als Zarathustra, als Guru Nanak, als Christus, als Mohammed und in vielen anderen Namen und Formen, die der Welt bekannt oder unbekannt sind.

Ich teile mit Ihnen das tiefe Gefühl, an einem der wichtigsten Ereignisse unserer Zeitgeschichte teilzunehmen. Ich weiß nicht, ob Sie erkennen, welche Bedeutung nun, da wir den hundertsten Geburtstag von Sant Kirpal Singh feiern, den viele von uns so sehr liebten und verehrten, dieses Treffen für die ganze Welt hat.

Ich meine, die Einheit der Religionen ist die letzte Chance zum Überleben auf diesem Planeten.

Und jeder von uns ist dafür verantwortlich, in seiner eigenen Religion das Element zu finden, das uns verbindet, anstatt uns zu trennen.

Wir sollten nicht erlauben, daß unsere Religionen uns trennen. Wir sollten nicht erlauben, daß religiöse Führer uns voneinander trennen.

Finden Sie das Wesentliche Ihrer Religion in Ihrem direkten Kontakt mit Gott, dann werden Sie Frieden finden. Und wenn Sie sich nach innen wenden, ist Ihre spirituelle Erfahrung der wichtigste Teil Ihrer Religion. Sie ist der Duft, verbreiten Sie diesen Duft an alle um Sie herum – Sie werden soviel Sympathie erfahren ...

Wenn Sie in der Lage sind, von einem inneren Ort des Friedens aus zu sprechen, erhalten Sie soviel Resonanz, und die Menschen um Sie herum werden sagen: ›Ja, das ist genau das, was wir wollen.‹

Wie Seine Heiligkeit, der Dalai Lama, sagte: Sie selbst müssen es tun, Sie können sich nicht auf andere verlassen – in Organisationen, in der Institutionalisierung von Religion ... dort ist es nicht, es ist in Ihnen selbst, in Ihrem Bewußtsein.

Sehen Sie, diese Konferenz ist die Erfüllung der Botschaft meines Vaters über die Einheit, die er 1910 in den Westen brachte. Welche Freude es bedeutet, mitzuerleben, daß sie sich hier in Indien erfüllt, woher er gekommen war ... Wir sind heute hier nur durch Sant Kirpal Singh zusammen ... Wir schulden ihm große Dankbarkeit ... Mit einem Wort meines Vaters auf die Frage, was er mit dem Begriff ›Die Botschaft unserer Zeit‹ meinte, darf ich schließen: ›Es ist das Erwachen der Menschheit für die Göttlichkeit im Menschen.‹

Wenn Sie Ihr eigenes Erbe des göttlichen Wesens in sich erkennen, dann finden Sie Frieden in sich selbst und erfahren Liebe für alle Wesen. Gott segne Sie.«

Nach seiner kurzen Ansprache hatte ich Gelegenheit zu einem Gespräch mit ihm und fragte ihn – hier verkürzt wiedergegeben – nach Sinn und freiem Willen: »Viele Menschen, die sich nicht mit Religion beschäftigen, fragen sich, ob ihr Leben zufällig ist oder ob es vom Chaos bestimmt wird oder ob es vielleicht einen Sinn gibt, ob Leben vorherbestimmt wird, ob es einen freien Willen gibt?«

»Das ist genau die Crux der Frage, mit der ich mich auseinandersetze«, entgegnete er mir. »Bei Begegnungen zwischen Physikern, Wissenschaftlern und kontemplativen Menschen diskutieren wir genau das: Inwieweit gibt es eine Art ›Programmierung‹, inwieweit greift der freie Wille in diese Programmierung ein, und inwieweit muß die ›göttliche Software‹ darauf eingestellt sein, was mit Menschen geschieht, wenn diese ihren freien Willen nutzen ... eine Art Feedback ins Programm zurück, und zusätzlich, welche Arten von Zufälligkeit oder Wahrscheinlichkeit eintreten mögen – das alles ist ein Thema, auf das ich die Antwort nicht habe, das bleibt eine Frage.«

Eine weitere meiner Fragen lautete: »Was würden Sie, Pir Vilayat, sagen, welche Rolle Meditation, Übungen, eigene spirituelle Praxis einnehmen, um das Licht Gottes, das in jedem von uns ist, zu enthüllen?«

»Ich glaube, daß das Herz jeder Religion echte Erfahrung ist. Das Äußere sind Dogmen, Zeremonien, Institutionalisierung. Aber jeder einzelne muß sich selbst nach innen wenden und etwas entdecken, das in der Theologie sehr umstritten ist. Das ist auch im Islam kontrovers, neben der Tatsache, daß Jesus der Sohn Gottes sei, was den Islam vom Christentum trennt. Wenn man aber tiefer geht, so hat sogar Jesus Christus gesagt: ›Seid vollkommen, wie Euer Vater im Himmel vollkommen ist‹, und wir deuten das so, daß wir alle das göttliche Erbe in uns tragen.

Wie mein Vater sagte: ›Wenn du nicht die Qualitäten des Vaters in deinem Wesen selbst wahrnimmst, kannst du nicht davon überzeugt sein, sein Sohn zu sein.‹ Das wäre, als ob Christus seines göttlichen Erbes nicht gewahr gewesen sei und es nicht bewußt übernommen habe. Es handelt sich also darum, sein Erbe anzutreten ...

Wenn wir uns nun nach innen wenden, müssen wir nichts beanspruchen, sondern wir entdecken das göttliche Erbe, göttliche Qualitäten ...

Gleichzeitig kennen wir eine sehr paradoxe Aussage von IBN ARABI: ›Erkenne, worin du Gott bist, und erkenne, worin du nicht Gott bist!‹

Es gibt graduelle Entwicklungsstufen – auf der menschlich-physischen Ebene sind wir natürlich nicht wie Gott, aber wenn Sie die Pyramide immer weiter hinaufgehen, bis zur Spitze, dann – man wagt es kaum auszusprechen, denn wenn man das tut, wird man gekreuzigt; ANALHAD wurde dafür gekreuzigt, daß er sagte: ›Ich bin die Gottheit.‹ Wir hören das zwar vielfach im Hinduismus, im Islam ist es jedoch absolut verboten. Aber das ist Theologie; eigene Erfahrungen sind jedoch sehr viel bedeutsamer als das, was andere denken, und das bestätigt: Wenn man die göttliche Gegenwart im eigenen Wesen entdeckt, wird man sie auch in anderen Menschen finden, und dann kann man keinen anderen erschießen, das ist gar nicht möglich ...«

Aus einer langen Unterhaltung mit RAJINDER SINGH zur Verbindung von Alltagsleben in der Welt mit spiritueller Entfaltung möchte ich wenigstens einige, teilweise redigierte Antworten vorstellen. Der indisch-amerikanische Wissenschaftler, Meditationsmeister und Friedenspreisträger ist derzeit Präsident der Weltgemeinschaft der Religionen. Zunächst äußerte er sich zur erfolgreichen Einführung von Ethik- und Meditationskursen im kolumbianischen Bildungssystem.

»Wenn wir die Lehren der großen Heiligen und Mystiker studieren, sprechen sie alle darüber, daß wir nach innen gehen, um

Frieden in uns selbst zu finden, und uns mit der göttlichen Kraft verbinden sollen, die in jedem einzelnen von uns lebt.

Manche unserer religiösen Schriften nennen diese göttliche Kraft das Heilige Wort, andere nennen es ›Naam‹ oder ›Shabd‹, ›Jyoti‹ oder ›Shruti‹, die großen griechischen Philosophen nannten es die Musik der Sphären. Sie alle sprechen vom göttlichen Licht und Ton, welche Teil von jedem einzelnen von uns sind.

Als wir uns in Kolumbien unterhielten, empfahl der Präsident, daß ich mit dem Erziehungsminister sprechen sollte. Wir trafen später auch mit dem ganzen Kabinett zusammen. Der Erziehungsminister fragte, wie man Spiritualität im praktischen Leben einführen könnte.

Mein Vorschlag lautete, daß im Schulplan täglich eine bestimmte Zeit, je nach Plan zwischen einer halben bis zu einer Stunde, dem Unterricht über ethische Werte gewidmet werden sollte sowie verschiedenen Methoden der Konzentration und der Innenschau.

Diese Techniken sollten überkonfessionell sein und leicht erlernbar, damit die Kinder, die jetzt heranwachsen, in fünfzehn oder zwanzig Jahren als Erwachsene nicht nur in den Wissenschaften, in der Kunst und in Sprachen gut ausgebildet sind, sondern auch eine spirituelle Grundlage erworben haben. Das hilft ihnen zu verstehen, wie man ein ethisches Leben führt. Und wenn sie darüber hinaus eigene spirituelle Erfahrungen gemacht haben, wenn sie etwas von der göttlichen Kraft im Inneren jedes Menschen erlebt haben, dann werden sie darauf ihr Leben aufbauen können.

In vielen Schulen in Kolumbien hat man mit diesem Plan bereits begonnen, und im Sommer 1993 waren in einem Camp etwa dreißigtausend Schüler vereint, die sich hier darauf konzentrierten, nach innen zu gehen, und erste spirituelle Erlebnisse gewannen ...

Man hat in Kolumbien auch damit angefangen, die [Meditations-]Methoden, um solche inneren Erfahrungen der göttlichen Kraft zu erlangen, in der Polizeischulung anzubieten, in Gefängnissen und in anderen Bereichen des gesellschaftlichen Lebens, zum Beispiel in öffentlichen Parks mit Menschen, die sich dort gerade aufhielten.

Wenn Menschen beginnen, die göttliche Kraft in ihrem Innern zu erleben, finden sie Frieden. Wissen Sie, wenn wir unsere Augen schließen und an einem stillen Platz sitzen, können wir ziemlich rasch den Kontakt zur göttlichen Kraft in uns selbst erlangen. Wenn wir diese Verbindung aufnehmen, geraten wir in einen Zustand des Friedens, der Ruhe und der Gelassenheit, in einen Zustand der Seligkeit.

Dieser Zustand besteht jedoch nicht nur während dieser Zeit, sondern Ruhe, Frieden und Seligkeit bleiben bei uns für eine lange, lange Zeit ... wenn wir wieder zurück in unserer physischen Welt sind, wenn wir wieder unsere eigenen Aktivitäten aufnehmen, dann bleiben wir weiterhin in diesem Zustand.

Der Friede, den wir innerlich finden, transformiert uns von innen heraus. Wenn wir uns wandeln, werden wir zu Individuen, die ihre Familien wandeln. Und wenn unsere Familien transformiert werden, werden wir feststellen können, daß diese Transformation sich ebenso in unserer Gesellschaft widerspiegelt; das reicht bis in unsere Städte, die Länder und dann auf die globale Ebene.

Das ist etwas sehr Praktisches und sozial Verantwortliches. In der ›Wissenschaft von der Seele‹ glauben wir an etwas, das man ›positive Mystik‹ nennt. Der große Meister Sant Darshan Singh Ji Maharaj, der diese Technik oder wissenschaftliche Methode der Innenschau lehrte, wies immer darauf hin, daß er nicht an ›negative Mystik‹ glaube, sondern an ›positive Mystik‹.

Gott hat uns in diese Welt gesandt, und da wir in diese Welt hineingeboren wurden, tragen wir Verantwortung: Verantwortung für unsere Partner, für unsere Eltern, Kinder, für unsere Gemeinschaften, unser Land und Verantwortung für die Erde als Ganzes.

Wir meinen, daß wir ganze, ›homogene‹ Menschen werden sollten. Wir müssen uns körperlich, mental und spirituell entwickeln. Leider wird der spirituelle Teil unserer Entwicklung meist vernachlässigt. Wir legen mehr Wert auf die physische und mentale Entwicklung.

Wir bemühen uns also darum, Menschen auf die spirituelle Seite ihres Seins hinzuweisen. Wenn wir uns spirituell entwickeln, wollen wir die körperliche und mentale Seite unserer Entwicklung nicht vernachlässigen, wir wollen unsere Verantwortlichkeiten nicht beiseite schieben.

Wir wollen zum besten Studenten werden, soweit wir können, wir möchten unseren Beruf bestmöglich ausüben, wir wollen uns bestmöglich körperlich, mental und spirituell entwickeln – denn wir meinen, daß man sich, wenn man in der Gesellschaft lebt und all seine Verantwortung annimmt, gleichzeitig für die spirituelle Entwicklung öffnen sollte ...

Während meiner vielen Reisen, ob in Europa, Australien, Amerika oder Asien, stelle ich ein spirituelles Erwachen fest. Wenn wir ins neue Jahrtausend gehen, wird es eine Welt geben, die liebevoller ist, die friedlicher ist, in der Menschen überall in der Welt einander mehr annehmen. Sehen Sie, wenn wir andere nicht annehmen, beginnen die Probleme ...

Menschen kümmern sich um die Umwelt – es ist offensichtlich, wenn wir uns nicht um unsere Lebensgrundlagen sorgen, daß zukünftige Generationen es sehr schwerhaben werden. Auf dem ganzen Globus, in jedem Land, sind ökologische Zusammenhänge und ein natürliches Gleichgewicht von großer Bedeutung.

Genauso sehe ich ein spirituelles Erwachen, bei dem Menschen sich um die ›Ökologie der Seele‹ bemühen. Auch unsere Seele muß gereinigt werden, denn sie ist seit vielen Äonen von Gott getrennt. Und während dieser Trennung hat sie viel Schmutz angesammelt in Form von Gemüt, Materie und Illusion. Wir leben in dieser Welt der Illusion und halten sie für die Realität, deshalb müssen wir zu dem zurückkommen, was wirklich Realität ist.

Menschen versuchen, sich mehr zu erkennen – es ist dabei unerheblich, daß sie sich unterschiedlicher Mittel bedienen. Wichtig ist, daß sie ihre Aufmerksamkeit auf Gott ausgerichtet haben und sich bemühen, ihr wahres Selbst zu finden.

Ich sehe also das Heraufdämmern des Goldenen Zeitalters. Im Jahr 1974 sprach Sant Kirpal Singh Ji Maharaj, dessen Geburtstag wir hier feiern, vom Goldenen Zeitalter. Ich kann das Heraufdämmern des Goldenen Zeitalters tatsächlich erkennen, denn überall auf der Erde begegnen wir Menschen, die sich für Spiritualität interessieren, die um Frieden bemüht sind. Sie sprechen nicht nur über Frieden, sondern trachten danach, ihn zu verwirklichen. Ich blicke voller Erwartung auf das neue Jahrtausend als eine Zeit, in der das Paradies hier auf Erden sein kann.«

In Fragen der Weltanschauung, die uns häufig trennen und uns zu oft sogar in religiös bemäntelten Mord und Totschlag treiben, sind Worte des jüdischen Religionswissenschaftlers PINCHAS LAPIDE am Platze:

»Was not tut, wäre, von den Erzübeln und Gefahrenherden der interreligiösen Beziehungen Abstand zu nehmen, die da sind:
● elitäre Absolutheitsansprüche,
● alleinseligmachende Wege zum Heil,
● aufgedrängte Missionierung Andersgläubiger in Wort und Tat …

›Prüfet alles – und das Gute behaltet!‹ … Von theologischer Selbstaufgabe und religiösem Substanzverlust kann hier nicht die Rede sein. Aus dem achtzehnten Jahrhundert wird der Stoßseufzer eines chassidischen Rabbi überliefert, der in einer Stunde christlicher Judenverfolgungen zum Himmel aufschrie: ›Himmlischer Vater, wenn es aus Deinen unergründlichen Absichten noch nicht an der Zeit ist, aus Deinen Juden biblische Idealgestalten zu machen, erwirke doch bitte, daß Deine Christen alsbald zu besseren Christen werden!‹ In diesem Sinne erwarten wir alle die Erlösung für die geschundene Welt.«

Und an anderer Stelle fragt er eindringlich: »Ist es nicht an der Zeit, eine Großallianz der messianischen Hoffnung zu gründen, um gemeinsam, in Tat und Gebet, an der Verbesserung dieser Welt mitzuarbeiten?«

Die amerikanische »Heilerin« CHRIS GRISCOM sagte mir unlängst, daß es ihr ein besonderes Anliegen sei, allen Religionen ein Gebet ganz speziell ans Herz zu legen, nämlich: »Wir bitten darum, daß Gott sich allen Menschen in allen anderen Religionen offenbare und sie auf ihrem eigenen Wege zu sich selbst führen möge.«

Religion, die Rückverbindung zwischen dem Einzelbewußtsein und dem schöpferischen allumfassenden Bewußtsein, bedarf persönlicher Erfahrung und erfordert eigenes Erleben, um von einem hohen Ideal zu einer konkreten Wirklichkeit zu werden. Ob wir die Erde, auf der wir zu Gast sind, zu einem menschenwürdigen Paradies gestalten – wie Sant RAJINDER SINGH bereits zu sehen scheint – oder nicht, hängt maßgeblich von uns ab. Wie setzen wir den uns verfügbaren freien Willen ein? Um ihn überhaupt gezielt einsetzen zu können, müssen wir allerdings einen persönlichen Sinn vor Augen haben und uns der unlösbaren, in der Tat »schicksalhaften« Gemeinschaft und Verbindung aller Lebewesen untereinander bewußt sein.

Die Frage nach dem individuellen Sinn des Lebens und die notwendige Lösung der gesellschaftlichen Lebensaufgaben ist eine Frage unserer Bewußtseinsentwicklung. Darum geht es im letzten Kapitel in Sätzen, die teilweise in uralten Tagen, teilweise in neuerer Zeit niedergeschrieben worden sind.

11

Es steht geschrieben...

**Das Leben ist kein Rätsel,
das gelöst werden kann,
sondern ein Geheimnis,
das gelebt werden muß**

»Das neue Zeitalter wird durch einen Wandel der Herzen kommen. So wie der Tag heraufdämmert, die Nacht zögernd weicht und sich viele graue Schatten bilden, bis die Sonne in ihrem vollen Glanz erstrahlt, so gibt es auch viele Phasen, bis das neue Bewußtsein durchbricht und die Welt in spirituelles Licht taucht.

Da sich mehr und mehr Menschen der Meditation zuwenden und lernen, sich über ihr begrenztes physisches Bewußtsein zu erheben, werden sie allmählich erkennen, daß alle Menschen Kinder desselben Vaters, des einen Gottes sind. Die Mauern, die den Menschen vom Menschen trennen, werden nach und nach zerbröckeln, und wir werden eine Welt erschaffen, in der jedes Individuum – ganz gleich, wie gering – geachtet ist und für jeden gesorgt wird.

Wir sind Zeugen des Heraufdämmerns einer spirituellen Revolution. Eine solche Revolution kann nicht wie politische, soziale oder ökonomische Revolutionen von außen erzwungen werden. Es ist eine innere Revolution, deren Mittelpunkt ein Wandel des Bewußtseins ist. Wir können andere nicht bekehren, wir können nur uns selbst wandeln. Gelingt es uns, diesen Wandel zu vollenden, werden wir nicht nur das Heraufdämmern des spirituellen Zeitalters beschleunigen, sondern wir werden uns selbst in seinem vollen Glanze sonnen.«

Diese Worte stammen von dem Mystiker und Dichter
DARSHAN SINGH. An den Schluß dieses Buches möchte ich eine
Reihe von Aussprüchen großer Seelen stellen, die von Herz zu
Herz gehen. Diese Sätze künden von einem geistigen Licht, und
sie weisen aus unterschiedlichen Richtungen auf die eine große
Quelle des Lebens. Das Lesen dieser auf Papier niedergeschriebe-
nen Worte mag uns als eine Hilfe dazu dienen, daß wir die
Musik und das innere Wort der Seele zu hören beginnen.

»Am Anfang schuf Gott Himmel und Erde ...
Und Gott sprach: Es werde Licht! Und es ward Licht ...
Und Gott schuf den Menschen zu seinem Bilde, zum Bilde
Gottes schuf er ihn ...
Und Gott sprach: Sehet da, ich habe euch gegeben alle
Pflanzen, die Samen bringen, auf der ganzen Erde, und alle
Bäume mit Früchten, die Samen bringen, zu eurer Speise.«

Schöpfungsgeschichte (1. Mose 1)

»Im Anfang war das Wort, und das Wort war bei Gott, und
Gott war das Wort ...
In ihm war das Leben, und das Leben war das Licht der
Menschen. Und das Licht scheinet in der Finsternis, und
die Finsternis hat's nicht ergriffen ...
Gott ist Geist, und die ihn anbeten, die müssen ihn im Geist
und in der Wahrheit anbeten.«

Johannesevangelium (1)

»Gott schläft im Stein, atmet in der Pflanze, träumt im Tier,
wacht auf im Menschen.

Altindischer Spruch

»Das Tao, das man zeigen kann, ist nicht das ewige Tao.
Der Name, den man nennen kann, ist nicht der ewige
Name.«

LAOTSE

»Alle, die Dich suchen, versuchen Dich.
Alle, die Dich finden, binden Dich
An Bild und Gebärde.
Ich aber will Dich begreifen,
Wie Du die Erde begreifst;
In meinem Reifen
Reift Dein Reich.«   RAINER MARIA RILKE

»Mensch, werde wesentlich! Denn wenn die Welt vergeht,
So fällt der Zufall weg; das Wesen, das besteht.

                              ANGELUS SILESIUS

»Jede Seele ist ihrem Wesen und Vermögen nach göttlich.
Das Ziel ist die Offenbarung dieses innewohnenden
   Göttlichen
durch Beherrschung der äußeren und der inneren Natur.«

                              VIVEKANANDA

»Des Menschen Seele gleicht dem Wasser:
Vom Himmel kommt es, zum Himmel steigt es,
Und wieder nieder zur Erde muß es,
Ewig wechselnd.«
                       JOHANN WOLFGANG VON GOETHE

»Es gibt keine Freiheit ohne Gott.«

                         Unbekannter Verfasser

»Doch, wem ist auszuforschen es gelungen,
Wer hat, woher die Schöpfung stammt, vernommen?
Die Götter sind diesseits von ihr entsprungen!
Wer sagt es also, wo sie hergekommen?
Er, der die Schöpfung hat hervorgebracht,
Der auf sie schaut im höchsten Himmelslicht,
Der sie gemacht hat oder nicht gemacht,
Der weiß es! – oder weiß auch er es nicht?«

                              Rigveda

»Menschen, die nach keinen Dingen trachten,
weder nach Ehren noch nach Nutzen,
noch nach innerer Selbstaufopferung,
noch nach Heiligkeit, noch nach Belohnung,
noch nach dem Himmelreich,
sondern auf dieses alles verzichtet haben,
auch auf das, was ihr Selbst ist:
in solchen Menschen wird Gott geehrt ...
Was der Mensch liebt, das ist der Mensch. Das ist so zu
verstehen: Liebt er einen Stein, so ist er ein Stein.
Liebt er einen Menschen, nun, so ist er ein Mensch.
Minnet er Gott – nun wage ich nicht, weiterzusprechen,
denn sage ich: daß der Mensch dann Gott ist,
so könntet ihr mich steinigen wollen.«

MEISTER ECKEHART

»Es ist sehr schwer, ein wahrer Mensch zu werden.
Wenn man erst einmal ein wahrer Mensch geworden ist,
dann ist es nicht mehr schwer, Gott zu erkennen.«

KIRPAL SINGH

»Wie kannst du anderen helfen, ohne dich selbst zu kennen?
Bringe erst dein eigenes Haus in Ordnung,
bevor du über andere sprichst.
Die Welt kann ohne dich weitergehen.
Wie kann ein Mensch, der nichts über sich selbst weiß,
anderen helfen?
Bemühe dich zuallererst darum zu erkennen,
wer du in Wirklichkeit bist.
Bist du nur der menschliche Körper, der jetzt hier sitzt?
Erkenne das, bevor du versuchst, anderen zu helfen.
Finde heraus, wer du bist.
Wenn du dich selbst erkennst, kommt alles zur Ruhe.«

RAMANA MAHARSHI

»Wenn du zu deinem Selbst zurückkehrst,
nennt man das Erwachen, Erlösung, Freiheit.
Wenn du dein Selbst erkannt hast, hast du alles erkannt.
In diesem Erwachen
entdeckst du das gesamte Universum in dir selbst.
Alle Universen sind in dir, und du bist das Universum ...
Was ist der Sinn des Lebens? – Verantwortung gegenüber der
Gemeinschaft.
Zuerst erkenne dein eigenes Selbst, dann diene allen anderen
Wesen als dein eigenes Selbst ...
»Sie nennen Es Frieden. Sie nennen Es Glück.
Sie nennen Es Liebe. Sie nennen Es Schönheit.
Und doch bleibt Es unberührt.
Es ist sehr viel mehr als das.
Wer immer hierher gekommen ist, ist in Ihm aufgegangen.
Keine Kommunikation. Kein Gemüt. Kein Verstand.
Keine Sinne.
Und das ist die Glückseligkeit.
Wenn diese Dinge enden,
erst dann wirst du das Gesicht des Glücks sehen ...
Du mußt im Sein verschmelzen und Eins werden.
Tauche dann ins Bewußtsein und werde eins mit Bewußtsein.
Und dann tauche in Seligkeit ein.
Bis dahin kann der Lehrer lehren.
Jeder ist zufrieden, wenn er hierher gelangt,
aber es gibt mehr.«

H. W. L. POONJA

»Liebe ist das vollkommene Hilfsmittel zur Erleuchtung ...
Liebe über jede Vernunft hinaus. Liebe soviel du nur kannst,
und wenn du bereit bist, wird dir alles gezeigt werden.«

THADDEUS GOLAS

»Ich bin ein Schatten!
Das bist auch du!
Ich rechne mit der Zeit.
Und du?«   *Inschrift einer alten Sonnenuhr*

»An des Ew'gen Harfe rühren,
ist mir tiefe Seligkeit.
Seinen Liebeshauch zu spüren,
macht vergessen alles Leid.

Durch die Saiten geht ein Klingen,
fernher tönt Posaunenschall,
und ein wundersames Singen
find't im Herzen Widerhall.

Und ein Lied will sacht entsteigen
meiner Seel', unmerklich fast,
will den Augenblick bezeugen,
da im Himmel ich zu Gast.«

HANNI KUBESCH

»Schönheit ist Leben,
wenn Leben sein heiliges Antlitz enthüllt.
Aber ihr seid Leben und ihr seid der Schleier.
Schönheit ist Ewigkeit, die sich selbst im Spiegel anblickt.
Aber ihr seid Ewigkeit und ihr seid der Spiegel.«

KHALIL GIBRAN

»Suche immer nach deiner innersten Natur
in jenen, mit denen du zusammen bist …«
»Ich gab vor zu springen, um zu sehen, ob ich dort leben
könnte. Eines Tages muß ich tatsächlich dort ankommen,
oder es wird nichts mehr übrigbleiben,
wo man ankommen kann …«
»Komme nicht zu uns, ohne Musik mitzubringen.
Wir feiern mit Trommel und Flöte,
mit Wein, der nicht von Trauben stammt,
an einem Ort, den du dir nicht vorstellen kannst.«

MEVLANA RUMI

»Liebe ist der Name
für eine beständige Ruhelosigkeit des Herzens.
Diese endlose Sehnsucht ist das Symbol meines Lebens ...
Begegne jedem Menschen als dein eigen,
Und laß deine Liebe frei fließen,
wohin auch immer du gehst ...
Liebe kennt nur einen Anfang,
Sie hat kein Ende.«

DARSHAN SINGH

»Die göttliche Liebe zieht uns zu Gott.
Diese göttliche Liebe erhält uns.
Diese göttliche Liebe löst unser Ego auf,
unser Gemüt, unsere Sinne, aber sie befreit unsere Seele.
Die Seele öffnet und entfaltet sich,
während alles andere vergeht.
Die Seele scheint mit Licht zahlloser Sonnen.
Durch ihre Tränen der Liebe wird sie selbst
zu Liebe gewandelt.
Das ist das Geheimnis der Geheimnisse.«

DARSHAN SINGH

Nachwort

Ein Buch ist, wie so vieles im Leben, nie »fertig«. Vieles an Schönem, Wichtigem und Hoffnungsvollem wäre noch zu sagen, viel wäre von den Wundern der Welt und dem Geheimnis des Lebens noch zu berichten.

Uns allen wünsche ich, daß wir in unserem Lebensbuch viele gute Seiten und schöne Geschichten niederschreiben dürfen - und uns daran erinnern, daß eine einzige Stunde, die wir der Ergründung der Wahrheit widmen, zur besten Stunde unseres Lebens werden kann.

Anhang

Literaturhinweise

BARNSTONE, WILLIS: *Vom Wunder der Seele*. Philipp Reclam jun., Stuttgart o. J.

BEN-CHORIN, SCHALOM: *Mutter Mirjam*. Maria in jüdischer Sicht. Deutscher Taschenbuch Verlag, München 1982.

Die Bibel. Die ganze Heilige Schrift des Alten und Neuen Testaments nach der Übersetzung Martin Luthers. 4. Auflage, Stuttgart 1972.

BIRCHER-BENNER, MAXIMILIAN: *Vom Werden des neuen Arztes*. 1938.

BRAUN-URBAN, HEINER: *Der Mensch stammt nicht vom Affen ab*. Verlag R. S. Schulz, Percha 1982.

BUTTLAR, JOHANNES VON: *Gottes Würfel*. Herbig Verlag, München 1992.

Ders.: *Die Wächter von Eden*. Wilhelm Heyne Verlag, München 1993.

Ders.: *Die Methusalem-Formel*. Bettendorf Verlag, Essen 1994.

CHARON, JEAN: *Der Geist der Materie*. Ullstein Taschenbuchverlag, Berlin 1982.

Ders.: *Tod, wo ist dein Stachel?* Die Unsterblichkeit des Bewußtseins. Paul Zsolnay Verlag, Wien-Darmstadt 1981.

DIMDE, MANFRED: *Nostradamus entschlüsselt*. Privatdruck. 1987.

ECKEHART (MEISTER): *Deutsche Predigten und Traktate*. Carl Hanser Verlag, 6. Aufl., München 1985.

FABER-KAISER, A.: *Jesus Died in Kashmir*. Abacus.

FORCUCCI, JAMES F.: *The Forgotten Pilgrimage of Jesus*. Issana Press.

HILDEGARD VON BINGEN: *Wisse die Wege*. Scivias. Otto Müller Verlag, 6. Auflage, Salzburg 1975.

KENNEDY, PAUL: *In Vorbereitung auf das 21. Jahrhundert*. S. Fischer, Frankfurt/Main 1993.

KERSTEN, HOLGER: *Jesus lebte in Indien*. Knaur, München 1993.

KUBESCH, HANNI: *Herzensharfe*. Turm Verlag, Bietigheim 1969.

LAPIDE, PINCHAS: *Paulus zwischen Damaskus und Qumran* Gütersloher Verlagshaus Gerd Mohn, Gütersloh 1993.

LECHNER-KNECHT, SIGRID: *RaumZeit.* Kreuzfahrten ins Zwischenreich. Zytglogge, Gümlingen 1986.

MERTZ, BERND A.: *Das Grundwissen der Astrologie.* Persönlichkeit – Lebensplan – Partnerschaft – Zukunft. Ariston Verlag, Genf/München 1990.

Ders.: *Liebe - Opfer- Magie:* Esoterische Astrologie. Astrodata, Zürich 1992.

Ders.: *Astrologie und Christentum.* Wilhelm Heyne Verlag, München 1994.

PIETSCHMANN, HERBERT: *Das Ende des naturwissenschaftlichen Zeitalters.* Paul Zsolnay Verlag, Wien-Hamburg 1980.

POPCORN, FAITH: *Der Popcorn-Report. Trends für die Zukunft.* Heyne, München 1993.

PRYSE, JAMES MORGAN: *Reinkarnation im Neuen Testament* Ansata, Interlaken 1980.

ROBINSON, JAMES M. (Hrsg.): *The Nag Hammadi Library.* Harper & Row, London.

RUEGER, CHRISTOPH: *Die musikalische Hausapotheke.* Für jedwede Lebens- und Stimmungslage von A bis Z. Ariston Verlag, 9. Auflage, Genf/München 1993.

SANDERFUR, GLENN: *The Rest of the Jesus Story.* ARE Press.

SCHMIDT, HELMUT: *Psi, Physik und Bewußtsein:* Ein Physiker zeigt, wie Geist den Zufall überwinden kann. Wilhelm Heyne Verlag, München 1994.

SCHMIDT, KARL O.: *In dir ist das Licht.* Vom Ich-Bewußtsein zum Kosmischen Bewußtsein. Die großen Erleuchteten als Führer zur Vollendung. Drei Eichen Verlag, Ergolding 1986.

SINGH, DARSHAN: *Spirituelles Erwachen.* Ein Führer für die Suche nach geistiger Mehrheit. Wilhelm Goldmann Verlag, München 1987.

Ders.: *Das Geheimnis der Geheimnisse.* Privatdruck.

SINGH, KIRPAL: *Prayer.* Its Nature and Technique. Sawan Kirpal Publications, Delhi 1981.

Ders.: *Karma.* Das Gesetz von Ursache und Wirkung. Origo, Bern 1983.

Ders.: *Die Krone des Lebens*. Die Yogalehren und der Weg der Meister-Heiligen. Origo, Bern 1987.

SINGH, RAJINDER: *Das sechste Chakra*. Ort der Kraft. Privatdruck.

STEWART, R. J.: *The Elements of Creation Myth*. Element Books, Shaftesbury 1989.

Ders.: *The Elements of Prophecy*. Element Books, Shaftesbury 1990.

STONE MERLIN: *When God Was A Woman*. Harvet HBJ, New York.

STONE RANDOLPH: *Mystic Bible*. Radhasoami Satsang.

SWEDENBORG, EMANUEL: *Himmel, Hölle, Geisterwelt*. Verlag Die Schmiede, Berlin 1925.

SZÉKELY, EDMOND B.: *Das Friedensevangelium der Essener*. 4 Bände, Verlag Bruno Martin, Südergellersen 1987 und 1988.

VANDENBERG, PHILIPP: *Das Geheimnis der Orakel*. Archäologen entschlüsseln das bestgehütete Mysterium der Antike. C. Bertelsmann Verlag, München 1979.

VELTHEIM-OSTRAU HANS-HASSO VON: *Der Atem Indiens*. Tagebücher aus Asien. Claassen, Hamburg 1959.

WELTZIEN, DIANE VON, und WULFING VON ROHR (Hrsg.): *Das große Lesebuch der Mystik*. Goldmann Verlag, München 1993.

Einige Bücher des Verfassers

ROHR, WULFING VON: *Meditation—Kraft aus der Mitte*. Wilhelm Goldmann Verlag, München 1990.

Ders.: *Magisch Reisen – Indien*. Wilhelm Goldmann Verlag, München 1991.

Ders.: *Nostradamus – Seher und Astrologe*. Entschlüsselte Geheimnisse und ungelöste Rätsel. Ariston Verlag, Genf/ München 1994.

Ders.: *Aufruf zur spirituellen Verantwortung*. Liebe, Einheit und Frieden. Ch. Falk Verlag, Seeon 1994 (Videokassette).

Ders. und GAYAN S. WINTER: *Tarot in der Liebe*. Mit neuen Karten für positive Lösungen in Partnerschaft und Freundschaft. Ariston Verlag, Genf/München 1989.

Vorträge

Der Autor hält gelegentlich Vorträge und Seminare. Themen sind meist geistige Fragen, wie in diesem Buch, astrologische Praxisworkshops und Meditationsseminare. Auskünfte, Termine und Anmeldungen über: Ariston Verlag, Boschetsrieder Straße 12, D-81379 München, Tel. (0 89) 7 24 10 34, Fax (0 89) 7 24 17 18.

Informationen

über unentgeltliche Meditationstreffen nach den Lehren der »Wissenschaft von der Spiritualität« mit dem inneren Licht und Ton

Bundesrepublik Deutschland: Helga Kammerl,
Jägerberg 21, D-82335 Berg, Tel. (0 81 51) 5 04 49

Schweiz: Angela Seiler,
Tödistrasse 20, CH-8002 Zürich,
Tel. (01) 2 02 23 72

Österreich: Herbert Wasenegger,
Mautner-Markhof-Gasse 13-15/V/3, A-1110 Wien,
Tel. (01) 7 07 99 82, 7 78 66 34

USA: Science of Spirituality Center,
4 S 175 Naperville Road, Naperville, Il. 60563,
Tel. (001) (708) 955-1200

Indien: Kirpal Ashram,
2 Canal Road, Vijay Nagar, Delhi, India 110009,
Tel. (0091) (11) 722-2244

Adressen

Adressenhinweise zu einigen Palmblattbibliotheken

Sri Shuka Nadi
Mr. Gunjur Sachidananda Murthy Nadi Gruha
No. 33, 5th Main Road
Chamarajpet Bangalore
560018 India

Brighu Samhita
Brighu Shastris
Railroad Road District
Hoshiarpur, Punjab
(Hoshiarpur liegt etwa dreihundert Kilometer nördlich von
Delhi und östlich der Strecke Delhi, Jullundhus, Ludkiana.)

Palmleaf-Library
Vaitisvarankoil
Chitamberam.
(Diese Palmblattbibliothek, auf die ich von einer Münchener
Dame hingewiesen wurde, liegt etwa zweihundert Kilometer
südlich von Madras.)

(Die erste Adresse ist eine Postadresse, die zweite und dritte sind es
nicht.)

SACHBÜCHER AKTUELLER ESOTERIK

NOSTRADAMUS — SEHER UND ASTROLOGE
Entschlüsselte Geheimnisse und ungelöste Rätsel

Wulfing von Rohr legt hier ein Quellenbuch mit textkritischen Analysen aller Centurien sowie der Begleittexte vor. Er vergleicht erstmals die Deutungen der bekanntesten Nostradamus-Interpreten. Mit der eigens hierfür entwickelten Nostradamus-Astrologie ist es das derzeit umfassendste Nostradamus-Buch. 320 Seiten., 30 Abb., geb., ISBN 3-7205-1789-6.

SAFI NIDIAYE — IHR HÖHERES SELBST
*Ein praktisches Arbeitsbuch für alle Menschen, die
Zugang zu ihrem Wesenskern suchen*

Dieses kronkrete, pragmatisch angelegte Arbeitsbuch wird allen Menschen nützen, die von sich aus mit ihrem höheren Selbst in einen klaren Dialog treten möchten. Die Autorin hat sich nach langjähriger Meditationsschulung und Tätigkeit als Medium auf die Verbindung mit der Sphäre des höheren Selbst spezialisiert. Sie lehrt heute Hilfesuchende und Interessierte, ihren eigenen Weg zum höheren Selbst zu finden. 240 Seiten, gebunden, ISBN 3-7205-1915-5.

FRANJO TERHART — DAS GEHEIMNIS DER EINGEWEIHTEN
Mystiker, Seher, Sensitive – Lotsen auf der spirituellen Reise

Die Lebensläufe der bedeutendsten spirituellen Lehrer und Meister und ihre Weisheiten von der Antike bis in die Gegenwart. Alle besassen mediale und sensitive Gaben. Durch ihre Erfahrungen mit Leben, Tod und dem Göttlichen gelangten sie in den Besitz besonderen Wissens. 272 Seiten, gebunden, ISBN 3-7205-1913-0.

Diese Bücher erhalten Sie im Buchhandel. Ein Büchermagazin mit sämtlichen Titeln unseres auf Medizin, angewandte Psychologie und Esoterik spezialisierten Verlags können Sie gratis anfordern.

ARISTON VERLAG KREUZLINGEN/MÜNCHEN

Hauptstraße 14, CH-8280 Kreuzlingen, Telefon 072 72 72 18, Fax 072 72 72 18
Boschetsriederstraße 14, D-81379 München, Telefon 089 724 10 34, Fax 089 724 17 18